또랑광대 정대호의

색다른 판쇼리

(Fun Show 異)

저자 **정 대 호**

도서
출판 **타오**

글머리에

코로나 펜데믹 시대가 지나가고 위드코로나 시대가 왔습니다. 무탈하신지요?

아직도 철없는 나이라고 생각했는데 작년 환갑을 지내고 보니 인생을 반추하게 됩니다.

광대 인생 40년을 훌쩍 넘기고도 무엇하나 뚜렷하게 내세울 것도 없는 인생이지만 큰 병 없이 이제껏 살아왔음에 감사할 따름입니다.

무엇보다도 제가 좋아하는 판소리를 원하는 분들이 계시면, 마당에 설 수 있다는 게 다행이라고 생각합니다. 특히 자칭 타칭 또랑광대로 살면서 여러 작품들을 다양한 양식으로 시도해 보았던 지난날들을 떠올려 보면, 이것 저것 실험도 해 보고 살아온게 참 우습기도 하고 무모하기도 했던 것 같습니다.

앞으로 인생 2막을 나름대로 세우고 살아가고자 합니다만 세상은 녹록치가 않네요.

애초에 책을 쓸 생각은 없었습니다만 제가 만든 작품을 따져보고 지난 코로나 펜데믹 시절에 시작한 유튜브로 영상작업을 하다보니, 또 여기저기, SNS상으로 좀좀이 올렸던 글들이 있어 정리하다 보니 책으로 엮는게 좋겠다는 생각이 들어 펜을 들게 되었습니다.

　창작판소리 작품들은 물론이려니와 새롭게 시도하는 예술양식의 작품들, 창작판소리가 왜 퐌쇼리가 되었는지를 좀 변명 비슷한 이야기를 구실삼아 책을 만들게 되었습니다.

　언제부터인지 제가 글쓰기를 시작했는지는 알 수 없으나 쓰다보니 양이 차올라 되새김질을 할 필요가 있었나 봅니다.

　주변의 상황은 늘 우리 같은 광대들을 괴롭히고, 나락으로 떨어뜨리는 일이 자주 있지만 그래도 소리할 때가 제일 행복합니다. 멍석 깔아줄 때 나설 수 있도록 공력을 쌓아나가야 한다는 생각으로 살아가고자 합니다. 이제는 매체의 발달로 누구나 공유할 수 있는 시절이기에 제가 올렸던 글들을 추렴하여 함께 공유했으면 하는 바램으로 만들어 보았습니다. 그래서 작품 사설집이나 대본들을 읽어나갈 때 실연이 필요하다고 생각되는 독자님들을　위해 제 개인 유튜브 (또랑 정대호 색다른 퐌쇼리) 몇 편에서 볼 수 있도록 안내도 해 드렸습니다.

　코로나 펜데믹시절 공연은 할 수 없고, 그렇다고 넋 놓고 있을 수는 없고 해서 마침 동영상 제작하는 방법을 배워 지속적으로 만들다 보니 연계가 되었습니다.

　그전 책은 창작작품 대본집 원주내력 1, 2였으나, 이번에는 창작판소리작품과 에세이 성격의 글들을 모아 책을 내게 되었습니다.

　이 책은 판소리 전공자는 물론 비전공자들도 이해할 수 있도록 되도록 알기 쉽게 엮어 보았습니다.

　우리 판소리가 기존양식에 얽매이지 않고 다양한 방식으로 뻗어 나가길 바랍니다. 그래서 팬쇼리(fun show異)란 새로운 용어처럼 즐겁고 이색적인 쇼판이 되어 많은 사람들이 함께 즐긴다면 더 말할 나위가 없겠지요.

　모처럼 읽는 책이 책꽂이에 꽂혀서 먼지 쌓이는 신세가 되지 않고 나름 소리 양식과 저의 인생 개똥철학이 참고가 되었으면 합니다.

　수 많은 분들의 도움으로 책이 완성되었습니다. 일일이 열거하지 못함을 헤아려 주십시오.

　즐겁고 유쾌한 쇼판 (show fun)을 시작합니다.

2023년 광대패 모두골 30주년에 즈음하여

치악산 또랑광대 김 대 호 올림

추 천 사

임 진 철 (직접민주마을자치전국민회 상임의장, 문화인류학 박사)

인공지능 로봇기반의 제4차 산업혁명과 기후 위기는 지구를 재야생화시키는(제레미 리프킨) 네오수렵채취 농업문명시대와 초록문명 생명사회(Eco-dream Society)를 열어나갈 것입니다.

이러한 시대는 잘 노는 호모루덴스 풍류형 인간이 '짱'이 되는 사회를 만들어 낼 것입니다. 생산성이 중요한 전기산업문명시대까지는 근면이 미덕이었고, 생산과잉의 후기산업문명시대에 이르러서는 소비가 미덕이었습니다. 그런데 다가오는 인공지능 로봇기반의 초록문명 시대에는 풍류(deep play: 심오한 놀이)로 잘 노는 것이 미덕이 될 것입니다. 이러한 시대가 개화되기 전에 풍류르네상스가 전개될 것입니다.

정대호 또랑광대명창은 이 책에서 마을활동가 10만양성론을 제안합니다. 마을을 말로만 외치고 위로부터의 정치에만 매달릴 것이 아니라 마을로부터 풀뿌리 생활 정치를 추진하면서 풍류르네상스운동을 전개하자고 합니다. 구체적인 방법론까지 제시합니다.

3,500개 읍·면·동 가운데 농산어촌의 1개 면에 약 20개의 법정리가 존재하고 도시의 1개 동에는 수십개의 통과 수백개의 반이 존재하기에 리·통·반 단위로 마을활동가들을 양성해 보자고 합니다.

전국 3,500개 읍·면·동 단위로 마을자치정부(마을공화국, Basic Republic)를 만들어가는 직접민주주의 마을자치운동을 전개하는 필자로서 크게 공감합니다. 이 운동은 대안의 인류사회의 사회상으로서 초록문명생명사회(Eco-dream Society)를 천명하고, 이를 실현할 방법론으로 직접민주주의 마을공화국 지구연방을 제시합니다. 마을공화국-마을연방민주공화국-마을공화국 지구연방의 삼중체제로 지구 질서를 재편하여 새로운 지구 문명을 건설하자는 것입니다.

이러한 운동에서 가장 기초가 되는 것이 읍·면·동 단위에서 직접민주주의 주민자치를 하는 마을공화국의 건설입니다. 이러한 풀뿌리 기초자치단체인 마을공화국씨스템을 갖춘 스위스와 프랑스 등이 최고 수준의 정치 선진국임을 보여주고 있습니다. 행복지수 1위권과 7만불의 국민소득을 자랑하는 스위스가 마을공화국을 아주 모범적으로 운영하고 있습니다. 프랑스는 마을공화국인 꼬뮨을 '아이기르기 좋은 마을공동체 체제'로 만들어 20여 년전 저출산율 최고국가에서 저출산 극복 모범국가가 되었습니다.

작은 참새도 오장육부가 있듯이 마을공화국은 인간 삶의 모든 부분, 정치, 경제, 교육, 문화, 의료, 에너지, 적정기술 등이 유기적으로 구성되는 생태계입니다. 마을공화국은 마을자치정부-마을대학(마을代學園)-마을기금-마을문화원-마을병원 등이 어우러진 정치공동체로 형상화됩니다.

앞으로 직접민주주의 마을공화국운동이 제 궤도에 이르면 전국 3,500개 읍·면·동 마다 마을의 사시사철 축제와 대소사를 관장하는 마을문화원이 필요하게 됩니다. 마을문화원을 관장할 재기발랄한 또랑광대들이 필요합니다.

이 책은 정대호 또랑광대 명창이 원주시 부론면을 베이스캠프로 하고 협동조합 풍류마을을 일떠 세우며 30여 년 예술혼을 불태우며 쓴 책입니다. 이 책이 풍류르네상스시대를 개화시키고 수천 명의 또랑광대를 육성하는데 마중물로 크게 쓰임 받을 수 있기를 기대합니다.

광대인생 40년 시대의 고뇌를 담았다

탈춤 마당극 판소리 영역 확장·창작판소리 12마당 완성

김민호 기자

정대호(풍류마을협동조합 상임이사)씨는 연행 예술인이다. (사)한국민족 예술인총연합 원주지부장, 또랑광대 전국협의회 회장, 광대패 모두골 대표등 다양한 역할을 수행하면서 탈춤, 판소리, 마당극, 풍물굿, 대동놀이, 축제기획 등 그의 손길이 미치지 않는 분야가 없다.

하지만 스스로는 '또랑광대'로 불리는 것을 가장 자랑스럽게 여긴다. 또랑광대는 실개천을 의미하는 '또랑도랑'과 땅처럼 넓고 하늘처럼 크다는 뜻의 '광대廣大가 합쳐진 말이다.

바닥과 천상이 어우러진 말이기도 하다.

정씨는 또랑광대로 살아온 지난 40년을 "바닥이 하늘이라는 것을 알아 나가는 과정이었다"고 말한다.

정씨가 '또랑광대'의 길을 선택한 것은 연세대 원주의과대학 보건학과에 입학한 1981년 선배들에게 탈춤을 배운 것이 계기가 됐다. 군대를 다녀온 뒤에는 아예 학업을 접고 본격적인 예술인의 길을 걷는다. 당시 원주에 전문예술

학과가 없는 상황에서 독학으로, 때로는 주변 선배들의 어깨너머로 기능을 익히면서 기획, 연출, 연기 등을 섭렵했다. 하지만 특정 분야에 국한되거나 단순히 기능을 익히는 것에 머물지 않고 전통예술의 창조적 계승을 위해 힘썼다.

고사반이라는 비나리를 익히면서 전통에 머물지 않고 창작비나리를 만들어 보급하는데 앞장섰다. 또한 탈춤을 기반으로 연행예술양식인 마당극을 창작하는 등 자신의 영역을 조금씩 확장시켰다.

시골마을의 마을굿을 재현하는 일에도 한몫을 했다. 광대패 모두골을 이끌며 호저면 광격리 부론면 손곡리 등, 터 잡은 마을마다 주민들과 함께 마을 대보름굿을 발굴하고 재현하는 등, 공동체에서 문화가 차지하는 소중한 가치를 발견해 내는 일에 앞장섰다.

그중에서도 가장 많은 에너지를 쏟아 부은 것이 판소리다. 판소리의 불모지라 불리는 강원도에서 그가 지금까지 발표한 창작판소리만 열두 작품에 이른다. 판소리를 본격적으로 접한 것은 1986년부터였다고 한다. 처음으로 접한 판소리는 전통판소리가 아닌 창작판소리였다.

김지하 시인이 사설을 쓰고 임진택 선생이 작창하여 만든 '똥바다'였다. 작품을 접한 뒤 모창을 해서 1988년도 1월에 원주 카톨릭센터에서 공연을 올렸다.

옥탑방 같은 창고에서 소리 연습을 하며 두 번째 무대에 올린 작품도 영화 서편제의 주인공역 김명곤씨의 '금 수궁가'이다. 정씨는 이 두 작품을 계기로

소리꾼 선배들로부터 '해적 판소리꾼'이라 불리게 되었다고 말한다. 스승없이 순전히 카세트 테이프로만 듣고 모창을 했다고 붙여진 이름이다.

1989년부터 노동운동단체에서 활동하면서 1992년 대선 때는 당시 백기완 후보의 원주 선거대책위원회 집행위원장을 맡는 등, 외도한 일도 있었지만 그것도 잠시 4년 만에 다시 광대의 길로 들어선다. 본격적인 소리 훈련에 들어간 것도 그 무렵이다. 이후 판소리 수업을 받으러 서울을 오르내리며 이론과 실기를 익히고 소리 공력을 높이는데 주력했다.

4년에 걸쳐 춘향가 한바탕을 떼고 난 뒤에는 전통판소리의 성음과 목재치 선율을 살리면서 창작판소리 작품을 만들기 시작한다. 몇 년에 한 작품씩 꾸준히 만들어 발표한 창작 판소리가 32년 동안 12개의 작품에 이를 정도다. 12개 작품을 어느때고 필요하면 바로 불러낼 수 있는 소리꾼은 전국 어디에서도 찾아보기 드물다.

최근에는 부론면 손곡리 이달의 꿈에서 자신의 열두 번째 작품을 무대에 올려 주목을 받았다. 시베리아 한민족운동의 대부 최재형 선생의 일대기를 다룬 창작 판소리다.

고 최재형선생은 러시아 한인들의 정신적 지주이자 대부로 통하는 인물이다. 동포들의 살림을 위해 동분서주하며 일자리를 마련하고 학교도 세웠다. 일본군이 연해주를 침범했을 때는 의병을 조직해 독립운동에 앞장섰다.

러시아 한인들 사이에 '시베리아의 별', '시베리아의 페치카(난로)'로 불리며 선생의 초상화를 자신의 집 안방에 걸어둘 정도로 존경을 받고 있는 인물이다.

특히 정씨가 공연을 올린 10월 26일은 1909년 안중근 의사가 이토히로부미를 저격한 날로 각별한 의미가 있었다.

2005년 연해주 방문 당시 최재형 선생의 존재를 처음 알게 되었다는 정씨는 "노비의 자식으로 태어나 임시정부 재무총장까지 지낸 선생의 삶을 보면서 언젠가 꼭 작품을 해야겠다는 결심을 했었다." 며 "마침 올해가 선생이 순국하신지 100주년이 되는 해로 올해가 가기 전에 선생의 숭고한 뜻을 기념하고 공유하기 위해 자리를 마련했다"고 말했다.

요즘 잘 마시던 술도 잠시 끊고 소리공력을 높이기 위해 매일 수 시간씩 소리와 작품 소화에 매진하고 있다는 그는 "앞으로 창작 판소리 12마당의 완성도를 높이는 일에 주력할 생각"이라며 "모두가 함께 사는 세상을 위해 자라나는 청소년들의 자존감을 높이고, 코로나 19로 불안한 사회에 위안이 되는 역할을 하고 싶다"고 전했다.

2020년 12월 7일자 기사

목 차

색다른 판쇼리를 엮으며

색다른 판쇼리 12마당

색다른 단가

색다른 이야기

색다른 시각으로 본 전통판소리

색다른 판쇼리(fun show 異)란?

1. 판소리는 스토리텔링의 원조격이다

판소리가 서사문학을 바탕으로 한 광대가 하는 연행예술양식이므로 이야기의 서술이 기본 바탕이 있어야 하는 것은 자명한 사실이다. 짜임새 있는 이야기를 풀어나가는 것이 판소리이기에 옛날 12마당이 있던 시절에는 그 자체가 스토리텔링이었던 것이다. 이를 바탕으로 매체와 결합하여 나중에는 판소리 뿐만 아니라 영화로도 만들어지게 되는데 임권택 감독의 영화 '춘향전'이 대표적이다.

이외 전통판소리는 아니지만 판소리와 관련한 영화로 '서편제'와 '천년학' 이종필 감독의 영화 '도리화가' 등도 있다. 매체와 결합하게 되니 색다른 쫜쇼리(fun show 異)가 되었다.

2. 판소리는 한국뮤지컬의 원조이다

뮤지컬(Musical)이란 노래, 춤, 연기가 어우러지는 현대 무대극 공연을 일컫는다.

판소리가 한국형 뮤지컬로 발전한게 바로 창극인데, 창극으로 발전하기 전 일인이 하는 노래, 춤(발림) 연기가 바로 판소리다. 뿐만 아니라 판소리는 시서화공詩書畵工 가무악극歌舞樂劇 8가지 예술 양식을 함축한 종합예술이다.

부채를 펴면 그 안에 시서화공詩書畵工이 펼쳐진다. 누가 썼는지 멋있는 필체의 글이 있고, 글 내용을 보면 싯귀가 대부분이고 그림이 있고, 부채는 장인이 만든 것이기에 공예품이다.

시서화공詩書畵工이 다 들어 있다. 그것 뿐만이 아니다. 소리꾼 뒤에 주로 무대용으로 있는게 병풍인데 병풍이 이 시서화공을 다시 받쳐 준다. 병풍이 큰 시서화공이라면, 부채는 작은 시서화공이 되는 셈이다.

소리꾼은 노래하고 가歌, 발림하고 무舞, 연기하고 극劇, 고수는 북을 친다. 악樂. 단 2인이 8가지 예술양식을 하는데 이것이 한국뮤지컬의 원조가 아니고 무엇이겠는가?

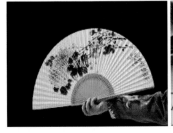  

시서화공時書畵工을 담은 부채　　수려한 병풍의 모습　　혼자하면 판소리, 여럿이 하면 창극

3. 판소리는 토크 콘서트의 원조다

일전에 TV에서 가수 주현미씨의 the 주현미 show를 본적이 있다. 자신의 노래 인생을 담담히 이야기 하다가 히트곡들을 하나씩 노래를 불러가며 진행하는 형식이었는데 그것이 판소리 양식을 도입했다는 생각이 들었다. 판소리는 아니리와 창의 형식으로 진행이 되는데 아니리가 이야기이고, 창이 노래란 점을 들면 토크 콘서트는 분명 판소리 양식을 창조적으로 적용한 것이라고 본다. 요즈음은 렉쳐 콘서트(해설과 공연이 이어지는 형식의 공연)라는 공연도 많이 올려지는데 넓게 보면 이 모두가 판소리적 기법을 응용한 것이라 본다. 판소리 또한 토크 콘서트의 원조인 셈이다.

4. 판소리는 퓨전음악의 원조다

원조도 많다. 판소리가 왜 퓨전음악의 원조일까 의구심이 들겠지만 그 옛날 판소리는 음악 장르를 많이 결합시켰다. 기존의 남도민요을 중심으로 한 시나위토리만의 소리만을 고집하지 않고, 다양한 장르를 결합시켜 나갔다. 때로는 시조를 끌어들이기도 하고, (춘향가의 적성가) 민요를 끌어들이기도 하고(농부가), 타령도 끌어들이고(흥부가의 초란이패의 방정떠는 대목) 하였다. 큰 줄기로 남도의 시나위토리를 중심에 잡고 다른 여타의 음악 장르들을 필요에 따라 적절히 끌어들이고 융합해 낸 것이다. 이는 요즘 국악과 양악의 퓨전음악에 앞서 우리 판소리가 퓨전을 시도하였던 것이다. 이는 현대 음악 장르가 시대적 요청에 변화하듯 판소리가 자연스레 자기발전의 동력을 어찌해야 하는지를 잘 보여준다.

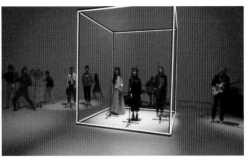

퓨전음악 그룹의 모습   힙합그룹 이날치의 범내려온다 공연 모습

5. 판소리는 랩의 원조다

  판소리중 휘모리 장단으로 불려지는 대목들은 모두가 랩이라 보면 된다.
판소리에서 제일 빠른 장단이자 2박으로 치기에 누가 들어도 랩장단과 흡
사하다. 빠른 자진모리장단에 얹혀 부르는 노래도 랩가사처럼 들린다. 나는
이 빠른 자진모리 장단을 2분박으로 바꿔서 불렀더니 완벽히 랩가사가 되
어 판소리중 많은 부분을 랩처럼 부를수 있다. 판소리는 느린 진양조부터
빠른 휘모리까지 소리의 템포도 다양한데 랩은 우리 판소리처럼 느리게 부
를 수 없다.

  판소리는 랩까지도 소화할 수 있다. 랩은 판소리의 한 부분에 불과하다.
그 옛날에도 이렇게 신나고 빠른 랩장단이 있었다. 판소리뿐만 아니라 민
요도 차용하여 잘 부르면 랩가사가 된다.

퓨전음악그룹 씽씽밴드의 모습

그 대표적인 밴드가 씽씽밴드라는 팀이다. 경기민요를 잘 버무려 랩으로 만들었는데 특이한 의상과 함께 양악의 반주에 노래를 부르니까 더 맛깔스럽고 관객들도 좋아한다.

6. 판소리는 한류의 원조다

힙합댄스팀 이날치의 '범내려온다'가 외국에서도 히트친 것이 판소리를 잘 차용했기 때문이다. 저의 스승님이신 이용수 선생님의 책 '신선들의 잔치에 초대받은 남자'에 보면 판소리는 수궁가를 통해 한의사 뺨치는 처방이야기가 나오고 흥부가에 보면 흥부마누라가 옷을 치장하는 대목에는 세계적인 의상디자이너격 얘기가 나오고 요리 대목도 현란하게 많다.

이런 것들이 한류의 원조임을 강조하신다. 무릎을 칠만한 얘기다. 그래서 판소리 공부를 많이 하게 되면 자긍심과 자존감이 높아진다. 한류의 알갱이들을 쥐고 있으니 말이다.

흥부가중 비단타령

수궁가중 약성가를 부르는 이용수 명창

7. 판소리는 시사풍자에 적합한 예술양식이다

제가 처음으로 접한 창작판소리가
'똥바다'였는데 이는 일본 군국주의
부활을 경고하고 친일파들을 풍자 한
작품이다. 현재 진행형이기도 한데
판소리는 시사에 나름 식견을 가지고
조금만 각색하여 작창 해 부르면 꽤
나 사이다 같은 판소리가 된다. 이리

시국풍자판소리를 하는 필자의 공연

하여 한 때 정치풍자 판소리를 만들
어 부르기도 했는데 일상적인 연설이나 구호외침 보다도 더 효력이 있다.

얼마전 sns상에 풍자 판소리를 공연한 영상을 올렸더니 어느 분이 댓글을
달아주시길 '예술도 하시고 민주화운동도 하시니 참! 좋네요' 하는 댓글을
주셨다. 전통판소리도 풍자가 많다.

8. 판소리는 개그, 만담의 원조다

전통판소리 춘향가에 이도령과 방자
의 말장난 하는 아니리 대목이나 흥보
가 중 자식들 밥쳐 먹는 대목 등을 보
노라면 웃음이 절로 나온다. 이렇듯

창극 춘향전에서 방자와 이도령이 실강이 하는 장면

톡톡 튀는 사설들이 곳곳에 박혀서 지루할
수 있는 판소리 대목들을 징검다리처럼 재미를 붙이게 하는 장치가 판소리
다. 서양에서 온 개그만이 웃음 전문꾼이 아니다. 판소리에도 있다. 그런 기
풍들을 잘 살리면 된다.

9. 판소리의 특징과 장점

첫째는 8가지 예술양식(시서화공 가무악극)을 온전히 소리꾼과 고수만으로 할 수 있다는 점이다.

둘째는 작은 공간만 주어지면 언제든지 연행이 가능하다는 점이다. 즉, 기동성과 경제성이 뛰어난 예술 장르라는 점이다. 둘만 움직이니 경제적이요. 어떤 공간이라도 파고들 수 있으니 기동성 있는 예술이다. 등산가서, 산에서도, 계곡에서도, 술자리에서도, 부를 수 있는 장르가 판소리다. 심지어는 고수가 없어도 괜찮다.

판소리는 자전거로 비유하자면 두 바퀴와 같다. 사설이라는 앞바퀴와 성음이라는 뒷바퀴로 움직이는 자전거와 같이 두 가지가 골고루 갖춰져야 한다. 자전거가 두 바퀴로 움직일 때 넘어지지 않고 안정되게 달릴 수 있듯이 판소리도 사설과 음악 두 가지 요소가 잘 융합되어야 한다. 한 바퀴로만 움직이는 자전거는 일종의 묘기다.

판소리도 하나만 제대로 하게 되면 외바퀴 묘기처럼 된다. 사설이 기가 막히게 재밌거나(창작 판소리 똥바다) 성음이 기가 막히게 훌륭하거나 (이동백 명창의 새타령)...

앞바퀴는 문학성 뒷바퀴는 음악성   이야기가 재밌거나 노래가 멋 있거나

10. 판소리의 방향

  판소리는 음성으로 들려주는 예술이다. 사설과 장단 그리고 성음과 목재치를 구사하여 관객에게 다가간다. 때문에 한문 판소리가 아닌 한글 판소리로 불러야 한다.

  즉, 들리는 판소리를 해야 한다. 전통판소리는 어려운 한문을 한글로 바꿔서 부르고 새로운 내용과 소재로 만든 창작판소리가 많이 불리워져야 한다. 그게 판소리가 발전하고 살 길이다. 전통판소리를 보존하고 계승하는 것도 좋지만 그 어려운 과정을 고답적으로 훈련하고 변화를 거부한다면 판소리는 대중들로부터 외면 당한다. (한글날 판소리를 생각한다 편에서 자세히 설명) 거추장스러운 것은 벗어버리고 정말 알갱이 같은 판소리의 장점들을 활용하여 대중들에게 다가가도록 노력해야 한다.

  또한 다양한 장르와의 결합, 매체와의 결합을 통해 대중들에게 눈과 귀를 즐겁게 하고 감동의 폭을 넓히는 작업도 필요하다. 법고창신法古創新 할 일이다.

나의 창작 방법론

착상에서 창작에 이르기까지

    창작판소리 또는 색다른 판쇼리를 하게 되면서 몇 편의 작품이 탄생하였다. 일명 창작판소리 열 두 마당이라 칭할 수도 있는데 이를 만들게 된 계기와 올린 작품들을 되짚어 보니 몇 가지 흐름을 찾을 수 있는데 이를 정리해서 말씀드릴까 한다. 이는 판소리를 창작하고자 하는 작가나 소리꾼들에게 도움이 되었으면 하면서 나 또한 앞으로 창작을 하게 될 밑거름으로 삼고자 하니 참고하시길 바란다.

    모든 작품은 착상이 중요한데 (거창하게는 영감이라고 할 수도 있는데) 작품을 드러내는데 있어 아이디어 같은 것이랄 수 있겠다. 이러한 착상은 여러 가지 형태로 건질 수 있는데.

1. 타인의 삶을 연민의 눈으로 바라볼 때 착상이 생기기도 한다

    제가 두 분의 선배님의 작품 임진택 선배님의 '똥바다' 와 김명곤 선배님의 '금수궁가' 모창한 이후 최초의 창작판소리작품이 '원주내력' 인데 1994년도에 올렸던 작품이다. 이 때 아는 지인의 자식들이 화재사건으로 사망한 일이 있었는데 그분들의 애타는 삶을 지켜보며 위로의 차원에서 어떻게든 올려야겠다는 맘으로 써 내려간 작품인데 사실 제 창작 판소리에서 제외시킨 것은 이는 당시에 씻김굿을 대신하는 작품이었고 이를 두고두고 공연할 만한 내용이 되지 못하여 맘속에만 두고 있던 작품이다. 그 때 그분들의 고통을 지켜보며 졸작이지만 올려졌던 작품이다. 또 한가지 최근 시국풍자 '그네 낙상가'란 (2017년작) 작품인데 당시 대통령을 지낸 분이시다. 한나라의 대통령이 비선 실세자 품에서 놀아나던 일 때문에 국정농단 사건으로 감옥에 가셨는데 연민의 눈으로 써내려 갔고, 결국 그네에서 낙상시킨 일에 일조를 한 작품이라 본다.

연민의 대상이 전혀 다르지만 (억울한 사연과 불쌍한 사연) 연민의 정이 작품을 만들게 된 계기가 된 것은 사실이다. 세종대왕님의 애민정신으로 말미암아 훈민정음이 탄생하였듯이.

2. 판소리가 아닌 다른 양식의 작품을 판소리로 재구성했으면 좋겠다고 생각될 때도 있다

창작 판소리 치악산 꿩 이야기는 2006년도에 만들었는데 그전에는 원주의 꿩설화를 가지고 마당극, 인형극, 무예극 등으로 작품을 올린 바 있었는데 판소리로 재구성 하게 되었다.

코로나 변강쇠가는 광대패 모두골이 2001년 마당극 '닐니리돈보' 라는 작품을 각색하여 2003년에 전주 또랑광대 콘테스트에서 올리게 되었다. 좋은 소재라면 다른 양식의 작품들을 판소리로 재구성해서 올리는 것도 괜찮다고 본다.

코로나 변강쇠가

환생의 비밀 치악산 내력

3. 가족이나 주변이야기를 눈여겨 보았다가 소재로 창작하는 경우

우리집 강아지 '뭉치'

우리집 강아지 뭉치는 2003년도에 올려진 작품인데 이 때는 우리집 아들(당시 초등학교 3학년)을 잠재우려다 당시 아들이 강아지 한 마리를 기르던 중 아들에게 베겟머리에서 자장가 비슷하게 즉흥적으로 만들어 들려주다가 정리를 하게 된 작품이다. 일상생활 속의 이야기가 제대로 판소리로 승화되어 나타나게 된 작품이다. 20년째 롱런하고 있다.

4. 역사적 인물에 대한 작품을 학습을 통해 새롭게 발견하고 올려야겠다고 맘먹을 때

창작 판소리 '고구려사랑가'는 고구려 미래포럼이란 단체에서 공부하다가 춘향가의 원조격인 이야기가 고구려시대에 있었다는 점을 알게 되어 판소리로 올려야겠다는 강한 충동을 느꼈다. 당시 김용만 선생님의 책 '인물로 보는 고구려사'에서 고구려 제22대 안장왕 이야기가 그것인데 안장왕이 태자시절 백제 땅으로 건너가 암약할제 한주라는 아가씨를 만나 백제 여인과 사랑을 나누고 성사시킨다는 이야기에 매료되어 사설을 쓰고 작창을 하여 올리게 되었다. (2017년도 6월)

2020년 10월에는 독립운동가 최재형 선생 일대기를 창작판소리로 올리게 되었는데 이는 문영숙작가님의 소설책 '독립운동가 최재형'을 읽고 판소리로 올리게 되었다. 소설이 문자로 형상을 그리게 한다면 소리는 음성으로 형상을 그리게 하는 어법의 근접성이 판소리를 성사시킨 계기가 되었다.

| 고구려 사랑가 | 독립운동가 최재형 |

5. 다른 사람의 착상을 빌려와 살을 부치는 방법

  2008년에는 개그 판소리 '고전문학 박터졌네'를 올리게 되었는데 이는 건국대학교 국문학과 신동흔 교수님 홈페이지에서 어느 학생이 과제로 올린 고전문학을 엮은 시놉시스를 빌려와 재구성하여 살을 붙이고 하여서 판소리화 하였다. 고전문학 박터졌네 공연이 대박나면 그 학생에게 한 턱 내려고 했는데 가뭄에 콩나듯 불려지는지라 학생의 아이디어값은 아직 미 지불상태다. 당시 그 학생의 아이디어가 기발해서 빌려왔다. 역시 젊은이들다운 기지가 돋보였던지라 차용하였던 기억이 새롭다.

  같은 해 작품을 새로 만든게 있는데 스탠딩 코메디 술구라 '주까부다'라는 작품은 화가 이은홍님의 '술꾼'이란 만화책을 보고 판소리와 만담으로 풀어냈다. 이 두 작품은 색다른 퐌쇼리란 양식을 쓰게된 계기가 되었다. 고전문학 박터졌네는 개그판소리로 주까부다는 스탠딩 코메디로 불리게 되었는데 창작판소리 하고는 조금 다른 느낌의 양식이 된 것이다. 스탠딩 코미디는 그 이전에 코미디언 김형곤씨가 세간의 화제를 일으키며 선풍적인 인기를 끌었던 양식인데 안타깝게도 2006년 사망하는 바람에 이어지지 못했는데 나는 그 양식을 주목해서 술구라를 작품화하는데 응용하였다.

고전문학 박터졌네

술구라 주까부다

색다른 꽌쇼리 12마당

우리집 강아지 뭉치

우리집 강아지 뭉치

아니리 : 얼마전 우리 동네 겨레네 집 개 반달이가 예쁜 강아지 새끼 다섯 마리를 낳았겠다. 이놈들이 눈이 뜨고 집안을 돌아다닐만 할 때가 되자 그 중 한 마리가 우리 집으로 입양을 하였겠다.

자진모리: 입양한 날 첫날밤에 하루 종일 우는구나 밤새도록 우는구나, 엄마하고 떨어져서 슬프다고 깨갱, 친구들과 떨어져서 슬프다고 깨갱, 달래어도 깨갱, 으름장 줘도 깨갱, 먹을 것을 주어봐도 하릴없이 깨갱 깨갱 깨갱

아니리: 이렇게 날이 새도록 울다가 지쳐서 잠이 든 연후에 다음 날 아침에 일어나 보니 절망 끝에 기회가 온다고, 이놈이 집안을 가만히 살펴보니 아! 알산골에 있을 때 친구 형제 놈들하고 다섯 놈이서 먹을 것 가지고 다투고 장난감 가지고 서로 차지하려고, 치고박고 할 때보다 혼자 모든 것을 다 차지할 수 있으니 어찌 아니 좋을 쏘냐 온 집안이 다 제것인 양 여기는디, 아참 이놈 이름이 어떻게 되냐고요?

이 강아지 이름이 뭉치라고 우리 집 아들놈 겨운이가 지어 주었는데, 어째서 뭉치냐? 솜뭉치? 눈뭉치? 열쇠뭉치? 그래요 여기 저기 사고치고 돌아다닌다 해서 사고뭉치의 뭉치올씨다.

이놈이 집안 적응에 요령이 생기자 이리저리 사고치고 다니는디 세 살박이 저지레 저리가라요. 놀부심술 뺨을 치듯 사고 치는디 똑 요렇게 하던 것이었다.

엇모리 : 뭉치놈 거동보소 뭉치놈 땡깡보소~~ 수돗가 물그릇도 와장창 깨
　　　　버리고, 지 먹을 밥그릇도 뒷 발차기로 엎어놓기, 신발장에 엎어놓
　　　　은 신발 한 짝만 물어다가 아궁이에 던져넣기, 빨래줄에 널어놓은
　　　　빨래감 물어다가 땅바닥에 뒹굴며 흙탕물에 염색하기, 금지구역 화
　　　　장실에 살금살금 들어가서 똥 묻은 화장지를 갈갈이 찢어다가 마당
　　　　에다 흩어놓기, 아들놈 한테 혼나면 심술이 잔뜩나서 여기다 찍~
　　　　저기다 찍~ 오줌발 갈기기, 텃밭하고는 상관없이 아무데나 개똥싸
　　　　기 요리심술 조리심술 사고치고 다니는구나.

아니리 : 이러던 어느 날 이놈이 아침 산책길을 따라 나서게 되었는디 아침
　　　　산책을 누가 가느냐? 바로 저올시다 아침에 동네 한 바퀴 도는데
　　　　한 시간 이상 걸리는디 이놈이 두 달도 안된 강아지가 따라 나서겠
　　　　다고 쫒아 나오는데 이놈이 얼마 못가서 빌빌거리니 안고 가다가
　　　　지가 또 걸어보겠다고 용쓰면 내려놓고 빌빌거리면 안고 가고 요렇
　　　　게 한 일주일을 훈련하니 이놈이 아침 산책을 완주하게 되었겄다.
　　　　이렇게 매일같이 산책을 한지 한 달째 그러니까 태어난지 석달째
　　　　되던 어느 날 우리집 식구가 여름 휴가차 가족여행을 가게 되었겄
　　　　다. 1박 2일로 여행을 가게 되어 뭉치 혼자만 남게 되었것다. 강아지
　　　　밥 든든히 부어넣고 잠시 잠깐 이별을 하니 혼자서 놀던 뭉치 녀석
　　　　"에라 이렇게 아니라 나도 이참에 동네 마실이나 다녀오자 그동안
　　　　주인님 따라 다녀 길도 익혔것다. 집 찾아 오는건 문제가 없겠고
　　　　그동안 궁금한데가 꽤나 많았는데 이번 기회에 동네 구경이나 실컷
　　　　하자" 하며 혼자서 집을 나서는디.

중모리 : 뭉치녀석 나서는 구나 동네 소풍가는구나 보무도 당당하게 마음은
　　　　느긋하게 귀는 쫑긋 눈은 찡긋 입은 생긋거리며 나서는구나 풀벌레

소리에 귀기울여 들어보고 고개 들어 하늘을 보니 온갖 새들이 노래한다. 또랑물건너 논두렁 지나서 동네 소풍 가는구나.

아니리 : 이렇게 가다가 목이 마르면 도랑물도 마시고, 여치들과 숨바꼭질도 하고, 논두렁 위에 올라앉아 햇볕쬐고, 있는 개구리 뒤로 살금살금 가다가 똥침도 놓고, 이런 장난 저런 장난 하면서 어느 집 마당 앞을 지나가게 되었것다. 대문이 반쯤 열려져 있는디 마당 안을 쓱 들여 보니 아 거기에 예쁜 병아리들이 삐약거리며 마당안을 콕콕거리며 돌아다니고 있었것다. 그러자 뭉치녀석 그 병아리들 하고 놀양으로 (최진사댁 셋째딸 풍 노래로) [대문을 활짝 열고 뛰어들어가 요즘 보기드문 오빠, 형 왔노라 소리 지르고 나서 이제부터는 이 오빠하고 신나게 놀아보자. "왈왈 왈 왈왈왈"] 하고 달려드니 깜짝놀란 병아리들이 삐약거리며 우루루 흩어지고 도망가 버리는데 그때여 어디선가 갑자기 커다란 암탉이 달려들더니 꼬꼬댁 하면서 큰 부리로 뭉치 발을 탁! 하고 쪼아 버렸겄다. 뭉치가 깨갱거리며 물러 나서는디.

"니 놈은 어디서 온 놈인데 감히 우리 애기들을 괴롭히냐"?

뭉치왈 "전 양지말에 사는 겨운네 집 뭉친데요. 아줌마 애기들을 괴롭히려고 온게 아니라 놀러 왔어요".

"놀러 왔으면 문밖에서부터 정중하게 인사를 하고 들어와야지 그렇게 무례하게 들어오면 어떻하냐"

"죄송해요 아줌마 다음부턴 안그럴께요"

"그렇지 않아도 우리 아기들이 옆집 성호네 개한테 해꼬지를 당해 가지고 아주 혼났단 말이야, 그때 생각만 하면 아직도 살이 떨린다."

"그런 일이 있었구나, 정말 죄송해요. 전 그런줄도 모르고. 아줌마 애기들이 이쁘던데 다 어디갔어요?"

"너 우리 애기들 해꼬지 안하고 잘 놀 수 있겠니?"

"아이 당근이죠"

그러자 엄마 닭이

"꼬꼬꼬 애들아 이리 오너라"

그러자 어디서 나타났는지 예쁜 병아리들이 삐약 거리면서 아줌마 닭 주위로 몰려들것다.

"애들아 여기 있는 이 강아지도 너희들처럼 어린 강아지니깐 같이 잘 어울려 놀아라."

해서 병아리들하고 신나게 놀고 있는데 저 멀리서 한 집 건너 이웃집에서 수탉 한 마리가 훼를치며 소리를 지르는디 꼭끼오---하자 이 아줌마 닭도 꼬꼬꼬꼬 하면서 대답을 하것다.

그러자, 뭉치가 궁금해서 아줌마 한테 묻는디,

"아줌마! 애기들은 삐약거리는디 어른되면 왜 꼬끼오 하나요?" 하고 묻자,

아줌마 닭이 "꼬꼬 꼬 그건 다 이유가 있단다."

"어떤 이유요?"

"너희들은 어려서 잘 몰라 나중에 크면 말해 줄게"

"에이 아줌마 잘 모르면서 그러는거 아네요?"

"모르긴 몰 몰라 어른들 얘기라서 그렇지"

"에이 아줌마 잘 모르면서 괜히 아는 척하는 거 아네요. 잊어버렸죠? 아줌마 닭대가리죠?"

"이놈의 자식이 그냥 확"

"에이 그러니까 가르쳐 주세요, 네?"

"아 이놈이 이제 보니까 엿뭉치로 구나, 좋아 그럼 우리 애기들이 없는 저기 달걀 낳는 곳으로 가자"

뭉치가 아줌마 닭을 따라가니 아줌마가 이야기를 하는디.

"옛날 우리 선조 할아버지 할머니 닭들은 지금처럼 이렇게 꼭끼오~ 하고 부르질 못했어요. 그런데 우리 조상 닭 중에 정선 닭과 영월 닭이 함께 살았어요.

정선 닭이 암탉이고, 영월 닭이 수탉인데, 정선 닭이 영리한데 비해서 영월 닭이 좀 모자라는 편이었어요. 그래도 두 부부 닭은 알콩달콩 잘 살았어요, 그런데 어느 날 정선 닭이 영월 닭에게 "자기야 우리도 이제 유정란 낳자." "그게 무엇인데?"

"응 그건 내가 달걀을 한참 품고 있으면 나중에 예쁜 병아리가 되는 그런 달걀 말이야."

"잉 자기가 이때 껏 쏨벙 쏨벙 난 달걀은 안돼? "

"이건 무정란이라서 안되고 유정란 이어야 해! "

"그건 어떻게 만드는데? "

"그건 자기랑 나랑 교미해야 돼!"

"교미?

"그거 어떻게 하는건데?"

"내가 가르쳐 줄테니까 그대로 해봐? 자기야 내 뒤로 와봐! 아니 그렇게 뒤로 돌아서면 안되고 내쪽으로 서야지. 그런 다음엔 자기께 9시에서 10시가 되면 꼭끼오~

여기 영월 닭 같은 분들을 위해 다시 한번 합니다.

"꼭끼워" 그 다음부터는 수탉들이 유정란 낳고 싶을 때마다 저렇게 목청을 가다듬고 "꼭끼워" 하게 되었단다. 뭉치녀석 그제야 "아하 그렇구나!" 뭉치녀석 거기 계속 있다가는 어떻게 될 것 같아 서둘러 나오는데 "아줌마 잘 놀았어요, 애들아 다음에 또 보자."

자진모리: 뭉치녀석 뛰어간다. 아줌마 닭이랑 병아리와 작별인사 한 연후에 타박타박 깡총 깡총 살랑살랑 굼실굼실 촐랑거리며 건너간다.

거드렁 거리고 맵시 있고 영리한 저뭉치 솜뭉치처럼 하얗고 귀여운 저뭉치 한발 여기놓고, 또 한발 저기놓고, 충충 충충거리고 건너간다. 양지목장 당도하니 음메 거리는 황소아저씨 만나보고 파스퇴르 공급하는 우유 젖소도 만나보고, 벌 말에 당도하니 컹컹컹 목청좋은 검둥개 형님도 만나보고, 잣나무골 당도하니 메에~ 보양식으로 길러지는 염소, 산양도 만나보고, 오리골 당도하니 논바닥에서는 오리떼들이 떼를지어 다니면서 꽤액 꽤액 물장구를 치는디 뭉치가 외치기를 "형아들 거기서 뭐해?" "꽤액! 보면 모르냐? 시방 농사짓구 있잖아 시방아!" "농사는 농부아저씨들이 안 짓고 왜 형아들이 져?" "야 그 인간들이 농약 제초제 뿌리기 싫으니까 우리보고 풀 뽑고, 김매기 하라고 여기다 투입 시켰잖아, 이렇게 해서 난 쌀이 유기농 오리쌀이라 해서 엄청 비싸게 받는단다. 에휴 우리가 무슨 이라크 파병 전투요원이냐!

이짓한게 벌써 며칠째냐? 아무튼 먹고 살라면 할 수 없이 각 분대별로 알아서 쳐 먹어라 실시! 꽤액"

뭉치가 외치기를 "형아들! 그럼 마지막으로 딱 한 가지만 물어

볼께! 그럼 추수 다 끝나면 형아들은 뭐 해?"

"꽥? 오리탕으로 변신한다 짜샤! 저게 오리 말년 얘기까지 나오게 만드네 재수없게 아유 저놈을 그냥 확!"

"아아 형아들 흥분하지 말고 계속 일하세요, 안녕" 충충충 충충거리고 가다가 개울가 당도하여 피라미, 퉁치, 모래무치, 메기, 가재도 만나 보고 이리저리 살펴보고, 만나보고, 놀아보고, 충충 충충 충충거리고 건너간다.

아니리: 뭉치가 새말이란 곳을 지나다 보니 목이 말랐것다. 근처의 도랑물로 목을 축이고 다시 소풍을 나서는디 한 오솔길을 들어서자 갑자기 몸에 힘이 빠지고 다리가 풀리고 눈이 가물가물 거리더니 길 한가운데서 푹 쓰러지게 되었것다. 뭉치 영문도 모르고 숨만 헐떡거리고 있는데 그때여 저 소로길에서 오소리 한 마리가 나타나더니 뭉치가 쓰러져 있는 곳으로 다가오더니 "야 너 여기서 왜 이래? 사냥꾼한테 총 맞았니? 피가 나는 곳이 없는 걸 보니 그건 아닌 것

같구 그럼 독사한테 물렸냐?" 뭉치 대답하기를 "형아 나도 잘 모르겠어 그냥 돌아다니다 도랑물 마신 것 밖에는 몰라" 그러자 오소리가 깜짝놀라 외치기를 "뭐? 새말에 있는 도랑물을 마셨다구?" 하면서 소리를 지르는디.

진양조 : 아따 이놈아 야 이놈아 내 말 좀 들어라 거기에 있는 도랑물은 생수가 아니라 농약 물이란다 어찌 그물을 마셨단 말이냐 아이고 아이고 니팔자야.

아니리 : "새말에 있는 또랑 물은 저기 오리골하고는 달라서 여기 논이고 밭이고 전부 농약쳐서 농사짓는 바람에 도랑물이고 뭐고 다 농약물이 되어버려 피라미, 가재 한 마리 살지 않아 그물 먹지 말라고 손곡리 길짐승 날짐승들한테 파발을 돌린지가 언젠데 그예 그물을 마셨단 말이냐. 아이고 이렇게 아니라 내 빨리 우리 동네 의원을 불러야겠다. 얘야 여기서 조금만 참고 기다려라 우리 동네 명의원인 고라니 형님을 내가 모시고 올테니까 그때까지만 살아 있어라 알았지?" 하고 횡하니 달아났겄다. 일각이 여삼추라 아무리 기다려도 온다던 고라니 의원은 커녕 오소리 놈도 오질 않으니 실상인 즉, 오소리란 놈이 거기 있다 간 지가 강아지 송장 하나 치울 일이 생길 것 같으니까 의원 불러온단 핑계로 도망간 것이었다.

도섭 : 뭉치 정신이 오락가락하고 숨도 제대로 못쉬고 꼼짝없이 죽게 되었는디 뭉치가 집에도 못 돌아가고 엄마, 형제들도 못 보고 객사할 것을 생각하니 원통하고 억울하여 속으로만 피울음을 우는디.

중모리: 아이고 아이고 어쩔거나 아이고 이를 어쩔거나 태어난지 석달만에 이게 웬일이여 강아지로 태어나서 인간에게 귀염받고 오순도순 살

자는데 황천길이 웬말이여 원수로다 원수로다 농약천지된 세상이 원수로구나.

노래 / 클레멘타인개사

엄마 엄마 나죽거든 앞산에다 묻지마, 뒷산에도 묻지말고, 양지편에 묻어주, 내 사랑아 내 사랑아 나의 사랑 친구들아, 뭉치홀로 남겨두고 영영어디 갔느냐.

아니리 : 얼마나 시간이 흘렀을까 주위는 어둑해지고 밤새소리가 간간이 들릴적에 뭉치 머리 위로 빗방울인지 이슬방울인지 물방울이 똑~ 똑~ 하고 떨어지는디 죽은 듯이 꼼짝 않던 뭉치 얼굴이 움찔거리더니만 이내 한쪽 눈이 살포시 떠지고 나머지 눈도 떠지더니 이내 뭉치 얼굴이 슬그머니 들려지던 것이었다. 뭉치 고개를 들고 앞을 바라보니 바로 앞에 밤나무 위에 올빼미 한 마리가 뭉치를 물끄러미 내려다보고 있었것다. 뭉치가 생각하기를 "아 저기 계신 분이 염라대왕이신가 보구나. 내가 이승에서 억울하게 죽은 사연이나 알려야겠다." 하면서 야가 일어나더니 앞으로 나가는데 마치 강시가 가듯이 깡총거리며 가는 것이었다.

노래 / 늙은 군인의 노래

나 태어나 이 강산에 강아지 되어 꽃피고 지내온지 어언 삼 개월 무엇을 하였느냐 무엇을 하려느냐 나 죽어 이 강산에 묻히면 그맨이지 아 다시 못올 흘러간 내 청춘 또랑물에 실려 간 꽃다운 이내 청춘.

아니리 : 이렇게 총총거리는데 갑자기 누가 뒤에서 뒷통수를 탁! 치면서

"야 임마 깨어났으면 네 발로 갈 것이지 니가 임마 강시냐?"
하고 누가 호통을 치는디, 뭉치가 뒤돌아보니 청살모 형님이 능글맞
게 웃고 있는게 아닌가! 뭉치가 "아니 도대체 어떻게 된 거예요? 제
가 저승에 온거 아닌가요?" 그러자 밤나무에 앉아있던 올빼미 할아
버지가 말하기를 "뭉치야 너 청살모 형님한테 큰 절 올려라 청살모
형님이 니 살리려고 산도라지를 캐다가 빻서 새말 옹달샘물에 타서
너한테 먹여 극진 공양해서 너를 살렸단다." 뭉치 그때야 정신을 차
리고 "아이고 청살모 형님! 감사합니다. 정말 정말 고맙습니다. 이
은혜 꼭 갚겠습니다." 그러자 청살모가 한마디 한는디 "뭉치야 여기
손곡리에는 가지 말아야 할 곳과, 먹지 말아야 할 것 조심해야 할
것이 10개가 있단다. 이걸 잘 새겨듣고 조심해야 한단다. 쉽게 말해
서 "쉽계명이라고 한단다." 뭉치가 "쉽 계명이요?" "그래 쉽계명 잘
들어라."

세마치(빠른 진양조) : 벌말 새말 양지말에 / 도랑물 먹지말고 / 산수골 연애
골에는 / 까치독사 조심하고/ 자동차 다니는 아스파트길 / 위험하니
가지말고 / 하늘에 뜬 독수리 조심하고 / 술취한 아저씨 조심하고 /
길가다 만나는 어린아이 조심해라.

아니리 : 뭉치 왈

"아니 어린아이는 우릴 귀여워 해 주는데 왜 조심해요?"
"그게 함정이다. 어린애들이 니가 귀여워서 잘 데리고 놀다 아무
허락도 없이 자기 집으로 강제 입양할 수 있기 때문이지, 얼라들이
라고 "긴장풀면 안돼 알았지?" "예, 형님 정말 고맙습니다". 그러자
올빼미 할아버지가 "애야 날이 많이 저물었으니 오늘은 얼른 너희

집으로 가거라." "청살모 형님! 올빼미 할아버지! 다시한번 감사드립니다. 다음에 다시 꼭 인사드리러 올께요. 고맙습니다."

엇모리 : 뭉치가 뛰어간다. 구사일생 살았다고 힘차게 뛰어간다. 아이고야 웬일이냐 죽을뻔한 목숨이 이렇게 살았다네 갈 길이 바쁘구나 어서야 가보자 날은 비록 어둡지만 뭉치세상 밝아 온다 네 다리 힘주고 힘차게 뛰어간다.

아니리 : 뭉치가 급한 마음에 입양한 겨운네 집으로 발길을 돌리려 하는데 그만 날이 어둡고 캄캄하니 제대로 알 수가 없구나 비상무기 개코로 추적하며 추적추적 길을 가는디, 이놈이 개코로 추적하니 옛날 길과 산책길을 헷갈리게 되었던가 보드라. 지가 태어날 알산골이란 동네 옆으로 지나가게 되었는데 그러자 어디서 많이 듣던 소리가 들리던 것이었다. 가까이 다가가 보니 그 옛날 헤어졌던 엄마 반달이와 친구들이 있는 집이 아닌가! 뭉치 반가움에 달려들어 "엄마!" 하고 외치니 엄마 반달이가 깜짝놀라 버선발로 우루루루 아니 개새끼지 개발에 땀이 나도록 뛰어나와.

중중모리 : 얼씨구나 절씨구 어얼 씨구나 절씨구. 이게 누구냐 우리 애기 뭉치 아니냐 니가 겨운네 집으로 입양을 한 연후에 잠시도 못 잊었는데 이게 꿈이냐 생시냐, 아가 아가 우리 아기 몸성히 잘 있느냐. 아이고 정말 내 새끼로세 애들아 어데 있느냐 니친구 뭉치가 왔단다 어서 나와서 마중들 하거라. 얼씨구나 절씨구 절씨구나 얼씨구 얼씨구 절씨구 지화자 좋네 얼씨구나 절씨구.

아니리 : 이렇듯 오랜만에 만난 친구들과 엄마에게 그동안 지내왔던 얘기도 나누고 농약물 잘못 먹고 죽을뻔한 이야기며 청살모가 구해준 이

야기며 이런얘기 저런 얘기 시시콜 콜 엄마에게 얘기하고 친구들과 장난치면서 시간 가는 줄 모르고 놀다가 그날은 엄마 품에서 잘 자고 다음 날도 친구들과 재밌게 놀고 있는데 오후 두 세 시쯤 되자 갑자기 어떤 자동차 소리에 동네가 시끌시끌해 지는디 근디 이상한건 옆집 아줌마 개도 뒷집 아줌마 개도 이상한 소리를 내는디 급기야 뭉치 엄마 반달이도 담벼락에 붙어 이상한 소리를 내는디 아우~ 하자 뭉치가 하도 이상해서 "엄마! 엄마 아빠들은 원래 그런 소리 내지 않았잖아요. 왜 엄마 소리가 그래요?" 하자 엄마 반달이가 "쉿! 너희들은 조용히 하고 빨리 반달이 데리고 마루 밑으로 들어가 있어 빨리!" 영문도 모르고 뭉치 형제들 따라 마루 밑으로 들어가니 온 동네가 여기저기서 이상한 울음소리로 가득한데 가만히 들어보니 웬 트럭 한 대가 가까이서 다가오며 확성기로 안내방송을 하는디 점차 가까이 오니 그 소리가 명확히 들리는디 그 소리인 즉~ "개삽니다 개팔아요~ 개삽니다. 개 팔아요." 개장사 차였던 것이었다. 개장사 아저씨가 멀리 사라지 뒤에야 엄마 반달이가 "저놈의 개장사 또 나타나 신경 건드리고 있네 에에 재수 없어 퉷! 퉷! 퉷!" 하고 침을 뱉는디 뭉치가 말하기를 "엄마! 근데 아까 개장사 나타났을 때 그런 이상한 소리를 냈어요?" "얘는! 그게 이상한 소리가 아니라 살기 위해 하는 소리다."

중모리 : 개장사가 나타날 때 그 앞에서 개소리 내면 개장사 한테 팔려가는 개팔자 밖에 더 되겠니.

아니리 : 이렇게 한바탕 위기 상황을 넘긴 후에 뭉치가 다시 나무 밑에서 나와 친구들과 놀고 있는데 저녁 무렵이 되자 엄마 반달이가 조용히 뭉치를 불러서 하는 말이 "뭉치야! 너 겨운네가 가족여행 갔다

가 언제 온다든?" "1박 2일이니까 오늘 오겠죠 뭐!", "그럼 뭉치야 어서 겨운네 집에 가거라!" "예? 엄마! 그게 저한테 할 말씀이세요? 어떻게 엄마를 찾았는데 그렇게 말할 수가 있어요? 나 여기서 살래! 엄마 그러지 마!" 그러자 엄마가 말하기를 "그래 니맘 엄마가 잘 안단다." 하지만 뭉치야 우리 같은 견생들은 사람 하고의 인연이 제일 중요하단다. 사람들은 단군님 찾고, 부처님 찾고 하나님 찾으면서 보우하길 원하지만 우리 같은 견생들은 사람들이 보우하사 있는거야, 겨운네가 여행 가서 돌아와 네가 없으면 얼마나 찾겠니! 걱정하는 겨운네를 생각해서라도 얼른 집에 가 보렴. 그동안 엄한 사람이 들어와 물건이라도 가져갔으면 니가 괜히 혼날 수도 있잖아. 한 번 주인은 영원한 주인이야! 낯선 사람이 오면 왈왈 소리라도 지르고 알려야지 그래서 사람들이 우리들을 보고 견물생심이라 그러잖니!", "견물생심이요?", "그래 견물생심 두 가지가 있단다. 이게 원래 우리 같은 개를 보면 보신탕이 생각난다 하는 뜻인데 집안을 잘 지키는 개한테 잘못 건드렸다가는 견물생심 / 개한테 물리면 생각보다 심각하다 하는 뜻도 있단다. "엄마 지금 무슨 말씀 하시는 거예요?" "그러게 말이다, 쓸데없는 말이다."

아니리 : 이 엄마는 니가 그 먼 거리를 혼자 돌아다닐 정도로 이렇게 용감하게 큰 것만 해도 정말 자랑스럽고 대견스럽게 생각한단다. 여기에 있는 니 형제들 사시, 사자, 깜식, 깡통, 요놈들은 매일 붙어다니면서 엄마만 귀찮게 하고 이웃집도 못 놀러가는 청개구리 같은 놈들이란다. 니가 다음에 또 놀러 오면 요놈들 반성하고 깨우치는게 있을거야.

세마치(빠는진양조) : 그러면 그때까지 / 우리 다시 만날 때까지 / 몸건강히 잘지내라 / 사랑하는 내 아들아 / 잘 가거라.

엇중모리: 이렇듯 뭉치 놈은 오늘도 사고치고 다니면서 동네에서 겪은 얘
길 아들놈 겨운이에게 자랑스럽게 들려 준답니다. 그 뒤야 뉘알리
요 어질 더질.

우리집 강아지 뭉치

유튜브 또랑 정대호 색다른 판쇼리 제81편 참조

둘째 마당

코로나 변강쇠가

코로나 변강쇠가

아니리 : 최근에 맹랑한 일이 있었것다. 평안도 하고도 월경촌에 계집하나 있으되 얼굴이 하도 어여쁘게 생겨놓으니 황진이 양귀비라도 따를 수가 없건마는 아! 사주에 청상살이 겹겹이 쌓여 만나는 남정네들 마다 죄다 저승길로 보내는디 아주 지긋지긋하고 징글징글하게 단 콩주워 먹듯이 보내던 것이었다.

자진모리 : 스무살에 얻은 서방 첫날밤에 합궁하다 복상사로 뒈지고, 스물하 나에 얻은 서방 산속에서 거시기하다 독사한테 거시기 물려 뒈지 고~ 스물 둘에 얻은 서방 구월산 약초 캐다 인민군 사격훈련 오발 사고로 뒈지고, 스물셋에 얻은 서방 묘향산 놀러가서 계곡물에 멱 을 감다 심방마비로 뒈지고, 스물넷에 얻은 서방 금강산 놀러갔다 남조선 관광객이 버려놓은 바나나 껍질밟아 뇌진탕으로 뒈지고, 스 물다섯에 얻은 서방 백두산 안내하다 눈사태로 식어버리고, 스물여 섯에 얻은 서방 신고산이 우루루, 함흥차 떠나는 소리에 고무공장 큰애기 밤봇짐만 싸누나, 어랑 어랑 어허야 어허야 디히야 니가니 가 내사랑이로다.

아니리 : 이렇게 경의선 철로공사 하는데 목도소리 하다가 목침이 뿌러져 박터져서 뒈지니, 이렇게 일 년에 한 놈씩 처치하다가 나중에는 손 한번 잡은놈 입 한 번 맞춘놈, 젖한번 쥔놈, 힙한번 만진놈 치맛자 락까지 살짝 스친놈 마저 대고 절단을 내니 인근에 남자 씨가 말 라 버릴지경이라. 일이 이쯤되자 평안도 황해도 양도에 있는 아줌

씨들이 난리가 났겄다. 하루는 양도 여맹위원들이 여맹위원회 회의를 한다고 하면서 옹녀를 앞혀놓고 공론을 하는디, "다들 모였습네까? 오늘 우리가 이렇게 모이라칸거는 다른게 아니라 저 옹녀라는 애미나이래 양도에 있은 후, 남자 씨가 말라버릴 지경이라. 알타리 달린 놈들 눈을 씻고 찾아봐도 없고, 종국에는 우리 남편들마저 거덜낼지 모르니, 이일을 어카면 좋을지 기거이 공론하자고 모였은께, 기탄없이 말씀들 좀 해 보시라우요." 이렇게 말하자 여기저기서 막 소리가 튀어 나오는디, "거 회의고 뭐고 할 필요가 뭐 있겠습메까 저 에미나이래 이 양도에 발도 못 붙이게 쫓아냅시다. 맞습니다. 쫓아냅시다. 만장일치라우요, 무사통쾌다 박수치라우요".

쌍도창 : 옹년 하릴없이 쫓겨나와 울음을 우는디.

중모리 : 어허 인심 흉악하다 황평양도 아니며는 갈데가 없것느냐 가자 가자 어서가자.

아니리 : 이렇게 혼자 훠이 훠이 올라가다가 두만강가 까지 올라가게 되었것다. 그때서야 옹녀가 한탄하면서, "아이고 내가 워째서 여기까지 왔을꼬 남남북녀라고, 사내 맛은 남쪽 사내가 더 좋다고 했는디", 이러다가 그날 밤 두만강을 헤엄쳐 국경을 건너 저기 연변으로 넘어가서 거기에 있는 조선족들하고 어울리며 생똥싸게 고생하다가 어느 날 탈북민들하고 작당하여 밀항선 타고 동해안으로 들어와 강릉 땅으로 들어와 새터민으로 살게 되었것다. 한편 천하제일 잡놈 강쇠라는 놈이 있었는디. 이놈 고향이 어딘고 하니 저기 전라도 지리산 천황봉 밑에 귀두골 그 아래 고환촌 그 안에 정자마을 이란곳에서 태어나 날때부터 양기가 탱탱하게 태어난지라 이놈이 하는

일이라곤 여기저기 돌아다니면서 장돌뱅이로 사는 것이 제격이었것다. 이놈이 전라도 5일장 경상도 5일장을 두루 돌아다니다가 어느 날 강원도 장을 한 번 돌아보는디 장타령으로 놀아보것다.

장타령 : 떠르르르 돌아왔소 장돌뱅이가 먹설이라 동설이를 짊어지고 똘똘 몰아서 장타령 품밥바 품바 바리밥바 에헤에라 품바 잘도 헌다.
춘천이라 샘밭장은 신발이 없어서 못가구요.
홍천이라 구만리장 길이 멀어서 못간단다.
품바바 품밥바 바리밥바 에헤에라 품바 잘도 헌다.
명주바꿔 원주장은 값이 비싸서 못가구요 횡설수설 횡성장 에누못 간단다. 품밥바 품밥바 바리밥바 에헤헤라 품바 잘도헌다.

아니리 : 이러다 이놈이 강릉 단오장이 유명하다고 하여 강릉에 가서 장돌 뱅이를 하는디 거기서 제법 재미를 보았것다. 단오장이 끝나는 날 경포대 해수욕장을 어슬렁 거리는데 그때여 저쪽에서 한 여인이 걸어 오던 것이었다. 옹녀였던 것이었다. 두 년 놈이 어느 순간 눈이 마주치자 두 눈에서 불똥이 튀는디

진양조 : 사랑 사랑 내사랑이야 오호 둥둥 니가 내사랑이지야 오다가다 만난 사랑 우연히 짜짜자잔 강릉바다 그물같이 얼크러 설크러 맺을 사랑 오후둥둥 니가 내사랑이지야.

아니리 : 이렇게 두 년 놈들이 탐색전을 마친 후에 과거에 썩 해본 경험들 이 있는지라 이놈이 소주에 아나고 회를 먹고는 바로 경포대 단오 장호텔로 들어가서 거사를 치루는디 이놈이 아나고회를 먹었는지 그 날 밤 안 하고는 못배겼는가 보더라 방아타령으로 한번 놀아 보것다.

중중모리 : 어유아 방아여 어유아 방아여 떨끄덩덩 잘찧는다 어유아 방아여

이방아가 뒤방아냐 강쇠 옹녀 가죽방알세   (어유아 방아여)

강쇠 놈 거동보소 옹년년 두 다리 쳐들고 기물타령으로 노는구나

(어유아 방아여)

이상히도 생겼구나 맹랑히도 생겼구나   (어유아 방아여)

금도끼를 맞았는지 한일자로 쭉 찢어졌구나   (어유아 방아여)

수풀속 옹달샘인가 맑은 꿀물이 항상 넘치네   (어유아 방아여)

만첩청산 으름인가 제가 절로 쩍 벌여졌구나   (어유아 방아여)

만경창파 조갤런가 혀를 빼쭘 빼물었구나   (어유아 방아여)

삼계탕을 잡셨는가 닭벼슬이 툭 비치었네   (어유아 방아여)

으름있고 꿀물있고 조개있고 삼계탕 있으니 저녁안주는

걱정이 없구나   (어유아 방아여)

자진모리 : 어유아 방아여 어유아 방아여 어유아 방아여

떨끄덩 덩덩 잘찧는다 어유아 방아여

옹녀년 거동보소 옹녀년 거동보소 강쇠물건 가리키며 기물타령 노는구나

(어유아 방아여 어유아 방아여)

고추찧던 절구댄가 검붉기는 웬일인가 (어유아 방아여 어유아 방아여)

칠팔월의 알밤인가 두쪽한데 딱붙었네   (어유아 방아여 어유아 방아여)

제사상의 숭어럴가 꼬치구멍 뻥뚫렸네 (어유아 방아여 어유아 방아여)

뒷절스님 머릴런가 민대가리 둥그렇구나 (어유아 방아여 어유아 방아여)

오뉴월에 웬감긴가 맑은 콧물 새어 나오네(어유아 방아여 어유아 방아여)

초등아이 인사런가 까닥까닥 인사도 잘하네(어유아 방아여 어유아 방아여)

만첩청산을 들어가 길고 곧은 솔을 베어 이방아를 만들었나

(어유아 방아여 어유아 방아여)

오르락 내리락 하는 모양 이상하고 맹랑하다(어유아 방아여 어유아 방아여)

(중중모리) 떨끄덩덩 잘찧는다   어유아 방아여

아니리 : 이렇게 두 년놈들이 속궁합을 맞춰보니 안성맞춤이라. 하루가고 이
틀가고 한달이 가고 일년이가고 일년반이 지나도 강쇠 한테는 아
무런 변고가 일어나질 않는구나. 북에 있을 때는 일년에도 몇 놈씩
이나 저승길로 보냈는디. 여기서는 아무런 일이 나질 않으니 그래
서 변강쇠란 이름이 변고에 강한 돌쇠인가 봅니다. 아무튼 둘이 천
생연분이라 생각하고 본격적인 살림살이를 하는디 그러던 어느 날.

자진모리 : 소리없는 병마가 인간들을 공격한다. 신종바이러스 코로나 19
가 지구촌을 공격하니 여기저기 사람들이 속절없이 쓰러진다.
잘난놈 못난놈 착한놈 모진놈 철난놈 철없는 놈 똑똑한놈 얼빠진
놈 죄많은 놈 죄없는 놈 권세좋은 놈 권세 없는 놈 이놈 저놈 이
년 저년 할 것 없이 온나라 사람들이 벌벌벌벌 공포에 떠는구나.

아니리 : 일이 이렇게 되니 공항이 폐쇄되고 학교에는 휴교령이 떨어지고
상점이 문을 닫고 바깥출입도 못하게되니 풍물시장, 5일장, 새벽시
장, 심지어는 벼룩시장 마저 모두 문을 닫게 되는구나.
그러자 장돌뱅이로 먹고살던 강쇠가 하루아침에 백수가 되어 버렸
겄다. 그러니 이놈이 하는 일이라고는 밤마다 마누라 하고 방아타
령으로 노는 일 밖에 없었겄다. 일이 이쯤되니 마누라 옹녀가 닥치
는 대로 일을 하는디 닥벌이란 것을 해 보겄다.

엇모리 : 우유배달 신문배달 야쿠르트 피자배달 주부습진 걸리도록 식당
파출부 가정부에 정수기 외판사원 보험설계사에 공공근로 나가기

노래방 미시클럽 다단계 판매에다 경포대클럽 도우미까지.

아니리 : 이렇게 옹녀가 대신 억척스릅게 일을 하는디 그러던 어느 날 옹녀
가 기침이 나고 머리에 열이 오른다 하기에 의심하여 1339 진료
소에 전화를 했더니 강쇠랑 자가용타고 빨리 오라고 하여 가서 검
사를 했는디 옹녀가 그만 양성 확진자가 되었구나.

도창 : 옹녀가 병원으로 가게되고 강쇠는 14일 자가 격리에 들어가는디
옹녀와 강쇠가 생이별을 당하자 옹녀가 이별가를 부르는디.

진양조 : 여보시오 서방님 여보여보 강쇠님 우리가 연분으로 반쪽신세를 면했는
디 이지경이 웬일이요 고향 땅도 갈 수 없고 이세도 기약없네 살아서
올 때까지 부디 평안히 건강하소서.

아니리 : 이렇게 옹녀가 전문병원으로가 치료를 받는디 대한민국 의료진 덕
분에 차츰차츰 회복에 되어 완치 날이 가까이 다가오게 되었구나.
한편 14일 자가격리를 마친 강쇠도 마누라가 보고 싶는지 어느 날
모바일 영상통화를 해 보것다.

세마치 : 이보소 마누라 그동안 고생이 많았소 하지만 대한민국 의료진 덕
으로 회복된다니 다행이요. 이보소 마누나 내 말을 들어보소 그대
가 퇴원하고 코로나 시국이 지나간 후 남북관계가 개선되어 동해
북부선 기차가 남북으로 연결되면 당신과 나하고 금강산도 구경하
고 백두산도 구경하고 당신 고향 월경촌까지 신혼여행 떠납시다
그 때까지 몸건강히 몸조리 잘하시오. 여보 사랑해.

아니리 : 그러자 지나가던 사람들도 흐뭇하게 웃엇던가 보드라

중중오리 : 여보시오 벗님네들 이내 한 말 들어보소 강쇠와 옹녀의 꿈이 우리

꿈이 그아닌가 우리 모두 힘 합하여 희망백신 만들어 보세 의료진은 의료백신 예술인은 문화백신 여기에 계신 여러분들 건강백신 만들어서 이민족 우리동포 세계의 인류들과 생태백신 만들어서 아름다운 이지구를 함께 가꿔 살펴가세 희망백신 만들어 보세 얼씨구 절씨구 지화자 좋네 얼씨구나 절씨구 얼씨구나 아하 얼씨구 절씨구 지화자 좋네 희망백신 만만세~

유튜브 또랑 정대호 색다른 판쇼리 제110편 참조

코로나 변강쇠 공연모습

고전문학 박터졌네

고전문학 박터졌네

고전문학이 몇 개나 나오는지 알아맞혀 보세요

아니리 : 남해 바다에 용왕이 살았는디 왕노릇을 오랫동안 해 먹어서 그 죄 값을 치루느라고 어느 날 병에 덜컥 걸려 버렸것다. '병에 걸렸어도 왕답게 거창하게 걸렸구나'.

자진모리 : 병치레가 요란하다 두통치통 생리통에 대상포진을 겸하고 간암, 위암, 폐암에다 고환암을 겸하고, 임질매독 치칠에도 무좀습진을 겸하여 똥을 누면 피똥싸고, 오줌누면 피오줌에 눈에는 백내장에 발에는 문둥병에 온몸은 부어올라 고름 질질 흐르고 머리카락을 술술빠져 대머리가 되었구나.

아니리 : 수궁의 의사가 진맥을 한 연 후 하는 말이 "육지에 있는 토끼 간을 먹으면 병이 낫겠습니다." 하자 육지로 토끼를 잡으러갈 신하로 자라가 딱 당첨 되었것다. 자라가 세상에 나가는디 제주도를 지나 하동포구를 거쳐 섬진강 물결을 타고 지리산까지 당도 하였것다. 여기저기 두리번거리다 어느 한 곳을 얼핏 바라보니.

중중모리 : 한 곳을 바라보니 묘한 짐승이 앉았네 두 귀는 쫑긋 눈은 도리도리, 허리는 늘씬, 꽁댕이 몽통, 좌편은 청송이요, 우편은 계곡물이라 청산리 맑은 물 굽은 소나무 휘늘어진 가지사이 들락날락 오락가락 아그주춤 가는 저 토끼 산중의 토끼라 자라가 보고서 반기 여겨 저기 섰는게 토선생 아니요?~~~

아니리 : 토끼가 깡충거리면서 내려와 보니 웬 말라비틀어진 쇠똥같은 것이 있었것다. 자라가 토끼에게 말하기를 "토선생이시오?" 토끼가 대답하기를 "그렇소만" 자라가 토끼에게 "토선생 우리 수궁에 가시면 법무부장관 시켜 줄테니 나랑 수궁으로 갑시다." 그러자 토끼가 깔깔깔깔 웃으면서 하는 말이 "야 이놈 토끼야 내가 속을 줄 알고 그러냐? 나도 수궁가 별주부전 이런거 다 읽었단 말이다. 네놈이 날 꼬셔서 수궁으로 델꼬가서 내 간 떼일려고 하는거 모르는줄 아느냐? 그런 보초떼기 없는짓 하지 말고 썩 물러가라!" 하자 토끼가 풀이 싹 죽어서 귀를 축 늘어트렸것다. 그러자 자라가 안됐는지 "야 토끼야 니가 정 그렇다면 나랑 달리기 시합을 해서 니가 이기면 내가 간 조금 떼어주고 니가 지면 군소리 말고 수궁으로 되돌아 가기다 알았냐?" 해서 토끼와 자리가 달리기 시합을 하는디   준비! 땅!

휘모리 : 뛰어간다 뛰어간다 뛰어간다 뛰어간다 토끼가 뛰어간다. 바람같이 쏜살같이 토끼가 뛰어간다. 수풀을 헤치고 개울을 넘고넘어 돌덩이를 넘고넘어 토끼가 뛰어간다 휘익~~

아니리 : 저 산꼭대기 근처까지 순식간에 도착해서 뒤돌아보니 저 아래 까마득히 먼 곳에 자라가 기신기신 땀을 삐질삐질 흘리면서 기어올라오고 있었던 것이었다. 토끼가 스스로 말하기를 "헤헤 내가 여기서 낮잠만 자지 않으면 저놈한테 질 리가 없지 한데 우리 조상들은 왜 하필이면 여기서 낮잠을 자가지고 거북이 한테 져서 토끼 망신을 시키는지 몰라" 하면서 우쭐거리고 있는데 때는 바야흐로 오곡이 무르익는 가을이라 주변에

중중모리 : 능수버들 벗나무, 오미자, 치자, 감대추, 갖은 과목 얼크러지고
뒤틀어져서 구부칭칭 감겼다.

아니리 : 토끼가 목도 마르고 배도 고프고 하여 주변에 있는 머루 다래 떨
어진 과일을 주워 먹었것다. 아 그런데 이게 땅에 떨어진 머루다
래가 발효가 돼 가지고 알콜이 석여 과일주를 먹은꼴이 되었겄다.
토끼가 술에 취해 해롱해롱 되면서 "홍야 홍야 꼭대기 바위까지만
가면 되는데 왜이러냐? 에공 좀 쉬었다 가자" 하면서 그 자리에
폭 꼬꾸라져 버렸것다. 이때여 한참 후 자라가 그곳을 지나 산봉
우리 꼭대기에 당도하여 소리치는디 "만세! 만세!" 내가 이겼다.
하고 소리치니 토끼가 깜짝놀라 깨어 꼭대기로 달려가는디 한발
늦었것다. 자라가 토끼 발목을 탁 잡더니만 목덜미에서 칼을 꺼내
더니만 "자! 약속대로 간 내놓으쇼" 하자 토끼가 "아이고 여기서
간을 꺼내면 수궁까지 가다가 다 쉬어버려서 못쓰게 되니깐 나하
고 수궁까지 같이 갑시다. 그래야 효험이 있지요." 자라가 "정말
수궁까지 같이 갈라요?" 토끼가 "아 두말하면 잔소리지요. 근데 내
이름 두자만 크게 불러봐주쇼. 내이름이 뭐요?" 하고 토끼가 묻자
자라가 "아! 당신이 토선생이 아니 토끼가 아니고 무엇이요?!" 하
면서 손으로 삿대질을 하자 토끼가 잡혔던 발목을 얼른 빼며 "내
가 토끼라고? 토끼라고? 알겠소 그럼 명대로 토끼겠소" 하면서

엇모리 : 토끼가 토껴간다 토끼가 도망간다 자라한테 잡혀서 간 떼일 뻔하
다가 토끼가 도망간다.

아니리 : 요렇게 지 꾀에 살아났다고 좋아하면서 "내 이름이 왜 토낀줄 알
어? 이럴 때 토끼라고 이름이 토낀겨" 하며 신나게 노래를 부르며

산중으로 들어가는디.

노래 : 산토끼 토끼야 어데를 가느냐 깡충깡충 뛰면서 어데를 가느냐(또는 늙은 군인의 노래로 해도 무방).

아니리 : 그러다가 토끼가 갑자기 구덩이이 푹 하고 빠졌구나 인간이 만들어놓은 함정에 빠져 꼼짝달싹 못하게 되었는디 그때여 산아래 저쪽에서 나뭇꾼 한사람이 지게를 메고 올라오다가 구덩이에 있는 토끼를 발견하고는 "옳다! 오늘은 토끼 고기를 먹을수 있겠구나" 하면서 토끼를 지게 작대기에 매달고서는 좋아라 휘바람을 불면서 노래를 부르는데

휘바람노래 : 어제 밤에도 먹었네 맛있는 뱀고기 오늘밤에도 먹겠네 맛 있는 토끼 고기

아니리 : 하면서 지나가다 보니 연못가를 지나가게 되었것다. 나뭇꾼이 목도 축이고 땀도 식힐겸 해서 지게를 세우고 연못에서 물 한 모금 먹으려고 하는디 물속에서 비친 지게에서 토끼가 바둥거리는 모습이 보이거늘 나뭇꾼이 뒤돌아 보며 토끼에게 하는 말이 "야! 이놈아! 쓸데없는 짓 하지 말아라!" 하면서 손을 휘젓는 다는게 지게 작대기를 툭하고 쳤것다. 그러자 지게가 넘어지면서 연못 속으로 풍덩하고 빠져버렸것다. 토끼가 연못 속으로 사라져 버리고 빈지게만 건지게 되어 나뭇꾼이 망연자실 할적에 그때여 연못 속에서 산신령이 뽀로롱! 하고 나타나더니만 금토끼를 들더니.

세마치 : 이 토끼가 니 토끼냐 / 나뭇꾼 생각하기를 / 금도끼 은도끼 읽었거날 / 그 토끼는 아닙니다 / 산신령님 들어가서 / 이번에는 은토끼를

들고나와 / 그러면 이 토끼냐 / 그것도 아닙니다 / 산신령님 들어가 더니 / 나뭇꾼이 잡은 토끼를 들고나와 / 그러면 이토끼냐 / 예 그렇 습니다.

아니리 : 산신령께서 이르기를 "너는 요즘 보기드문 착한 나뭇꾼이구나 내 선물로 니가잡은 토끼만이 아니라 금토끼 은토끼 모두 네게 주마" 하고 금토끼 은토끼 나뭇꾼이 잡은 토끼 세 마리를 휙하고 던졌겠 다. 그런데 옛 속담에 그런말이 있지요? 두 마리 토끼를 잡으려다 한 마리도 못 잡는다는 말이요. 나뭇꾼이 욕심에 금토끼 잡으려다 실패하고 은토끼 잡으려다 실패하고 나뭇꾼이 잡은 토끼를 잡으려 다 실패하자 그만 화병으로 죽어버렸어요. 그래서 할 수 없이 나 뭇꾼 아내가 떡장사를 하며 살았답니다.

떡타령 : 떡사시오~ 떡을사시오 떡을 사 쫄깃쫄깃 쫀득쫀득 달콤 새콤한 떡이로구나~ 떡바구니 들러메고 떡팔러 나왔소 붉은떡 푸른떡 노 랗고도 하얀떡 남색자색에 연분홍 울긋 불긋 빛난떡 아롱다롱에 고운떡 떡사시오 떡사 떡을 사시오 떡을 사 쫄깃 쫄깃 쫀득쫀득 달콤 새콤한 떡이로구나.

아니리 : 하며 장에서 떡을 팔다 떡 세 개만 남겨놓고 산고개 넘어 집으로 돌아가는데 산등성이에서 호랑이가 나타나 "어훙~" 하더니 "떡하 나 주면 안잡아 먹지" 하여 호랑이에게 떡하나를 주었겠다. 또 한 고개를 넘어가니 호랑이가 또 나타나 "떡 하나 주면 안잡아 먹지" 해서 또하나 주었겠다. 또 한고개를 넘어가니 호랑이가 나타나 "떡 하나 주면 안잡아 먹지," "나머지 떡 하나를 주었겠다." 또 한 고 개를 넘어가는데 호랑이가 나타나 "떡 하나 주면 안잡아 먹지"

그런데 떡이 다 떨어졌거든 그래서 호랑이가 이번에는 나뭇꾼 아내를 잡아먹었대요. 그런데 호랑이가 나뭇꾼 아내 짐을 뒤져서 주민등록증을 찾아가지고 주소에 적혀있는 대로 집으로 찾아 갔어요. 그랬더니 집에는 오누이가 살고 있었대요. 호랑이가 밖에서 "얘들아 엄마 왔다 문열어라." 그런데 오누이는 "어 엄마 목소리가 아닌데" 했더니 호랑이가 "엄마가 떡 파느라 소리를 많이 질러 목이 쉬어서 그렇단다." 그러자 오누이 중 오라버니가 "그럼 엄마 주민등록번호 얘기해봐요" 호랑이가 기다렸다는 듯이 주민등록증을 보더니 "581234 - 2269013" 하고 부르니 "어 엄마 맞네" 하면서 방문을 열자 호랑이가 방안으로 "어흥" 하며 달려들었것다. 헌데 똑똑한 아들이 혹시나 하는 맘으로 방바닥에 참기름을 발라서 호랑이가 바닥에 미끌어져 벽에 "쿵" 하고 부딪치자. 오누이는 잽싸게 마당밖으로 뛰어나가 오동나무 꼭대기로 올라갔것다. 호랑이가 정신차리고 밖으로 나와보니 오누이가 오동나무 꼭대기에 있거든 그러자 호랑이가 젊잖은 목소리로 "얘들아 거기 어떻게 올라갔니?" 하자 누이동생이 "부엌에 있는 참기름 바르면 잘 올라오지" 하였것다. 호랑이가 부엌에 들어가니 웬 단지가 몇 개가 있었는데 아무 단지를 들고나와 나무에 바르는데 꿀단지여서 벽에 척척 잘 달라붙는 것이어서 쑥쑥 나무를타고 호랑기가 올라 오는 것이었다. 오누이는 황급해져서 하나님께 기도를 드리는데 "하나님 저희를 살리시려거든 튼튼한 동아줄을 내려주시옵고. 저희를 죽이시려거든 썩을 동아줄을 내려주시옵소서" 하고 간절히 기도를 하는데 그 기도발이 통했는지 하늘에서 동아줄이 내려오는데 신식 동아줄이 내려오는것이예요. 엘리베이터가 달린 동아줄이 내려오는 것이 아니겠어요. 엘리베이터 문이 열리고 오누이가 들어갔는데 문이 닫히기

전에 그만 호랑이도 다 올라와서 엘리베이터 안으로 쑥 들어오는 것이었어요. 그러자 빨간불이 켜지며 "삑~ 정원초과"하면서 문이 다시 열리는 것이었어요. 호랑이기 덩치 좋은 오라버니를 물고 밖으로 나가자 엘리베이터문이 닫히고 누이동생만 하늘로 올라가게 되었어요. 누이동생은 하늘나라에서 8번째 선녀가 되서 매달 보름이면.

노래 : 저 산꼭대기 8번째 봉우리에 세 번째 계곡에 선녀탕이 있지요. 달 밝은 보름이면 천상의 선녀들이 목욕을 하기 위해 내려오는 곳.

아니리 : 그런데 어느날 8선녀들이 보름에 목욕을 하는데 도적놈 같은 나뭇꾼이 8번째 선녀 날개 옷을 훔치는 바람에 그 선녀는 나뭇꾼 하고 억지로 결혼해서 살게 되었대요. 결혼해서 아이를 셋 낳았는데 그러자 나뭇꾼은 그때부터 장에 나갔다가 늦게 오질않나 외박을 하지않나 집에 소홀히 하는데 그것은 아이 셋 낳을 때까진 날개옷을 보여주지 말라고 한 사슴말 때문이었대요. 그러던 어느 날 나뭇꾼이 시장에 나간 날 선녀 아내는 아이들과 집안에서 숨바꼭질 놀이를 하고 있었어요. 막내딸은 백일도 안돼서 잠재우고 다섯 살과 네 살 먹은 두아이와 숨바꼭질 놀이를 하는디.

노래 : 꼭꼭 숨어라 머리카락 보일라 꼼짝말고 있거라 꼭꼭숨어라 머리카락 보일라 꼼짝 말고 있거라.

아니리 : 하다가 날개옷을 찾게 되었겠다. 고민에 빠진 선녀 아내는 아이를 데리고 하늘나라로 올라가는데 어떻게 했냐 하며는 한쪽 날개에 큰애를, 왼쪽날개에 작은애를, 막내딸은 입으로 물고 하늘나라로 올라가는 것이었어요.

중중모리 : 떴다 떴다 선녀가 날아간다 날아간다 높이높이 날아간다 저 하늘 끝까지.

아니리 : 이렇게 하늘로 올라가는데 아무 물색모르는 나뭇꾼이 쭐레쭐레 빈 지개에 꽁치 한마리 달랑 매고 집에 당도하였것다. 집에 들어와보니 아무도 없어 여기저기 찾아보는데 방안에 없자 마당에 나와 한참을 두리번 거리다 하늘을 보니 저 높이 하늘에 선녀 아내와 아이들이 올라가는 것이었어요. 어이없이 쳐다보던 나뭇꾼이 "아니 저저런 저럴 수가 야! 이 여편네야! 니가 그럴수 있니?" 하다가 체념한 듯 "그래 올라갈 테면 올라가라 그런데 마지막으로 내가 한가지만 물어볼게. 니 나를 사랑은 했었니?" 하고 묻자 그 소리를 들을 선녀가 어이없어 대답하는데 "뭐 사랑? 웃기고 자빠졌네" 하고 대답하자 막내딸이 그만 뚝 떨어트리고 마는데 그 모양을 본 나뭇꾼이 막내딸이 떨어지는 곳으로 달려가며 "안돼~" 하면서 두 손으로 막내딸을 간신히 받아내었것다. 막내딸은 받긴 받았는데 잘못 받아가지고 막내딸 두 발꼬락에 두눈이 찔려가지고 나무꾼이 봉사가 되었것다. 이 나무꾼 이름이 심학규야 이 막내딸이 심청이고! 해서 막내딸을 젖 얻어 먹이고 밥얻어 멕이고 해서 과년한 처녀가 되도록 키웠대요. 청이 나이 열여섯이 되자 그 해 단오날이 되어 옆집에 사는 춘향이와 광한루로 그네를 타러 놀러 나갔는데 청이가 그네를 탄 후 이번에는 춘향이가 그네를 타것다.

중중모리 : 울긋 불긋 꽃숲속에 어떠한 미인이 나온다 해도 같고 달도 같은 어여쁜 미인이 나온다 저와 같은 계집아이와 함께 그네를 뛸양으로 푸른 숲속에 당도하여 휘늘어진 그네줄을 예쁜 두 손으로 덥석들어

양 그네줄을 갈라쥐고 선뜻올라 발구를제 한 번을 툭 구르니 앞이 번 뜩 높았고 두 번을 툭 구르니.

가곡그네 : 창공을 차고 나가 구름 속에 나부낀다. 제비도 놀라고 지나가는 뻐꾸기도 뻐꾹 뻐꾹 놀라가 광한루에 야생 고양이들도 야옹~ 놀라고 광한루에 놀러나온 강아지들도 왈왈 그 뒤에 따라나온 에미개들 컹컹 ~ 놀라고 광한루에 야생닭들도 꼬꼬댁 꼬꼬 "꼬끼오~"놀란다.

아니리 : 광한루에 놀러나온 이도령이 그네뛰는 춘향이를 보더니 바로 프로 포즈를 해서 이도령과 춘향이가 결혼을 했는데 아들 둘을 낳고 알콩 달콩 살다가 하늘나라로 갔는데 그 아들 둘이 흥부와 놀보예요. 잘 아시겠지만 흥부는 제비다리를 고쳐서 부자가 됐잖아요? 놀부도 흥부 가 부자가 됐다는 소문을 듣고 제비다리 분질러서 제비가 갖다준 박 씨를 심자 박이 어느새 집채만 하게 두 개가 열렸는디 놀부가 박하나 를 타자 박속에서 웬 거지들이 잔뜩 나와서 놀부한테 구걸을 하고 또 한 개를 탔더니 박속에서 산도적들이 잔뜩나와 놀부네 재산을 다 거덜을 내었것다. 마지막 남은 박은 쪽박인데 놀부가 쪽박을 발로 걸 어차자 박이 떨어져나간 줄기가 하늘로 치솟는디 호기심 많은 놀부가 박줄기를 타고 하늘로 올라가 보니 와 여기는 천국이야! 파라다이스! 신세계! 막 봉황이 날아다니고 청용황용이 날아다니고 팔선녀가 춤을 추고 거위도 황금알을 낳는 거위가 돌아다니고 하던 것이었다. 놀부 가 그곳에서 거위를 한 마리 잡아서 칼로 배를 째보니 거위 창자하고 똥밖에 없었것다. 하지만 놀부의 그 행위가 하늘나라에 알려져 놀부 가 옥황상제에게 끌려가 치도곤을 당하는데 옥황상제 이르시길 "네 이놈 놀부야 네놈은 지상에서 나쁜 짓을 하다가 하늘에서도 또 못된 짓을 하는구나 저놈을 당장 이 나라에서 추방하되 지상에서 개관천선

을 하지 않으면 다음 생은 모기, 빈대, 파리로 환생하게 하라!" 하는 호령이 떨어지자 마자 놀부가 뚝 하고 지상으로 떨어졌것다. 옆에는 죽은 거위가 놓여있었는데, 그때여 토끼를 놓친 자라가 지나가다가 놀부옆에 죽은 거위가 보이자 자라가 놀부한테 말을 하는데 "아저씨! 저기 죽은 거위 간만 좀 떼주면 안돼요? 제가 쓸데가 있어서요" 그러자 놀부가 "죽은 거윈데 내가 뭐 필요가 있겠니 간을 가져가던 쓸개를 가져가던 알아서 해"그러자 자라가 거위 간을 떼가지고 수궁으로 가서 용왕에게 토끼간이라 속여 용왕에게 주니 용왕이 그 간을 먹고 매일같이 황금알을 낳았다는 설이었습니다.

엇중모리 : 이러한 이야기가 나같은 또랑광대 입 끝에까지 올라 길이길이
　　　　　　전해오니 그 뒤야 뉘알리요 어질 더질

유튜브　또랑정대호 색다른 판쇼리(fun show 異) 64편 참조

스탠딩 코메디 술구라 주酒까부다

스탠딩 코메디 술구라 주酒까부다

프롤로그 -

영상쇼(영상으로 술에 대한 짧막한 소개와 공연에 대한 안내맨트가 나온다.
약 4분정도) 주인공 입장하며 노래를 한다. (내일은 해가뜬다. 작사작곡 노
래 장칠웅)1절, 2절, 3절부르고 난 후, 안녕하십니까? 또랑광대 정대호입
니다. 오늘 이렇게 많은 분들이 찾아와 주셔서 감사합니다. 요즘 나라 안밖
이 어수선 하죠? 그래도 우리들에게 희망을 주는 분들이 있어 다행입니다.
제가 오늘 술구라 주까부다를 공연 할텐데요. 왜 하필이면 공연 제목이 주
까부다이냐? 술을 가지고 까불어 보겠다는 얘기이기도 하고요. 술에 대한
모든 것을 까발려 보겠다는 것도 있고요. 술에 대한 철학 모든 것을 여러
분들에게 아낌없이 드리겠다는 뜻도 있습니다. 판소리 춘향가 중에 갈까부
다란 대목이 있지요? 그걸 패러디해서 제가 한번 주까부다를 노래 해 보겠
습니다.

장단 (중모리) 주까부다 ~ 주까부다 술구라 모든 것 주까부다

　　네 이렇게 해서 한번 여러분께 술가지고 까불어보고 까발려보고 드리겠
습니다. 기대하십시오.

　　아 먼저 여기 계신 분들이 어떤 분들이 오셨는지 성격 테스트를 한번 해
보겠습니다. 다 같이 한 손을 들어 주시겠습니까? 그리고 손을 쫙 펴신 후
엄지손가락을 접고 그다음 검지 중지 약지 새끼손가락 순으로 접어주시기
바랍니다. 그런 다음에 제가 하나! 둘! 셋! 하면 접은 손가락 중에서 한 손
가락만 펴주시기 바랍니다. 그럼 성격들이 다 나타나게 되어 있습니다. 먼

저 새끼손가락 펴신 분! 예 이분들은 평소 약속을 잘 지키시는 분들입니다.

이런 분들이랑 거래를 하면 틀림없이 성공하실 겁니다. 그 다음 약지손가락 펴신분! 손들어 주세요. 이분들 변태입니다. 이게 펴지냐? 이런분들 조심하세요. 중지펴신 분들 예 이분들은 욕을 잘하시는 분들입니다. 양놈들 하는거 있죠? 가운데 손가락 펴고 욕하죠? 다음 검지손가락 펴신분들! 예 이분들은 사리판단이 분명한 분들입니다. 이거면 이거 저저면 저거! 마지막으로 엄지손가락 펴신분! 미친놈들입니다. 짱박혀 있는거 이걸 어거지로 꺼내 펴는사람들! 사고치고 깜빵갈 확률이 높아요. 대충 맞는거 같으면 박수 한 번 쳐주세요.(박수)

네 이렇게 해서 좀 맘을 풀고 시작해 보려고 했어요.

그런데 공연을 시작하기 전에 여기계신 분들에게 양해 말씀을 드릴게 있습니다. 그건 다른게 아니라 제가 얘기를 하다 보면 거친 얘기도 나오고 야한 얘기도 나오고 그러거든요. 그럴때면 옆사람 눈치 보지 마시고 무조건 웃고 박수쳐 주시라 이겁니다. 얘기가 황당하다고 "어머머 어쩜 저런 얘길 다 하냐? 어머 ○새끼" 내숭은 입구 들어오시기

전에 걸어놓으시고 나가실 때 찾아가시기 바랍니다.

먼저 우리나라 사람들이 전 세계에서 술 소비지수가 가장 높은 나라라는 점을 알려드리고 싶습니다. 술 소비지수란 생계비용에서 술소비 비용이 차지하는 비율을 얘기하는데요. 이게 우리나라 대한민국이 최고라는 거예요.

우리나라가 세계 1위 자랑하는 것들이 몇 개 있죠?

저 출산율 1위, 자살율 1위에 이어 술소비지수 1위란 말이죠! 근데 어째서 술소비지수가 1위가 됐느냐? 그건 술꾼의 조상을 두었기 때문입니다. 그게 무슨 말이냐 하면 고구려 건국신화를 보면 우리 조상들이 술꾼이었구나 하고 알게 됩니다. 고구려 건국신화 아시죠? 잘 모르신다고요? 제가 말씀 드리겠습니다.

고구려를 건국한 이가 누구죠? 주몽이죠? 네 맞습니다. 그러면 주몽의 아버지는 누구죠? 네 해모수입니다. 어머니는요? 유화부인이죠?

해모수가 강의신 하백의 딸 유화를 꼬실 때 바로 감로주를 빚어서 술에 취하게 한 후 안다리를 걸어서 주몽을 낳았습니다. 해모수와 유화가 취중 결혼을 한 셈이지요. 이렇게 해서 난 아들이 주몽인데 고구려를 건국한 시조가 된 것입니다.

유머) 그래서 우리는 술 먹고 해롱해롱대는 사람을 뭐라고 부르죠? 네 고주망태라 부르죠. 그거 고주몽의 자식 태 고주몽태가 고주망태가 된거야요. 이 얘기는 취중결혼을 잘하면 한나라를 건국할 인물을 낳게 될 수도 있다는 말이지요.

이런 조상을 두었기 때문에 우리는 유전적으로 다 술꾼이 될 수밖에 없는셈이지요. 자! 이런 술꾼들이 모여서 매일 술 마시면서 핑계대는게 있는데 그게 주도8대불문이라고 합니다.

제가 한번 읊어 볼까요?

자진모리장단으로 : 주도 8대 불문이라~

제1은 주종불문 소주 맥주 양주 막걸리 가리지 않고 마시기~

제2는 안주불문 안주가 있건없건 맛있건 맛 없건 가리지 않고 마시기 ~

제3은 장소 불문 술마시는 장소가 좁던 넓던 춥던 덥던 가리지 않고 마시기 ~

제4는 거리불문 술마시는 곳이 멀리있던 가까이 있던 가리지 안고 마시기 ~

제5는 주야 불문 술마시는 때가 낮이건 밤이건 낮이나 밤이나 낮이나 밤이나 가리지 않고 마시기 ~

제6은 남녀불문 술마시는 상대가 여자건 남자건 섞이건 말건 따지지 않고 마시기 ~

제7은 금전불문 술마실 때 돈이 있건 없건 돈 있으면 한턱 사고 돈 없으면 얻어 마시고 돈 있다고 유세떨고 돈 없다고 기죽지 않고 마시기 ~

제8은 시비불문 술마실 때 시비걸지 않고 술마신 일로 시비붙지 않고 마시기

그런데 요즘은 여기다가 2개가 더 붙어서 10대불문이 되었답니다. 아홉 번째가 가사불문 집안이 망하건 말건 마시기 마지막 열 번째가 생사불문 술마시다가 뒈지던 말던 마시기 이정도면 패가망신할 주도불문인 것 같아요. 그렇죠?

또 요즘 어떤 가수가 노래하듯이 요일별로 핑계를 대고 마시는 사람들이 많죠?

(술타령) 아니 아니마시진 못하리라 월요일 날에는 원래 마시는 날

화요일 날에는 화끈하게 마시는 날 수요일 날에는 수시로 마시는 날 목요일 날에는 목구멍이 찰 때까지 마시는 날 금요일 날에는 금방 마시고 또 마시는 날 토요일 날에는 토할 때까지 마시는 날 일요일 날에는 일찌감치 일어나서 마시는날 디리리 디리리 디디디리 디리리 아니 마시진 못하리라.

유머 : 골드싸롱 이야기

한 남자가 술먹고 늦게 들어와 다음날 마누라에게 핀잔을 듣습니다. 그러자 남편은 아내에게 "여보 진짜 나 어제 일찍들어 올려고 했었는데 요앞

에 새로생긴 술집이 있어서 딱 한 잔만 하고 가려고 했거든 근데 거기 딱 들어서니까 글쎄 모든게 다 금이야 테이블도 금이고 술잔도 금이고 심지어는 화장실도 금으로 되어있었다니까. 그래서 거기 이름이 골드싸롱이잖아. 그래서 한잔 먹다가 늦게 왔어! 담엔 자기랑 같이 가자!자 봐!" 하며 명함을 테이블에 던져놓고 출근을 하더랍니다. 집에 혼자 남은 아내가 커피한 잔하다가 남편이 던져놓고 간 명함에 눈길이 갑니다. 명함 도 금색으로 둘러쳐 있네요. 골드싸롱 사장 아무개 전화번호 어쩌고 다 적혀있더랍니다. 아내는 호기심이 들어 전화를 걸어 보았습니다. 그러자 전화를 받습니다. 아내는 "저기요. 거기가 골드싸롱인가요?" 그러자 상대방이 "네. 맞습니다" " 거기 테이블이 금으로 됐나요? 네! 술잔도요? 네 그렇습니다. 화장실 소변기도 금으로 되어 있나요?" 그러자 잠시 침묵이 흐르더니 전화기 밖으로 누군가 부르는 소리가 들린다. "야야야 이단장 어제 니 섹스폰에다 오줌싼 새끼 마누라인 것 같다. 어떻할래?"섹소폰연주 하나 해 드리겠습니다.

- 물새우는 강언덕   (음향반주)

술의 양면성 – 술은 잘 마시면 명약이요 못마시면 독약이다. 존헤이란 사람은 술은 땅에 내리는 비와 같다. 옥토에 내리면 아름다운 꽃을 피게하고 진흙탕에 내리면 땅을 더 질퍽거리게 만든다.

술의기능 – 술은 하늘과 소통하게 하고 자연과 소통하게 하며 인간과 소통하게 하는 기능을 한다. 통의 기능이 있다. 그런데 술을 마시려면 남자의 자격이 아닌 술꾼의 자격을 지녀야 한다. 술꾼의 자격이란 술 마실 때 3가지 마를 제압해야 한다.

(중중모리)

첫 번째가 화마를 다스려야 화가날 때 술을 마시면 폭력적이 되기 쉽다.

둘째가 애마를 다스려야 슬플 때 술을 마시면 민폐끼치기 십상이다. 문고리잡고 울질않나 지풀에 자빠져서 다른 사람 뒤치다꺼리 하게 만든다.

셋째가 부조리마 얘기의 초점이 없이 횡설수설하게 된다. 이렇게 되면 술자리가 피곤해진다.

아니리 : 술은 취해도 기분좋게 취하는 습관을 들여야 합니다. 근데 술 취하면 별라별 유형의 행태가 나타나죠?

술 취하는 유형 일단 1차정도에선 목소리큰놈, 조는놈, 우는놈, 시비거는놈, 전화해서 나오라 하는 놈으로 나타나는데 2차정도로 넘어가면 아주 가관인 놈들이 많이 나타나죠.

엇모리 : 화장실가서 끝날 때까지 안나온다 알아보니 변기에 앉아 잠들은 놈 화장실을 모텔로 여기는놈 집으로 간다. 헤어진 후 집을 못찾아 여기저기 헤메고 다니는 몽유병환자 같은 김삿갓 방랑형 술꾼 길거리에 주차된 값비싼 차를 보고 공연히 심술나서 백밀러깨고 문짝 걷어차는 람보형 술꾼 상가앞 홍보물에 풍선허수아비 따라하다 괜히 전기선 끊어 맥빠지게 하는 놀부형 술꾼 2차, 3차 가며는 꼭 오입질 하러가는 색주형 술꾼들 돈은 없고 술은 마시고싶고 이리저리 살피다가 장례식장 찾아가 상주에게 대충아는 척하고 조문객 틈에 끼어서 밤새도록 술마시는 영안실 룸싸롱 술꾼.

유머 : 우리동네 술꾼 이야기

- 양지목장에서 젖소를 키우는 농부술꾼 친구가 있었습니다. 이 친구는 오전 오후 소젖을 짜고는 반주를 하는게 특기인데요. 어느 날 젖 짜는 기계가 신통치 않아서 새로운 모델의 젖짜는 기계를 주문하고 구형 젖 짜는 기계로 소젖을 받

맑은 이야기 속에는 놀이 항상 놀
어찌 벼슬을 근심이나 하겠는가
하루종일 홍원창 풍파와 함께
벗하며 놀아보리

아낸 후 오전 일과를 마치고 막걸리 한 사발 하고 있노라니 주문한 새로운 젖짜는 기계가 도착해 있는 것이었습니다. 이 친구는 소에게 실험을 해보고 싶었지만 이미 구형 젖 짜는 기계로 받아낸지라 할 수 없이 저녁때까지 기다릴 수밖에 없었는데 너무나 궁금한 나머지 그 기계를 소젖대신 자신의 거시기를 갖다 대고 실험을 했습니다. 성능은 매우 좋았습니다. 볼 일을 마치고 빼내려니 빠지질 않는 것이었어요. 아무리 용을써도 한번 물린 그 기계는 그 친구 뿌랑구를 뽑아낼 듯이 빠지질 않는 것이었어요. 장보고 온 마누라가 이 모습을 보고는 경악을 금치 못했죠? 둘이 또 용쓰다가 이 친구가 갑자기 생각난 듯 "아 여보! 거기 사용설명서 좀 가져와" 하면서 소리를 치길래 마누라가 기계를 쌌던 박스를 뒤져 사용설명서를 갖다 주었답니다. 거기에는 서비스 안내번호가 있었지요. 이 친구가 그리로 전화를 걸더니만 "어 거기 ○○회사죠? 예 방금전에 기계가 도착했는데요. 아주 성능이 좋아요. 근데 문제가 있어요. 소젖에 물려 빠지질 않는 거예요. 어떻게 된 거예요?" 그러자 그쪽 소비자 상담실에서 하는 말이 "예 걱정하지 마십시오. 센서가 있어서 자동으로 떨어지게 되어 있어요" "네? 센서라니요?" "네 한 말이 가득차면 저절로 떨어지게 되어 있는 센서거든요. 가득찰 때까

지 기다리세요."

술과권력 - 술과권력은 시대에 따라 다르게 해석됩니다. 어떤 시대에는 술이 권력과 상응하기도 하고 어떤 시대에는 술과 권력이 상충되기도 하는데 고대사회 때까지는 술과 권력은 서로 궁합이 잘 맞았다고 합니다. 왜냐하면 직분의 차이는 인정하되 인간적 차별을 하지 않고, 고 신뢰도 사회에서는 왕과 서민들이 동고동락하는 시대라 술로서 서로를 위로하고 즐기던 시절이었기 때문이지요. 고구려 동맹축제, 부여의 영고, 예의 무천등 제천의식을 치른 후 삼일 밤낮을 함께 할 정도로 친밀성을 유지할 수 있었으나 시대가 변하면서 권력이 점점 계급적 차이로 심해지면서 술과 권력은 상충하는 관계로 즉, 궁합이 맞질 않게 되었죠.

고려시대의 무신정변, 조선시대의 각종 사화, 근현대사에 있어서 10.26사태등을 보면 권력과 술이 상극관계로 변해 버렸음을 알 수 있습니다.

서민과 함께했던 지성인들은 술이 인생의 청량제요 생명수였다. 하지만 권력을 탐한 이들이 술까지 탐할 때는 그 술로 인하여 권력이 찬탈당하고 비참한 말로를 면치 못했던 거지요.

김삿갓의 시와에피소드

- 시 2편 낭송
- 서당이야기 [서당내조지(書堂乃早知) 방중개존물(房中皆尊物) 생도제미십(生徒諸未十) 생내불알(先生乃不謁)
- 주막집 효성극지자 가특만복래(孝成極之者 家特萬福來)

주색우학 - 해월 황여일, 군자가 학문을 널리 익혔어도 주도를 통하여서만 이 문화와 큰덕을 성취할 수 있다.

주도유단 - 조지훈의 주도유단

색주이야기 – 고자이야기

　성을 불로비유 / 지점장과

　할머니 / 년령대별 고자이야기-중중모리로시도

애모병 이야기 – 50대/ 70대

신의 음료인 술 – 미국 금주령시대 / 마피아 형제와 신부

섹소폰 연주 – 낙엽따라 가버리 사랑

도심의 술문화 돌아보기 – 유흥업소의 존재이유 / (빛과그림자)

　　　　　　　제비족 종류 / 춤바람 아줌마 년령대별 반응

술의폐해 – 술의 폐해에 대해 말씀드리겠습니다. 술의 양면성 중 폐해를 잘 알아야 대처할 수 있겠죠? 먼저 술을 많이 마시면 각종 질병에 시달리게 됩니다.

　위염, 알콜성치매, 고혈압, 당뇨, 간암 등 과음으로 인한 질병이 그런것이죠. 자기 몸 망기지는 줄 모르고 무지하게 마셔대는 사람들 꼭 있습니다. 그렇죠? 나중에 가서 술 끊고, 약 먹고, 수술하고, 시름시름 앓는 분들 되지 않으시려면 적당히 마시는 습관 매우 중요합니다.

　둘째는 술을 마시게 되면 각종 폭력으로부터 노출되기가 쉽습니다. 이성이 마비되기 때문에 사소한 문제 가지고도 시비가 붙거나 하죠. 드잡이를 넘어서 주먹다짐까지 번지기도 하죠. 그런데 정말 문제는 가족폭력이예요. 술처먹고 집안 식구들 괴롭히는 놈들 정말 치사하기 이를데 없는 놈들이죠. 자식들이 평생을 두고두고 원망할

***** 조지훈의 주도유단

부주(不酒) : 술을 아주 못먹진 않으나 안먹는 사람.
외주(畏酒) : 술을 마시긴 마시나 겁내는 사람.
민주(悶酒) : 마실줄도 알고 겁내지도 않으나 취하는것을 민망하게 여기는 사람.
은주(隱酒) : 마실줄도 알고 겁내지도 않고 취할줄도 알지만 돈이 아까워서 혼자 숨어서 마시는 사람.
상주(商酒) : 마실줄도 알고 좋아도 하지만 무슨 잇속이 있을때만 술을 마시는 사람.
색주(色酒) : 성생활을 위해서 술을 마시는 사람.
수주(睡酒) : 잠이 안와서 술을 마시는 사람.
반주(飯酒) : 밥맛을 돋우기 위해 술을 마시는 사람.
학주(學酒) : 술의 진경을 배우는 사람. 주졸(酒卒)
애주(愛酒) : 술을 취미로 맛보는 사람. 주도(酒徒) 1단
기주(嗜酒) : 술의 미에 반한 사람. 주객 2단
탐주(耽酒) : 술의 진경을 체득한 사람. 주호 3단
폭주(暴酒) : 주도를 수련하는 사람. 주광 4단
장주(長酒) : 주도 삼매에 든 사람. 주선 5단
석주(惜酒) : 술을 아끼고 인정을 아끼는 사람. 주현 6단
낙주(樂酒) : 마셔도 그만 안 마셔도 그만 술과 더불어 유유자적하는 사람. 주성 7단
관주(觀酒) : 술을 보고 즐거워하되 이미 마실 수 없는 사람. 주종 8단
폐주(廢酒) : 술로인해 다른 술세상으로 떠나게 된 사람 열반주 9단

일이고, 주변에 술 잘먹는 사람들 기피하게 만들고 트라우마에 시달리게 하는 주범이 됩니다.

세 번째는 음주운전입니다. 요즘에야 많이들 자제를 하고 대리운전들을 하는 풍토지만 옛날에는 술먹고 오기로 운전하는경우가 참 많았죠?. 이건 살인행위나 마찬가지입니다. 개인적으로 술먹고 시비걸고 가족들한테 해코지 하는거야. 자신과 직접적으로 관계되는 것이니 알아서 하면 되지만 음주운전하다 사고를 내서 피해보는 사람은 정말 자신과 무관한 사람들이니 이거야말로 묻지마 범법하고 똑 같은 일이라고 봅니다. 자신의 오기로 인해 무고한 사람들이 피해를 당하지 않게 음주운전은 하지 말아야 할 일입니다. 그래서 각 나라별로 음주운전 처벌사례를 두고 있는데요. 각 나라별로 대처하는게 재밌습니다.

제일 강력한 처벌을 하는 나라가 엘실바도르란 나란데 여기는 음주 운전했다 하면 사형입니다. 총살형이예요. 무섭죠? 두 번째가 불가리아란 나란데요 여기는 음주운전 초범은 훈방인데 재범은 교수형이래요. 호주란 나라는 음주 운전자를 다음날 일간지 신문에 대문짝만하게 실어서 완전히 개망신준다네요. 그리고 태국이란 나라는 남편이 음주운전으로 걸렸다. 그러면 그 집안의 부인까지 잡아다가 유치장에 보낸답니다. 왜냐하면 죄없는 마누라까지 철창신세를 지게 해야 집안 바가지 효과를 볼 수 있게 된다나요. 마지막으로 필리핀이란 나라는 음주 운전자를 잡게되면 사는 주소지를 검색한 후 집으로부터 30km 떨어진 곳에 내리게 한 후 집까지 걸어가게 한답니다. 중간에 음주자가 택시타고 갈까봐 경찰관이 자전거 타고 따라온다네요.

자 이렇게 술의 폐해를 알았으니 조심하고 잘 다루어야겠죠? 이번에는 술의 좋은 점을 이야기 해 보고자 합니다.

- 술의 삼신사상에 대해 본격적으로 진행

술이란 한마디로 소통입니다.

무엇하고의 소통이냐 석자로 하면 천지인이요. 그걸 네자로 하면 삼신
사상입니다.

- 첫째 우리는 하늘과 소통하기 위해 술을 마십니다

조상과 신과 소통하기 위해 술을 마신다. 제사와 고사 그 자리에 술이
있고 이술을 마심으로써 조상과 신과 소통하였죠. 음복이라 해서 복을 마
신다라고 의미를 부여했죠.

천상병시인께서 술한잔 하시고 쓴 시중
귀천 시 낭송

나 하늘로 돌아가리라 새벽빛 와 닿으면 스러지는 아침이슬 손에 손잡고
나 하늘로 돌아가리라 저녁노을과 함께 기슭에서 노닐다 구름 손짓하며는
나 하늘로 돌아가리라 아름다운 이 세상 소풍 끝나는 날 가서 아름다웠
더라고 말하리라.

jock : 인간을 구성하는 정신과 육체 정신중 신은 자주 외출을 해주어야 한다.
그래서 우주의식이나 신의 세계로부터 에너지를 자주 받아와야 한다.
정과 신이 육체 안에만 있으면 맨날 부부싸움 한다. 스트레스 받는
다 이말이요ㅠ.
보통 음주 가무를 하면 신난다 그러죠 그건 바로 내안에 있던 신이
나온다는 말 내가 신이 된다는 말씀입니다. 그러니 굳이 신앞에 가
무릎꿇을 이유가 없는거죠. 하지만 정과 신이 둘다 나가면 안되요.
그러면 정신 나갔다. 그래요. 이건 우리가 딱 보면 알아.

마무리 – 술의 사회학이란 책에 박재환 교수는 이렇게 얘기합니다.
우리가 술을 마시는 이유는 불완전하고 일시적인 인간의 세계에서 완
전하고 영원한 신의 세계로 가고 싶은 욕망으로 인해 술을 마신다.

둘째는 자연과 소통을 하기 위해 마십니다

좋은 경치를 찾아서 여행을 떠나는 이유와 같죠. 비록 혼자 있다 할
지라도 좋은 경치나 자연과 벗하면 그 나름대로 낭만과 여유를 즐길
수 있다는 거죠. 술과 함께

※ 이태백의 월하독작 소개

꽃아래 한병술 권할이 없어 홀로 마신다
술잔들어 달 오라 하니 그림자 더불어 셋이 되었네
달은 술마실 줄 모르고 그림자 또한 내 몸짓만 따라하네
이 봄이 가기 전에 어서 놀자 내 노래에 달을 서성이고 내가 춤을
추니 그림자 또한 어지러이 따라 하네 차마 취하기 전에야 이리도
놀아보건만 이제 취하면 서로 흩어져 가리 끝간데 없는 우리 인연
은하수 저편에서 다시 만나길

* 우리나라 남도민요에도 이와 비슷한 노래가 있습니다. 흥타령이라고요

중모리 : 창밖에 국화를 심고 국화 밑에 술을 빚어 놓으니 술익자 국화피고
벗님오자 달이 돋네 아이야 거문고 정쳐라 밤새도록 놀아보리라.
아이고 데고 허허 어 성화가 났네 그래서 요즘 혼술족들이 많아졌
는데요. 이런 자연과 함께 벗하면서 놀아보는 이들이 많아졌으면
합니다.

헌데 잘하면 낭만이요 풍류인데 잘못하면 궁상이요 청승이죠.
※ 세 번째로는 사람과 사람 간의 소통으로 술이 매개체가 되는데요
여기에도 또 다양한 관계망에 대한 소통이 존재합니다.
첫 번째로 어른과 아이에 대한 경계의 벽을 뛰어넘게 됩니다.
예부터 우리 민족은 성인식 때 음복을 하게 하고 자관자례를 하고.
덕담과 함께 술로써 의례를 진행합니다.

jock : 성인식을 조촐하게 치러진 어느 부자가 마주 앉아 이런 얘기를 합니다.
아버지가 아들에게 술 한 잔을 따라주며 "얘야 이제 너도 어른이 되었
다. 몸가짐 항상 조심하고 너의 행동에 책임을 지는 나이가 되었다.
그래 너는 진로를 어떻게 생각하냐? 아들 왈 '아버지 그거 참이슬로
바뀐지 한참 되었는데요?' ^^
두 번째로 상사와 부하직원, 윗사람과 아랫사람과의 관계를 소통시
킵니다.

jock : 같은 윤사출신 동기생이 있는데 한 놈은 소령이 됐는데 한 놈은 맨
날 술 마시고 다니고 그래서 아직도 위관급이야. 어느 날 점호를 취
하는데 그 동기 놈이 얼굴이 불쾌해 가지고 서 있는 거야 그래서
이 친구가 아주 작정을 하고 동기 놈한테 쫑크를 줘 – 야! 한 대위

– 이름이 한 심한이거든! 이래 가지고 언제 영관이 되겠나 엉? 얘기해 봐. 그러자 그 동기 친구 놈이 한다는 왈, 어이 김소령! 까불지 말게 난 술만 마시면 장군이 되는데 그깟 영관급이 뭐 대수야!

다음은 남·녀 간의 소통을 이루게 하는 데 술이 아주 좋은 역할을 하죠. 이것만큼 좋은 게 없는 거 같아요. 해서 남·녀가 술로 인해 제대로 소통하게 되면 한나라를 건국할 인물도 잉태할 수 있다는거 아주 중요한 얘기입니다. 고구려의 주몽이 대표적인 인물이죠.

– 마지막으로 인기있는 추천 건배사 이야기를 소개해 드리고 마무리 할까 합니다. 개나발, 개나리–앙드레김 식 건배사, 나이야 가라 폭포!, 단무지, 무시로, 사우나, 성행위 (성공과 행복을 위하여) 진달래 (진하고 달콤한 내일을 위하여) 변사또, 초가집, 원더걸스! 마돈나! 분위기 봐서 진달래/진짜 달래면 줄래?, 물안개 20대부터 60대까지.

jock)

– 성직자 네분이 모여있다(신부님, 목사님, 스님, 도사님) 술을 마시다 각자 건배사를 한다.

신부님 – 이 술은 예수 그리스도의 피이니 이 술을 마시고 우리의 죄를 대신해 십자가에 못박혀 돌아가신 예수그리스도를 믿고 영생할지어다. 하나님의 은총을 위하여

스님 – (반야심경 버전) 마셔반야(봤냐) 바라밀주 심경! 밀주 심경 안주심경 안주일체 무상 제공. 이차는 곡차이니 면벽수도와 삼천배를 통해서도 깨달음을 얻지 못할 때 이 차를 마시고 깨달음에 이를지어다. 해탈을 위하여!

도사님 – 이술을 마시면 상단전이 열리고 안으로부터 맑은 기운이 흘러나와 온몸으로 돌고 돌아 마침내 소주천으로 이르게 되니 그길이 도의 길이니라 득도를 위하여

목사님–전능하사 천지를 만드신 하나님

아버지를 내가 믿사오며 그의 외아들 양조장

아저씨를 내가 믿사옵고 그의 피조물인 이술을

내가 믿사오니 이는 위장에 왕림하사

알콜발효하시고 손끝 발끝까지 취기를

더하게 하시사 때때로 오바이트로 역사

하시나니 이제 이술을 마시사 지금부터

내일 아침 골패고 속 뒤집어지는 그날까지

온전히 취할지어다.

네 성직자가 함께 – 암만

– 마지막 권주가로 사철가로 마무리

마지막 건배 여러분들의 인생도 술술 잘 풀리시길 바랍니다.

감사합니다.

고구려 사랑가

고구려 사랑가

안장왕과 한씨미녀 그리고 을밀장군과 안학공주

아니리 :

　여기 국경과 신분을 초월한 고구려시대 사랑이야기가 있었으니 춘향가의 원조였것다! 때는 바야흐로 고구려 백제 신라가 각축을 이루던 삼국시대였것다. 고구려 제 21대왕 문자명왕 시절, 이때는 고구려가 부여를 통합하고 전성기를 누리던 시절인디 이 문자명왕에게 흥안이라는 이름을 가진 장남이 있었는디.

자진모리 :

　흥안의 풍모 볼작시면 얼굴은 배용준이요 풍채는 이만기 같은데 말 타며 활 쏨씨는 시조이신 주몽 같고 ~ 날래기는 범과 같고 기백은 광개토태왕 같으니 병법에 능통하고 백성에겐 인자하고 용단과 지혜를 두루두루 갖췄으니 고구려 태자로써 손색이 없네.

아니리 :

　이때 아버지 문자명왕에게는 근심이 하나 있었으니 그것은 선왕들께서 확보해 놓았던 한강 일대지역을 백제에게 빼앗긴 것이 한으로 남아있었던가 보더라. 고구려는 이시기 북으로는 북위, 유연, 남제, 물길 나라와 접하고 있어 남방진출이 녹녹치 않음에도 불구하고 한 때 충주일대까지 진격하여 신라를 복속시키고 중원고구려비까지 세운바 있거늘 한강유역을 백제에게 빼앗겼으니 그 근심이 어찌말로 다할 수 있으리요. 문자명왕 날로 근심이 더해지는디.

중모리 : 문자명왕 탄식한다. 나는 고구려 21대 왕으로써 지금까지 지낼 적에 주변의 네나라와 각축해도 때로는 화친으로 때로는 힘으로 북방지역을 지켰거늘 남쪽의 형제나라 백제가 언제부턴가 원수로 변하더니 우리 고구려 땅이었던 한강지역을 빼앗은 후 남방의 우리백성들 지켜낼 길 묘연하니 죽어서도 선왕님들 얼굴보기가 부끄럽구나.

아니리 : 이 모양을 본 아들이자 태자인 흥안은 보다못해 아버지 문자명왕 앞에 나아가 아뢰는디 "아바마마! 소인이 백제땅에 직접 들어가 보겠나이다." 문자명왕 말하기를 "태자인 네가 적국에까지 들어가야 하는 이유가 무엇이냐?"

자진모리 : 흥안이가 말을 한다~ 아바마마 아뢰입니다. 우리 고구려가 한강을 차지하려 백제를 공격해도 무너지지 않는것은 우리가 백제의 속사정을 잘 모르고 가벼이 여긴 것이 실패의 원인이라! 지피지기면 백전백승 이란 말도 있듯~ 저희들의 세작으로는 (세작알죠? 스파이, 밀정) 적국의 속사정을 낱낱이 아는 자가 전무한지라. 소인이 직접 가서 동정을 살핀 후에 필요한 전술을 세워서 반드시 아바마마의 근심을 풀어드리겠나이다.

아니리 : 태자의 충언에 문자명왕 심사숙고 하시더니 태자의 용단과 지혜를 곁에서 늘 지켜보며 살아왔는지라 능히 그 임무를 할 인물이라 생각하고 이내 허락하였것다.!

중모리 : 흥안이가 변장을 하고 백제 땅에 잠행을 하는디 아무도 모르게 하는구나.

아니리 : 예전엔 고구려 땅이었건만 지금은 백제 땅! 지금의 한강지역에 당도하여 어느 산기슭을 접어드니 그곳의 산새들이 흥안이를 반기난 듯 저마다의 목소리를 뽐내며 지저귀고 있었것다. 이동백 명창의 새타령을 한번

불러보는디.

느린자진모리 : 이동백 새타령

　이때 마침 어느 땐고 푸른 수풀 우거진 때 여러 새들이 날아든다 여러 새들이 날든다. 남풍불어 떨쳐 구만리 날으던 대붕새 문자명왕 나오시사 백두산 상봉에 조양새 무안기우 깊은 회포 울고 넘던 공작이 소선 적벽시 월야 알현 쟁명 백학이 소전적벽 시월야 알현 쟁명 백학이 위보수인에 색기라 소식 전턴 앵무새 생중장안에 수고란 어여쁜새 채련새 글자를 뉘가 전하리 가인상사 기러기 성성제혈 염화지 귀촉도 두견이 귀촉도 두견이 요서몽을 놀래 깨야 막교지상에 꾀꾀리 수리루 주공동정 돌아드니 관명우지 황새 비임심상 백상가 왕사당년에 저제비 팔월병풍 높이떠 백리 추호에 보라매 양류지당 삽상풍 둥둥떠 징경이 추래견월 다구사 열고놓던 백학이 월명추수 찬모래 한발고인 해오라기 어사부중 밤들었다 울고 넘던 까마귀 금차하면 수감모여 여천비연에 소리개 정위문중 깃들었다 작지강강 까치 새 중에는 봉황새 새중에는 봉황새 저무슨새가 우느냐 저뻐꾸기 운다. 먼데산에서 우난놈 아시랑하게 들리고 건너 앉아 우난놈 굼벙지게 들리고 저뻐꾸기가 울어 저뻐꾸기가 울어~운다. 이산가야 뻐꾹 저산가야 뻐꾹 뻐뻐꾹 뻐꾹 뻐뻐꾹 뻐꾹 ~ 거려 제절 거리고 운다.

　저 한사나리가 운다 저 부두새가 울어 초경~이경 삼사오경 사람의 간장 녹이랴고 부두새가 울음운다 사람의 간장 녹이랴고 부두새가 울음운다　이리로 가며 뿌우 저리로 가며 뿌우 ~~~~

아니리 : 이렇게 새소리를 들으며 지나가다 이리저리 동정을 살필 적에 흥안이가 목이 말라 민가에 내려와 근처 우물을 찾아 이리저리 헤멜 적에 저 멀리서

중중모리 : 시골마을 우물가에 어떠한 미인이 나온다. 해도 같고 달도 같은 어여쁜 미인이 나온다. 두 손으로 물동이를 흔들리잖게 받쳐 들고 사뿐사뿐 걷는구나 우물가 당도하여 물동이를 내려놓고 우물가 두레박으로 물질을 하는 모양 살랑부는 봄바람에 머릿결이 찰랑대며 흥얼거리는 노래 소리 바람결에 실려와 흥안이 귀에 들려오니 어여쁜 그 자태와 아름다운 목소리에 흥안이 두눈이 멍~ 가슴속엔 웬 방망이가 요동을 치는구나.

아니리 : 그 아가씨 물 기르며 노래를 한곡 부르는디

중중모리 :

(술비소리 로 주고받는다) 가사 - 이진희

뒷소리) 어허 어허허야 물길어라 / 어허 어허허야 물길어라

맘씨좋은 삼신자손 / 하늘약수 받았으니 / 댕기머리 치렁한 처자와/

갓 시집온 아낙이 모여/나물을 다듬고 푸성귀를 씻으며/애기 보따리를 푸는 이곳 물동이 가득 넘치도록 채워도/가고 오는 발걸음 가벼운곳/그 우물이 여기 있네 우리네 삶도 무언가를/길어 올리는 인생일세/꿈도 행복도 사랑도 모두 길어 올리는 인생일세

자진모리 :

뒷소리) 어허야 물 길어라/어허야 물 길어라

이물로 밥지어 천년을 살고/이물로 몸씻어 만병이 낫고

이물로 제를 지어 / 사람생명 살게 하고 / 하늘과 땅을 이어주네

어허야 물길어라/어허야 물 길어라

아니리 : 흥안이가 이 광경을 보고 있다가 정신을 차리고 보니 입술이 바싹 마르고 목이 타는지라! 체면이고 자시고 차리지 않고 그 처녀에게 다가가 "죄송합니다만. 지나가는 과객이온데 몹시 목이 마르니 물한모금만 주십시

오"(원래 백제말로 하면/저그 쬐까 거시기헌디, 아! 지가 시방 겁나게 목이 마르당께요. 우째 물한모금만 주시지 않것시오 잉? 이렇게 하여야 하겠으나 여기는 한강유역인지라 거의 표준말에 가까웠것다.) 그 아가씨 흠칫 놀라 놀랐다가 살펴보니 비록 외모는 남루하나 용모가 욘사마 빰치는지라 뭐라 소리치지는 못하고 "잠시만 기다리세요" 하면서 물 한 바가지를 떠서 흥안에게 건네주었것다. 목이마른 흥안 바가지를 받아들고 벌컥벌컥 마시니 이 여인은 한주라는 이름을 가진 아가씨였었것다.

도창 : 흥안이가 빈바가지 건네고 잠시잠깐 눈길이 스칠 때 아 두 선남선녀 첫눈에 심상찮은 불꽃이 일어 나는디 서로 속마음으로만 이런 노래를 하는디

진양조 : 사랑 사랑 내사랑이야 오후 둥둥 니가 내사랑이지야 오다가다 만난 사랑 우연히 짜자자잔 만난 사랑 연평바다 그물같이 얼크러 설크러 맺을 사랑 오호호 둥둥 니가 내사랑이지야.

아니리 : 이렇게 첫 만남이 이뤄진 후 고구려 태자 흥안이는 자신의 신분을 감추고 한강지역 동정을 살피는디. 아뿔사 그날 이후 한주라는 아가씨 생각에 밀정이고 세작이고 눈에 들어오질 않는구나. 흥안이 다른 곳을 정탐하다가도 여차하면 한주를 만났던 우물가로 가서 한주가 나타나면 짐짓 우연인양 물 한 모금 달라고 사정을 하는디. 고구려 땅이었으면 자신의 신분을 밝히고 당장 청혼을 하였건만 여기는 백제 땅이라 그러진 못하고 그저 수작을 하며 작업을 하는디 하지만 한주라는 아가씨도 또한 만만치 않은 여인이라 흥안이가 서로 밀당을 하면서 수작을 하는디. 이때부터 흥안이는 밀정보다는 밀당을 더 좋아하게 되었던가 보더라. 이 작업이 꼭 창부타령에 나오는 이대목과 꼭 같았것다.

중중모리 : 창부타령

아니 아니 노지는 못하리라 사랑사랑 사랑이라니 사랑이란게 무엇이냐 알다가도 모를 사랑 믿다가도 속는 사랑 오목조목 알뜰사라 왈칵달칵 싸움사랑 무월삼경 깊은사랑아 공산야월 달밝은디 이별한님 그린사랑 이내간장 다 녹이고 지긋지긋 애탠사랑 남의정만 쏙 뺏어가고 줄줄 모르는 얄미운 사랑 이사랑 저사랑 다 그만두고 아무도 골래 호젓이 만나 소곤소곤 은근사랑 얼씨구나 좋다 지화자 좋네 사랑 사랑 참사랑아.

아니리 : 이렇게 사랑이 무르익어 가던 어느날 흥안이가 동정을 살피며 백제 땅을 이리저리 돌아다니다가 어느 시장 한복판을 지나가게 되었는디. 이 때는 어느 땐고 오월 단 오날이라 바라보니 각종 놀이판이 벌어졌것다.

세마치 : 시장 장터에 사람들이/왁짜지껄 모였구나/한 곳을 바라보니/왼갖 물건이 놓여있고/또 한 곳을 바라보니/맛있는 음식들이/코를 진동하며/즐비하게 널려있고/또한 곳을 지나가니/엿장수가 가위질하며/소리 한 대목 하는디 / 신명나게 소리를/허는구나.

중중모리 : 진도엿타령

뒷소리) 싸구려 ─── 흥흥 굵은 엿이란다 정말 싸구려 반했네

1. 색좋고, 빛좋고, 맛좋은 것, 사월남풍에 꾀꼬리 동지섣달 설한풍에 백설같은 흰엿이로다 기름이 직직 흐른다.

2. 너도 먹고 나도 먹고 처녀총각이 막먹는엿 주야장장 긴긴밤에 정든님 다리고서 사랑을 할적에 가락가락이 먹는 엿이라 기름이 직직 흐른다.

(3 강원도라 금강산 일만이천봉 천하명산 좋은 강산 경치 좋은곳 찾아가서 산신령님께 기도할제 백일정성 삼재불공 들이면서 호초가루 더덕가루 동삼가루가 다들어간 엿.

4. 이화에 두견울고 오동에 밤비올제 청춘과부가 홀로누워 오매불망 잠못잘적에 가락가락이 먹는 엿일라 기름이 직직 흐른다)

jock : 요 노래로 지난 시국집회 때 엄청 인기를 끌었던 노래입니다. 한번 해 보실라우?

아니리 : 아 요대목에 이르자 흥안이 소리꾼의 능청스런 사설에 한주아가씨 생각이나서 엿한가락 사서 맛도 보고 엿 한 꾸러미를 사서 한쪽 주머니에 꿰차고는 한곳을 지나가니 시장 한복판에 사람들이 빽빽이 둘러싸여 와짜지껄 함성소리 박수를 치고 환호성소리가 천지를 진동하니 흥안이 무슨 일인가 가까이 다가가 보니 수벽치기 무예 시합이 벌어졌구나.

세마치 : 이 모양을 본 흥안이는/저것들이 모두다/우리 고구려에서 배운 무예들인데/쓸만하게 키웠구나/그래서 백제의 군사력이/만만치 않은 상대가 되었군/저놈들 모두다 잡아다 가/우리 고구려 동맹축제 때/판놀음에 써먹으면/ 참으로 좋겠는디/ 아깝구나 아까워/

아니리 : 이렇게 혼자 중얼거리며 씁쓸해 하고 있던 차에 어느덧 수벽치기 무술대회 장원이 가려지게 되었겄다. 마지막 장원으로 뽑힌 놈이 거들먹거리고 있을적에 그 옆에 심판관이 나서더니 "자! 이제 대진표대로 겨루는 시합은 다 끝나고 이자가 장원이 되었소이다. 이제 우리 백제 무술대회관례상 여기 있는 관중 중에서 이자와 대적할 사람과의 시합만 남았소이다. 자 이자와 대적할 사람이 있으면 나와 보시오!" 그러자 아무도 나서는 사람이 없자 심판관이 "자! 더 이상 이자와 대적할 사람이 없으면 장원 선포할려하오" 할적에

휘모리 : 갑자기 흥안이 등뒤에서 누가~ "어 ! 우리동네 칠뜨기가 장원 됐다고? 하면서 구경꾼들 사이로 밀치고 들어오다 흥안이를 밀치어 어떨결에 서 판안에 쑥 들어오고 말았것다!.

아니리 : "심판관이" 오! 드디어 대적할 사람이 나타났군 자 한판 붙어보시오 홍안이 '엇 이게 아닌데' 하면서 누가 자기를 떠민 놈인지도 쳐다볼 새도 없이 경기를 치르게 되었것다.

엇모리 : 둘이 서로 마주 보고 이리저리 견주더니 상대편이 빈틈으로 쏜살같이 들어온다. 째차기로 들어올적 활개치기로 막아내고 엇걸이로 들어올적 호미걸이로 막아내고는 질러차기로 들어올적 후려차기로 막아내고 돌려차기로 들어올적 맞돌려차기로 내려막고 공중제비 풍차둘기 앞곤두 뒷곤두 뒤영켜 붙는모양 청용황용이 싸우난 듯, 범과사자가 싸우난 듯 용쟁호투 난형난제 우열을 못가릴제.

도섭) - 홍안이 속으로 생각하길 내가 장원되면 신분이 탄로나니 적당히 하다 져줘야겠다. 하면서 상대방이 질러차기를 치고 들어올제 받아 안고 살짝 넘어지려 하는디, 이때 상대방이 바닥에 있는 구슬같은 동맹이 밟고 벌러덩 나동그라 지는구나.

아니리 : 관중들 흥분하며 환호성을 지르자 심판관 홍안이 손을 치켜 세우며 "이친구가 장원이요!" 하고 외치자 가마가 나오고 무등꾼들이 나올제 일이 더 커져 버렸것다 홍안이가 갑자기 "잠깐 내말좀 들어 보시오 저는 지금 고향에 계시는 어머님이 위중하시어 오늘 이곳 시장에서 약재를 구하려 나온사람이요. 저는 한시 급히 가봐야 하니 내게 준 이 황소와 상금은 여기 오신 여러분들에게 골고루 나누어 주시고 맘껏 즐기시도록 하시오."
그 한마디에 구경왔던 사람들과 참가자들이 "와" 하면서 달려드니 홍안은 그 틈을 타서 간신히 빠져 나와 버렸것다. 한편 이경기를 구경꾼 틈 속에서 쭉 지켜본 한 사람이 있었으니 바로 한주라는 아가씨였것다. 홍안의 무술 실력을 보고는,

도창 : 말하지 않더라도 알리로다

아니리 : 이런 연후에 흥안은 더욱 자신의 처지를 조심하며 백제의 거동을 샅샅이 파헤치고 살필 적에 몇날 며칠이 지나갔구나! 그러던 어느 날 흥안이가 다른 시장 한켠을 지나가다 이상한 장면을 목격하게 되는디

중모리 : 시장한켠 모퉁이에 한주아가씨 보이는디 물건을 고르는지 이리저리 둘러보며 어느좌판에 당도하여 상인들과 흥정을 하더니마는 이내 장사치들과 실랑이가 벌어졌네. 장사꾼 두 놈이 한주 아가씨를 다그치며 뭐라고 소리치는디 한주아가씨는 얼굴이 사색이 되어 어쩔 줄을 모르는구나.

아니리 : 사연인즉 한주아가씨가 장신구를 파는 가게에서 물건을 사려고 고르는중에 이 장사꾼 놈들이 슬쩍 좌판 밑으로 물건을 숨기고선 한주아가씨가 물건을 훔쳤다고 덤탱이를 쓰우는데 이놈들은 두 놈들이 짜구서 덤벼드니 한주아가씨 아무리 항변하고 사정을 해도 무고함을 밝힐 길이 없어 어쩔 줄을 모르는디.

자진모리 : 이 모습을 본 흥안이가 그냥 지나칠 수 있겠느냐 가까이 다가가서 장사꾼들에게 나무라니 장사꾼들 두 놈이 눈에 불을 켜며 달려들제 무예실력으로야 당해낼 수가 있겠느냐 두 놈들이 나동그라질 적에 그 중 한 놈이 씩씩거리며 일어나더니 '우리가 비록 장사꾼이지만 네놈에게 힘으로는 못 당해도 활쏘기로는 당할까 보냐! 우리가 가지고 온 이 털가죽은 사냥을 해서 잡아 온 실력인즉 네놈이 나하고 활쏘기 시합을 해서 이기면 우리가 순순히 봐주겠지만 네놈이 지게 되면 그 여편네 가 훔쳐간 물건 값 두 배를 내고 끝내렸다! 어떠냐 이놈아~

아니리 : 이리하여 흥안이가 팔자에 없는 활쏘기 시합마저 하게 되는구나.

진양조 : 장사꾼과 흥안이가/활쏘기를 하는구나/한 놈이 조준하여/활시위를 당겨노니/핑그르르르 팍/과녁 나무에 박히니, 과연 명사수로구나./흥안이도 겨냥하여/활시위를 당겨노니/과녁 나무를 사정없이 박살내는구나./주몽이 등장했다 놀란 소리/여기저기 들려오니/장사꾼들 절로 머리를 조아리도다.

아니리 : 이렇게 해서 모함에 빠질뻔 했던 한주 아가씨를 구해 주고 표표히 떠나 본연의 임무에 충실하는디. 그러던 며칠 후 이젠 나름대로 전술이 세워졌던가 보드라. 흥안 백제 땅을 떠나 고구려 땅으로 넘어가기만을 기다리는데 한주처녀가 눈에 아른 거리어 도저히 그냥 넘어갈 수가 없구나. 어느 날 무월삼경 틈을 타 한주에게 찾아가 고백을 하는디.

엇중모리: 나는 고구려의/왕이 될 태자요/이제 나는 여기 일을 마치고/고구려로 돌아가야 하오/돌아가는 즉시 나는/군사를 동원하여/이곳을 정복하고 /그대를 정식으로/아내로 맞이하려 하니/부디 이내 청혼을/받아주시길 바라오.

아니리 : 한주아가씨 이미 무술대회 때 사나이다운 면모를 보아왔고 곤궁에 처했을 때 구해 준 은인인지라 그때 이미 맘을 굳혀 고구려 태자라는 신분에도 별로 놀라지 않고 이내 허락을 하였것다. 두 사람 날이 밝으면 헤어져야할 몸 마지막으로 운우지정을 나누는데.

긴사랑가 : 만첩청산 늙은범이 살찐 암캐를 물어다 놓고 이는 다 덥쑥 빠져 먹든 못하고 으르러렁 어헝 넘노난 듯 단산봉황이 죽씨를 물고 오동속을 넘노난 듯 북해흑룡이 여의주를 물고 채운간을 넘노난 듯 구고청학이 난초를 물고 송백간의 넘노난 듯 내사랑 내알뜰 내간간이지야 오호호호 둥둥 니가 내사랑이 지야.

아니리 : 날이 밝기 전 흥안이가 떠나야 할 몸이라 둘이 서로 언약을 하며 정표를 주고 받는데 먼저 흥안이가 보따리에서 청동거울을 꺼내주며 한주 아가씨에게 말을 한다.

중중모리 : 이는 우리 고구려의 황실에서만 사용하는 거울이요 이 거울을 그대에게 드리니 우리의 사랑이 녹슬지 않도록 잘 닦아 비쳐 주길 바라오.

아니리 : 이번에는 한주아가씨가 흥안에게 집안에 대대로 내려온 대금을 장롱에서 꺼내어 선물로 주면서 말을 한다.

"이 악기는 볼품은 없지마는 신비한 악기로서 이 악기를 불면 적군도 물러가고 가뭄이 들 땐 비가 오고 전염병이 들 때도 이 악기를 불면 전염병이 사라진다는 전설의 악깁니다.

하면서 이별의 노래를 하는디 이 상황을 연상하며 아마도 가수 이선희씨가 이런 노래를 불렀던가 보더라.

인연 –(이선희) 대금연주로 혹은 영상으로 / 전반부 끝

둘이 선물을 교환한 후

아니리 : 고구려로 돌아간 흥안은 태자생활 22년 만에 왕위에 올랐는디 그가 문자명왕의 뒤를 이어 안장왕이 되었것다.

자진모리 : 흥안이가 왕이 된 후 한강 유역의 백제성을 수차례 공격한다. 하지만 이상하게도 번번이 실패하는디. 자신이 세운 전술도 안 먹히고 장수들의 병법도 소용없고 한번 빼앗긴 백제의 저 성들은 철옹성처럼 무너지질 않으니 안장왕의 마음은 타들어만 가는구나~ .

아니리 : 이 또한 백제에 있는 한주라는 아가씨도 마찬가지였것다. 안장왕은 백제 땅에서 한주와 이별을 할적 한주 아가씨가 다짐을 한 말이 떠올라 더욱 안절부절 못하는디 그 때 한주가 한 이야기인 즉슨,

중모리 : 태자마마 듣조시오. 미천한 저를 데리러 오신다니 그 은혜 한량없소 하지만 3년 내에 저를 데려가지 않으시면/저 또한 마마와의/인연은 없는 것으로 알겠사오니/마마께서도 더 이상/미련두시지 마시옵고/고구려 땅에서 다른 아내를 왕후로/맞이하시길 바랍니다.

아니리 : 한편 시간은 흘러 흘러 백제 땅 한주의 미모가 소문이 나자 이곳을 다스리는 백제 태수에게도 알려졌는디. 아뿔사! 하여간 이쁘면 달려드는 건 예나 지금이나 똑같던가 보더라. 조선시대 변학도는 서울에서 관직하다 남쪽지방으로 발령을 받는데 밀양 서흥으로 가라는걸 요즘말로 부정청탁을 해가지고 남원으로 온 이유가 순전히 춘향이를 취하려고 했던 것처럼 이 백제 태수 놈도 그리 하였던가 보더라. 백제 태수 사람을 시키어 한주에게 청혼을 하는디. 한주 집에 갔다 왔던 부하 한 놈이 하는 말이,

자진모리 : 태수나리께 아룁니다.~ 태수님의 분부대로 한주의 집안 내력을 샅샅이 조사한바 소작농의 여식으로 아버지는 전쟁통에 일찍 여의옵고 홀어머니 하나를 모시고 사는 데 한주의 용모와 행실은 인근 지방에 자자하게 소문이 나서 시서화악가무에 능통하나 농민의 자식이라 집안이 곤궁하여 그 집안은 시방 진대법으로 봄에 빌린 곡식을 가을에 갚지 못한 빚이 있는지라   제가 은근히 다가가 말하기를/

도섭같이 - 태수나리의 소실로 들어오면 빚도 면제해주고 땅도 주고 너는 물론이려니와 네 어머니도 평생을 호의호식하여 준다- 전갈을 하였으나 한주가 대답하길 장래를 약속한 사람이 있어 청혼을 받아들일 수 없다고 거

절하였나이다.

아니리 : 백제태수 이 말을 듣더니만 "그래 그 장래를 약속했다는 사내가 누구라더냐?" 부하가 말하기를" 예 그건 기어이 발설을 하지 않고 있습니다. "태수가 말하기를" 흥 농민의 여식이라 정을 통하는 놈이 기껏해야 동네 건달이나 한량놈들이겠지! "하며" 여봐라 한주를 진대법으로 빌려간 빚을 못 갚은 죄를 물어 당장 잡아 오너라" 하고 외치니 한주를 잡으러 갈 병졸 두놈이 나가는디.

중중모리 : 진대사령이 나간다. 병졸 두놈이 나간다. 산수틸 벙거지 비단광목 안을 올려 거드렁 거리고 나간다. 걸리었다 걸리어 게 누구가 걸려야 한주가 걸렸다. 두 사령이 분부 듣고 안올림 벙거지 삐딱하게 쓰고 거들먹 거리고 걸어간다 어칠비칠 툭거려 한주 집에 당도하여 이에 나오너라 한주야!

아니리 : 태수 앞에 잡혀 온 한주는 장래를 약속한 사람이 누구냐고 문초를 당하는디.

중모리 /경드름제 : 네 지금 분명 밝히렸다-- /그 장래를 약속한단/그 사내가 누구 더냐/ 만일 추호에 거짓이 한점이라도 나타나면/내 가만있지 않으리라/이 나라 이 지역에 태수인 나보다/높은 자는 없을지니/나머지 문제 될것들은 내 알아서 할 터이니/그 놈이 누구인지 밝히거라.

아니리 : 태수 앞에 잡혀 온 한주 아가씨 눈 하나 깜짝하지 않고 담담히 말을 하는디.

중모리 : 말을 하라니 하오리다 말을 하라니 하오리다./우리 백제를 세운 온조왕의 어머니/소서노국모님은/일찍이 남편을 여의옵고/부여에서 쫓겨 나

온 주몽을 도와/고구려를 세웠거날/고구려 또한 인연이 다함을 아시고서 / 비류 온조 두 아들을 데리고/남행하여 건국 헌 후/이 나라의 국모가 되셨 거날/국모님도 비록 장사꾼 출신이나/정인만은 스스로 택했거날/ 우리 백 제 사농공상 차별없이/서로 맘으로 정인을 택하는디/태수님은 무슨 권리로 정인을 빼앗으려하오/마오 마오 그리마오 농민자식이라 그리마오.

아니리 : 백제 태수는 그리하고 놔주었으면 좋았으련만 한주아가씨가 하도 어여쁘게 생겨 놓으니 욕심이 잔뜩 나서 평정심을 잃고 노기를 띠며 "여봐 라! 저것이 소서노 국모를 운운하며 적국 고구려를 함부로 입에 올리는구나 흥! 네년이 진대법으로 빌려간 빚도 못 갚는 주제에 나를 훈계하려 하느 냐? 저것이 적의 첩자와 내통하지 않고서야 어찌 저리 지껄일 수가 있겠느 냐 여봐라! 저년이 실토할 때까지 옥에 가두고 문초를 하여라!

도섭 : 한주 아가씨 하루아침에 옥방에 갇혀 버렸구나!

세마치 : 옥방이 험탄 말을/말로만 들었더니/험궂고 무서워라/비단보료 어디 두고/헌공석이 웬일이며/원앙금치 어디 두고/짚토메가 웬일이여/천지생겨 사람나고 사람 생겨 글자 낼 제 뜻 정자 이별 별자를 어느 누가 내었던고/ 이 두 글자 내인 사람은 날과 백년원수로다.

아니리 : 이리 슬피지낼 적에

한편 이 소식을 들은 안장왕은 크게 낙담하는구나 고뇌하던 안장왕은 심 지어 태자시절처럼 변복을 하고 한주를 데리러 백제 땅에 직접 찾아가려는 계획도 세웠으나 신하들의 반발이 만만치 않았는데 "폐하! 어찌 천자의 몸 으로 적국으로 가시려 하옵니까? 지금은 태자의 신분이 아니옵니다." 난리 를 치니 안장왕 홀로 탄식을 하는디.

중모리 : 안장왕 탄식한다./태자시절엔 내 뜻대로 움직이고/내 뜻대로 선택을 하였건만/○왕이 되고 보니/사랑하는 사람 앞에/가지도 못하는 이내 신세/왕의 신세가 원수로다/그대를 다리러 온다고 언약을 한지/만삼년이 다 되가니/이 노릇을 어찌할꼬.

아니리 : 하며 슬픈 제 신세를 한탄하고 있을 적에 어데선가 처량한 퉁소소리가 들리는디

퉁소 연주) - 다향 류

아니리 : 이러한 처량한 퉁소소리가 멀리 궁밖에 까지 울려 퍼지는디 그때여 궁 밖에서 산책을 나갔던 안장왕의 여동생 안학공주가 그 소리를 듣고는 "처음으로 듣는 악기 소리로다!" 하며 호위하던 장수에게 "저 악기가 무슨 악기인지요" 이 때 호위무사 장수 을밀이 아뢰기를 "예 저악기는 퉁소라 하는 악기이옵고 폐하께서 태자 시절에 백제 땅에서 구해 온 악기이온데 연주는 고구려의 음악의 신이라 하는 연산악이란 신하가 부르고 있는 줄로 아옵니다." "저 소리는 마치 오라버니 태왕마마께서 백제 땅에 두고 온 그 여인을 애타게 기다리고 있는 마음을 저 표현하는 것 같아요. 그렇지 않으세요?" 을밀장수 대답하길 "저 또한 그리 생각하고 있사옵니다. 공주님!" 그러자 안학공주는 어느 날 따로 날을 잡아 을밀장수와 호위무사들을 데리고 천제단에 올라 기도를 하는디 .

양산도: 비나이다 비나이다 고구려 선왕님들께 비나이다

양산도: 고구려의 태왕이신 우리 오라버님 마마께서 국사를 살필 적에 근심걱정 생겼나이다/시조왕의 개척정신 광개토태왕의 기백으로 이 나라를 살피실제 수심거리 생겼나이다/사랑하는 사람을 이국땅에 두고 와서 한시

- 98 -

라도 잊지 못해 병이 생길 지경이라/장수왕님 명줄 받고 선왕님들의 복을 받아 고구려를 다스릴 왕 굽어 살펴주소서/사랑하는 정인을 속히 만나 상봉하여 근심걱정 사라져 웃음꽃피게 하여 주소서/그리하여 고구려의 백성들을 살피시어 태평성대 이루시고 만대추앙 받게 하소서.

아니리 : 이렇게 정성으로 기도하는 안학공주를 호위하던 을밀장수 또한 안타깝게 바라보고만 있었것다. (을밀은 어느덧 안학공주를 은밀히 흠모 하게 되었는디 하지만 두 사람은 신분의 차이로 맺어질 수 없는 운명인디)

아니리 : 한편 안장왕은 결국 신하들의 제안대로 방을 붙이고 포고를 하는디

동살풀이 : "방방 방이요. 누구든지~ 한강 유역을/회복하고 한주아가씨를/구해오는 용감한 사람에겐/높은 벼슬과 큰상을 내리어서/부귀영화를 누리로다

아니리 : 이러고 방을 붙이니 각지에서 사내라 사내들 출세한번 해보겠다고 구름같이 몰려들었것다. 하지만 이들 모두 사전심사에서 번번이 탈락을 하는디. 이 시험과정이 보통 까다로운 게 아니었던가 보더라. 그게 그럴 수밖에 없는게 자칫 잘못하다가는 한주아가씨의 신변이 위협해 질수도 있고 신분이 탄로나면 한주아가씨를 볼모로 백제가 무슨 짓을 할지모르니 신중에 신중을 기할 수밖에 없구나. 그 때는 지금처럼 국영수만 잘해가지고는 어림도 없고 문무예 세 가지를 갖춘 자에 한해서 그 자격이 주어지는디.
이 때여 안학공주 자신의 호위장군 을밀장수를 은밀히 부르시더니 "을밀장 군님 장군님이 백제 땅에 들어가 한주아가씨를 구해 오세요. 장군님이면 능히 그 일을 하실 분이라 생각합니다.

자진모리 : 을밀장군 대답한다~ "공주마마 저또한 그런 맘이 없지않으나 저는 공주님 곁을 한시라도 떨어져서는 안되는 호위무사 직분이라 감히 어찌

나설수 있겠사옵니까? 안학공주대답하길" 을밀 장군님 제말좀 들으세요. 제가 잠시 을밀장군님이 잠시 잠깐 안계신다고 어찌 되겠습니까? 물론 지난번 사냥놀이때 멧돼지가 갑자기 튀어나오와 크게 다칠뻔하였지만 장군님 구해주신 것은 두고두고 잊지 않지요. 장군님이 백제땅에 건너가시면 저도 위험한 사냥놀이는 안나갈테니 제 걱정은 말으시고 부디 다녀오세요.

아니리 : 저 또한 장군님을 이 나라에서 제일가는 사내라 생각합니다. 장군님이 진정 저와 태왕님을 위해서라면 꼭 한주 아가씨를 구해오십시오. 그렇게만 하시면 장군님과 제가 부부의 연이 되는 것은 문제가 없을 것이옵니다.

아니리 : 이 말을 들은 을밀장군 퍼뜩 정신을 차리고 문무예서 시험에 나서는디, 하여간 그 시대는 여인들이 더 적극적이었던가 보더라.

자진모리 : 단배공 ~ 고구려소리로 격검을 선보인다/지성철 단장

아니리 : 이 격검을 선보이자 심사위원들 탄성을 자아내며 능히 적진에서 활약을 할 장수로다 하며 추천을 하는디 을밀이 출정에 앞서 안장왕 앞으로 나가 고하길.

중중모리 : "대왕폐하!-아룁니다./저에게 날래고 재주 있는/군사 20명만 주신다면/○제가 한주아가씨를 구해오겠나이다!"~/안장왕이 깜짝놀라 /"뭣이라? 고작 20명으로/적진에 쳐들어간단 말이오" /"예 ~/저에게 비책이 있사오니/너무 걱정 말으소서/그 대신 제가 한주아가씨를/구해만 오게 되면/소원하나 들어주소서/그 소원이 무엇이냐?/ 안학공주를 사모하니/○안학공주와 결혼을/ 허락해 주옵소서~ "

아니리 : 안장왕 이르기를 "다른 사람들이 못한 일을 그대가 해 낼 수만 있

다면 고구려 제일의 용사로 추앙받을 것이니 안학공주의 짝으로 부족함이 없을 것이다. 안학공주만 좋다며는 그대의 소원을 들어 주겠노라"하여간 예나 지금이나 벼슬과 상보다는 이쁜 여인이 최고였던가 보더라 을밀은 문무예가 뛰어난 부하 20여 명을 따로 특별히 뽑아 (여기서 문무예란 인문학에 밝고 무예가 뛰어나고 또랑광대 정대호처럼 놀이판에서 잘 노는 사람들이었것다.) 무기를 감추고 광대놀이패로 변장하여 백제 땅으로 건너가 백제 태수의 생일잔치에 참석 하였것다.

엇모리 : 백~제 태~수는 생~일 잔치에 부하들을 모아놓고 한주에게 마지막 청혼을 한 연후에 받아들이지 않을 경우 목을 베어 죽이려고 작정하고 있을 적에 이 소문이 그 지역 백성들에게 쫙 퍼져서 인근에서 이 굿판을 용을 쓰며 보려고 사방에서 사람들이 물밀듯이 밀려온다 .

도창 : 한주는 오늘이 마지막일지도 모르나 모질게 맘을 먹으며 숙명을 기다릴제 이제 불러야 할 대목이 바로 쑥대머리 대목인디 한주아가씨의 입장에서 한글버젼으로 한번 불러 보겠다.

아리수 이별가 : 창작곡 김강곤 작곡을 정대호가 편곡
만남과 이별이 강하나 사이인 것을 아리수 건너가신 그 님은 오시질 않네 은하수 길도 아닌데 왜 못오시나 견우직녀도 일년이면 한번씩 만나는데 아리수 건너가신 그 님은 소식도 없네 아리수야 아리수야 아라수야 육지에 끝인가 바다의 끝인가?

삶과 죽음이 강하나 사이인 것을 아리수 건너가신 그님은 오시질 않네. 천리길도 아닌데 왜못오시나 칠월칠석이면 견우직녀도 만나는데 아리수 건너가신 그 님은 소식도 없네 아리수야 아리수야 아리수야 생의 끝인가 이별의 끝인가?

아니리 : 한편 광대놀이패로 변장한 을밀 일행은 용케도 백제 태수 생일잔치에 선발되어 굿판에서 재주를 선보이는 디 먼저 한놈이 저글링을 하는디

휘모리 : 인순이의 밤이면 밤마다 풍으로/

　 공이면 공으로 고리면 고리를 던져! 던졌다 받아내고 던졌다 받아내고 하네 오예 몇 개가 올라가고 몇개가 떨어지는 지 몰라! 멀리! 던졌던 고리는 벌써! 코앞에 내려와 이게 도대체 몇 개 일까? *2 (손으로 발목을 치며 쿵떡!)

아니리 : 다음은 땅 재주꾼이 나와 재주를 보이는디 텀블링을 하던 것이었다.

자진모리 : 광대하나가 뛰어나온다.~ 두 손으로 땅을 집고 몸을 돌려 비틀더니 두 발로 땅을 박차고 공중으로 치솟는다. 빙그르르 한 바퀴 돌더니만 사뿐이 서는구나. 또 한번 달려가다 두 손으로 땅을 집고 두 번을 돌고돌아 공중으로 빙그르르 두 바퀴를 도는구나 옆으로는 풍차돌기 앞으로 공중제비 앞곤두 뒷곤두 이리저리 뛰어다니며 날아다니는 모양 물찬 제비 같구나 (손으로 발목치며 쿵떡!)

아니리 : 하고 나더니 (발림) 다음은 장대놀이 하는 광대가 나오는디 .
　 요즘의 키다리아저씨 놀이가 요것이 원조였것다.

진양조 : 높다란 막대기에 두다리로 올라서서 성큼성큼 걷는 모양 거인이 노니난 듯!/그 높은 장대위에서/저글링까지 하는구나/다리는 이리저리 휘저으니 구경온 사람들이 올려다보며 탄성을 지르는구나.

아니리 : 쿵떡! 하려는디 다리가 무거워서 올리진 못하고 하여간 다리세 개 중 하나를 툭 치면서 쿵떡! 하것다. 다음은 줄타기 광대가 나오는디

엇모리 : 줄타는 광대 나온다 줄타는 광대 나온다. 한 손에는 부채 들고 또 한손은 빈손으로 외줄타기로 노는구나 저높은 공중위에 줄하나 띄워놓고 뒤뚱뒤뚱 거리는 모양 떨어질 듯 앙장거리며, 아슬아슬 타는구나. 불안하게 걷는 모양 구경 온 사람들 가슴 졸이며 고개 들고 넋을 놓고 바라본다~. 줄타는 저광대 두 다리가 갑자기 줄 아래로 떨어지니 사람들이 악 하고 비명을 지르는디 저 광대 / 거동보소 / 엉덩이로 차고 올라 / 사뿐히 다시 줄 위로 / 가볍게 올라선다. / 줄 타는 저광대 유유히 걸어가서 / 한 쪽 기둥을 잡고 서서 재담을 허는디.

아니리 : 재담- 어허! 치배들 (어이!) 내가 이곳을 이렇게 올라와 있고 보니 세상 부러울게 없네 그려, 위에서 내려다보는 재미가 쏠쏠한디, 지금 이순간 나보다 높은 놈이 누가 있것나 (그렇지!). 그런디 요즘 지가 높은 자리에 있다고 아주 갑질을 하는 놈들이 솔찬게 있다고 하는디! 요 갑질균이 어찌나 질긴지 앞으로 1500년 정도지나도 잘 안 없어질 것 같다 이말이여! 근디 이 갑질균에는 세 가지가 있는디 치배들은 아는감? (몰러!) 잘 들 어! 요 갑질에는 첫째가 호들갑, 둘째가 꼴갑, 셋째가 육갑이라, 자 육갑떠는 걸음걸이 한번 해 볼라네.

(휘모리 장단에 맞춰 발림)

아니리 : 이리 굿판을 달굴 적에 구경꾼들 환호성에 백제 태수 생일잔치가 떠나갈 듯 하는구나. 이러한 좋은 구경거리가 있으니 백성들이 모두 몰려 정신이 없을 적에 한강유역을 지키던 군사들도 경계태세가 느슨해졌던가 보더라.

세마치 : 이틈을 타 을밀이 보내온 / 부하한명이 신호를 보내니 / 한강 유역에 변장을 하고 매복하던 / 고구려 군사들이 / 백제 국경을 뚫고 들어와 / 소리 없

이 진격하여/백제 태수잔치마당에/구경꾼 틈으로 섞여든다.

아니리 : 안장왕 고구려군사들이 드디어 국경을 뚫고 잠입에 성공하였다는 소식을 듣고는 백제 땅 고봉산이 잘 보이는 국경 가까이 까지 다가가 일이 성사되기만을 기다리는디.

자진모리 : 안장왕이 먼 하늘을 바라보며/선왕님들이시여 도우소서 /을밀장군과 귀한 장수도 돌보소서/제가 일찍 사랑에 눈이멀어/전쟁으로만 정복하여/한주여인을 취하려 했던 일을/이제야 깨달았나이다./ 한주아가씨가 주신 정표가/살육을 피하고 상봉하기를 바래던 것임을/고구려나 백제나 한뿌리 나라임을/지혜로운 을밀장군/부디 성사되어 이내 어리석음을 깨닫게 하소서.

아니리 : 한편 시간은 무르익어 백제 태수 마지막으로 손을 올려 드니 굿판이 일시에 조용해지고 참석했던 구경꾼들 모두 한 곳을 바라본다.

진양조 : 한 곳을 바라보니/한주 아가씨 나오는구나/어칠 비칠 끌려올적/ 행색은 남루하고/얼굴도 수척헌디/태수 앞에 끌려오는 한주 아가씨/백제 사내들 그 모습에 술렁이다/ 숨죽이며 바라본다.

아니리 : 태수가 이르기를, 나는 지역 태수로서 그대에게 시간을 주고 기회를 주었다. 우리 백제는 차별 없이 이 나라를 지켜온 바, 그대가 임자가 있다면 순순히 내 물러나려고 했다. 하지만 그대가 정인을 밝히지 않은 것은 분명 적의첩자와 내통을 하지 않는 이상 발설을 하지 않을 이유가 없다. 마지막으로 내 묻겠다. 나의 청혼을 받아들이겠느냐?

도창 : 한주 대답하되 이제 장하에 죽을 년이 무슨 말을 못하리까 나 죽는 건 설잖으나 홀로계신 어머님을 두고 먼저가는 불효자식으로 가는 것이 한

이요. 서방님과 편지 한 장 주고받지 못하고 죽는 것이 원통하오~ 일편단심 먹은 마음 죽으면 죽었지 가망 없고 무가내요 어서급히 죽여주오.

아니리 : 태수왈! 여봐라! 내 저년의 목숨만은 살려주려 했으나 여기 적의 첩자와 내통을 했다는 증거가 나왔다. 여봐라! 그 물건을 가지고 오너라 ! 하자.

중중모리 : 부하장수 한 놈이 어정거리고 나온다. 두 손으로 물건 들고 거들먹거리고 들어올제 보자기에 쌓인 모양 아무도 알 수 없어 가우뚱거리고 바라볼 제 부하장수 태수 앞에 당도하여 허리숙여/인사를 하는구나.

아니리 : 태수가 이윽고 '그 보자기를 벗겨 보아라.' 하니 보자기를 벗겨내자 잘 닦인 청동거울이 나타났겠다. 태수가" 이 청동거울은 저년의 집에서 나온것인데 우리 백제 땅에서는 다루지 않는 물건들이다. 이것이 바로 고구려에서 만든 거울인즉 그래도 적의 첩자와 내통을 하지 않았다고 할 참이냐?"

도섭 : 한주아가씨 아무런 말도 하지 않고 체념한 듯 고개를 숙이고 있구나.

아니리 : 태수왈 "여봐라 저년이 적의 첩자로 밝혀진 이상 더 이상 살려둘 필요가 없구나. 어서 목을 베어 효수하거라! 하자 부하장수 하나가 나와 한주의 목을 베려고 할제.

자진모리 : 이 때여 을밀장수 한주 앞을 가로질러 날래게 달려들어 품안에 있던 칼을 빼어 장수의 목을 베어 버린다. 이것을 신호로 광대놀이패들은 백제태수를 호위하던 군사들을 하나씩 처치 할제 을밀 장군 몸을 날려 태수 뒤로 돌아가 칼을들어 목을 겨누며 하는 말이 "이곳은 이미 고구려대군이 쳐들어왔다. 모두들 항복하라!" 그때의 고구려 군사 변복을 하고 있다

구경꾼에 섞여 섰다. 을밀장군 거동보고 벌떼 같이 모여든다. 소리 좋은 군사들이 한데 얼려 소리를 지르는디 "모두 항복하라! 항복하라!" 두세번 외난소리 하늘이 덥쑥 무너지고 땅이 푹 꺼지난 듯 수백명 구경꾼이 돌담이 무너지듯 물결같이 흩어진다~ 천둥번개 같은 소리에 놀라 자빠지는디 백제 백성들 정신잃고 혼비백산! 이리저리 도망을 치는디 그 모양이 장관이라.~ 밟히나니 음식이요 깨지나니 북장고라 장고통이 요절나고 북통을 차구르며 놋대야 깨지는소리 요란하다.

어떤 놈은 자빠지고 어떤 놈은 넘어지고 어떤 놈을 꼬꾸라지고 어떤 놈은 바지 가랑이 흘러내려 엉거주춤 어기적 도망가고 이마가 서로 다쳐 코 터지고 박 터지고 피죽죽 흘리난 놈 발등 밟혀 자빠져서 아이고 아이고 우는 놈 어떤 놈은 술 취해서 조는척 하는 놈, 어떤 놈은 지마누라 치마폭으로 들어가 모르는 체 하는 놈 아무 일 없는 놈도 우르르르 달음박질 고구려 군사들이 동에 번듯하고 서에 번듯허며 번개같이 달려들어 사내란 사내들은 보이는 놈마다 어깨 죽지를 내리치며 꿇어 앉히는구나.

아니리 : 이때여 을밀은 백제태수를 포로로 잡고는 한주아가씨를 호위하고 바로 고봉산으로 올라가 봉화를 올려 아가씨가 구출되었다는 신호를 올렸 겄다. 고구려 땅에서 이 봉화를 본 안장왕은 눈시울을 붉히면서 흥분을 감추지 못하는디.

중중모리 : 얼씨구나 절씨구 어얼씨구나 절씨구, 한주를 구하고 돌아오는/ 고구려 군사들의 함성소리/하늘을 찌를 듯이 높았고/기개가 강물을 넘치는구나/얼씨구나 얼씨구 절씨구 얼씨구 절씨구 지화자 좋네 얼씨구나 절씨구.

아니리 : 안장왕 한씨아가씨를 감격스럽게 맞이하니 온 성안이 떠나갈 듯 기뻐 소리치는데, 안장왕과 한주아가씨의 상봉이야! 말로 표현한들 무엇하

리요마는 이둘을 상봉께한 을밀장수와 안학공주의 지혜가 더욱 빛나는구나 승전의 기쁨을 뒤로 하고 을밀장군 대동강가 바위 위에서 을밀을 기다리던 안학공주를 찾아가 을밀이 뒤에서 은밀히 안아주니 그일이 어찌 되겠느냐!

명곡류 하나 : 흔들리며 피는 꽃 / 도종환 시, 범릉 곡 같은

이때가 마침 고구려 동맹축제가 열리는 시기였던가 보더라. 장안에 모든 백성들이 한데모여 천제를 지내고 혈맹으로 맺은 듯 사흘 밤낮으로 축제를 벌이는디.

고구려소리 : 아아아 아아 아아아 천하제일 고구려

당취아리랑 뒷소리 : 아리아리아라리 *2 아라리가 났네 아 아아아아 님을 찾아 나는 간다.

1. 정든 님을 만나려고 아리랑고개를 넘어가네 아 아아아아 님을 찾아 나는 간다.
2. 만나보세 만나보세 정든 님을 만나보세 아 아아아아 님을 찾아 나는 간다.
3. 천년만년 살자더니 우리 님이 떠나신 후 눈물로만 지새웠네 아아아아 님을 찾아 나는 간다.

아니리 : 그리하여 을밀장수와 안학공주가 서로 만나 사랑 노래를 불렀다는 바위 위에 훗날 을밀장수가 장안성을 축조할 때 누각을 만들었으니 이 누각 이름이 을밀대라고 불리워 졌답니다.

엇중모리 : 이러한 이야기가 애뜻하게 전해오니 이후부터 고구려 백성들은 천천만만세를 부르더라. 또한 을밀을 도와 한주를 구한 광대들도 칭송이

자자하니 이때부터 광대들은 재인광대가 아니라 세상을 구하는 넓은 광자 큰대자로 불리우니 그뒤야 뉘알리요 어질 더질.

유튜브 또랑정대호 색다른 꽌쇼리 114편에서 공연실황 1부를 보실수 있습니다

여섯째 마당

독립운동가 최재형

독립운동가 최재형 판소리를 치루고

    지난 10월 26일 오전에 치뤄진 연해주 독립운동가 최재형 선생님을 조명한 창작판소리를 무사히 마쳤습니다. 이제야 인사를 드리게 되네요. 공교롭게도 연이어 공연이 이어지고 뒷수습을 하다 보니 인사가 늦었습니다.

    제가 한 인물의 일대기를 창작판소리 무대로 올리기는 이번이 처음인 것 같습니다. 물론 지난 2017년 춘향가의 원조격인 고구려 사랑가를 창작판소리로 올릴때도. 그 주인공이 고구려 제 22대왕 안장왕의 삶을 다룬 것이긴 하지만 그 작품은 춘향가와 같이 안장왕 뿐만 아니라 여러 등장인물들이 나오면서 작품의 골간을 형성했기에 딱히 어느 한 인물이 주인공이다 라고 할수 없는 작품이었죠.

    굳이 주인공을 말하자면 곤경에 처한 백제 땅 한주 아가씨를 구한건 다름 아닌 광대들이란 점을 강조하고 싶었던 겁니다. 각설하고 그래서 이번 최재형선생님의 작품은 매우 부담이 될 수 밖에 없었습니다. 왜냐하면 대부분의 위인전이 교훈적이고 계몽적으로 흘러가기 일쑤여서 재미가 없기 때문입니다.

    제가 만든 작품도 그 범주에서 벗어나진 못했습니다. 하지만 부담백배인. 이 작품을 올리려 했던 이유는 이러한 구호가 생각났기 때문입니다.
'스스로 살리고, 마을을 살리고 세상을 살리세!' 란 구호입니다.

    최재형 선생님이 우리 신화에 바리데기 같은 삶을 산 증인이 아닌가 하는 느낌을 받았기 때문입니다.
    집안으로부터 버림받아 고아가 되었지만 공덕 할아버지 할머니로부터 거둬 들여 자라다가 아버지의 임종을 지켜보며 서천서역으로 불사약을 구하러 떠나며 온갖 고난과 미션을 수행하며 불사약을 구해 아버지를 구한다는 바리데기가 사후 저승의 신으로 좌정하여 저승을 관장하는 신이된 바리데기처럼 조국은 그를 버렸지만 그는 조국을 위해 자신의 몸과 마음 그리고 온재산을 다 바쳐 구하고 시베리아의 별이 되신 분!

마치 그 분의 삶이 바리데기와 같은 삶을 살았기 때문입니다. 그것도 백 년, 백오십 년 전에 살아있는 사람으로서 생생히 전해져 오고 있었기 때문입니다.

어린 나이에 집안이 국경을 넘어 이주하고 또 온갖 천대와 멸시를 떨치고 가출을 감행하여 새로운 운명에 맞딱뜨리어 자수성가한 삶 – 스스로 살리고

연해주라는 한인 마을의 공동체를 일구고 울타리가 되어 더불어 진화된 삶을 살고자 했던삶– 마을을 살리고,

나아가 같은 핏줄인 조국 동포들의 상황을 외면하지 잃고 독립운동에 앞장서고 지원을 아끼지 않으신분 러시아 귀화인이긴 하지만 국제적 안목과 정세 판단으로 인류애를 실천하신 분– 세상을 살리세!

저희 풍류마을이 지향하고자 하는 삶을 그대로 한인물이 녹아나는 삶을 사셨기 때문입니다.

다소 거창하지만 사전에 그취지를 밝히지 않은 것은 작품을 통해 전달해 드리고 싶었기 때문입니다.

코로나 시국에 결코 쉽지 않은 작업이었지만 문화재단 지원금도 없이 작품이 올려지게 된것은 많은 분들의 격려와 후원덕이었습니다.

특히나 이번 공연을 온라인으로 생중계를 준비하면서 열악한 장비로 끝까

지 작업을 함께하신 최광석 선생님께 감사의 말씀을 드립니다. 덕분에 영상입체창이 되게 되었습니다.

무엇보다도 소설로 최재형선생님을 형상화 해주신 문영숙 (사단법인 독립운동가 최재형 선생 기념사업회 이사장) 선생님께 감사드리며 신애자 광대패 모두골 대표님과 단원들과 풍류마을 협동조합 이사장님을 비롯한 조합원님들께도 심심한 감사의 말씀을 전합니다.

공연책자에 거명되지 못했지만 많은 분들이 도와주셨습니다. 많은분들께 민폐를 끼친덕에 저는 이후 재단 정산작업이라는 골머리에서 벗어 날수있게 되어 매우 기쁘게 생각합니다.

그 에너지로 또다른 창작작업에 매진할 수 있도록 노력하겠습니다.

저는 광대패 모두골과 함께 하되 제가 스스로 만든 창작판소리 작품 완성수 12마당이 될 때까지 (창작판소리 두작품은 광대 선배님들의 작품을 모창한것 이라 제작품은 10개 밖에 안됨).

더욱. 노력하겠습니다.

인생을 의미있고 행복하게 사는 삶이 무엇인지를 끊임없이 되물으며 살아가도록 하겠습니다.

앞으로도 광대패 모두골의 작품과 저의 작품들을 많이 사랑해 주시기를 바라며 다시한번 물심 양면으로 도와주신 모든 분들께 머리숙여 감사드립니다.

2020년 11월경에

또랑광대 합장

시베리아의 난로 최 페치카

독립운동가 최재형

프롤로그

아니리 : 이 때는 어느 땐고 조선말! 1897년 수립된 대한제국이 1905년 을사늑약으로 나라의 외교권을 일제에게 빼앗기고 1907년 다시 헤이그 밀사 사건을 빌미로 일제가 고종을 강제로 퇴위시키고 군대를 해산시키는 등 온 나라의 주권이 일제에 의해 풍전등화와 같던 시절!

국내외의 독립운동가들도 숨죽이던 어느 날 1909년 10월 26일 만주 하얼빈역에서 총성이 울리는디.

세마치 : 아침 9시 정각에 / 이토를 환영나온 사람들로 / 인산인해를 이루었는디 / 러시아 의장대가 사열을 하고 / 군악대가 환영곡을 연주할제 / 하얼빈 기차역에서 / 여러 사람의 호위를 받으며 / 한 노인이 걸어나온다 /

자진모리 : 그때여 안중근, 안중근 거동보소 환영하는 인파들을 헤치고 손쌀같이 달려들어 품안에 있는 권총을 빼어들고 이토의 가슴을 향해 방아쇠를 당긴다. 탕! 탕! 탕! 탕! 다시 곁에 호위하던 일본놈들 마저 탕! 탕! 탕! 하

고 쏘아대니 하얼빈 역사가 순식간에 아수라장이 되는구나. 어떤 놈은 뒤로 자빠지고, 어떤 놈은 땅바닥에 엎드리고, 어떤 놈은 도망치고, 어떤 놈은 쓰러진 놈 붙잡고, 부들부들 떨고, 어떤 놈은 제자리에 꼼짝도 하지 못하고 오줌만 지리도록 싸버리고, 이리한참 요란할제 안중근 외치기를 '코레아 우라! 코레아 우라! 대한독립 만세! 이 때여 러시아 군인들이 우악스럽게 달려들어 안중근을 덮치니 안중근 하릴없이. 체포되어 끌려가는구나 감옥소에 철커덩!

아니리 : 안중근은 러시아 재판소에서 심문을 받다 곧장 일본 총영사관으로 이송되었는디. (러시아가 일본에게 포로를 넘겨준 이유) 일본 관동도독부 미조불이 검찰관이 안중근을 심문하는디.
  "이토저격을 누구와 "상의했는가?" "나 혼자 결행했다."

중중모리 : 안중근이 하얼빈에서/뤼순으로 이송된 후/*일본의 검찰관은/연해주 독립운동 단체들을/집요하게 추궁한다.

아니리 : 단지동맹에 함께했던 사람들도 추궁하고 하얼빈거사를 도모한 동지들도 캐물으며 특히 블라디보스톡 대동공보사란 신문사에 대해 집요하게 추궁을 하는디, 안중근 의사가 끝까지 함구한 독립운동단체는 바로 동의회라는 조직이고 이 단체의 총재인분!
  훗날 법정신문에서 안중근의사가 독립군 총사령관을 김두성이라고 지어 낸 인물!

여러분! 윤봉길, 이봉창 의사의 배후에는 누가 계셨죠? (관객반응) 그렇죠 김구선생님입니다. 그렇다면 안중근 의사의 뒤에는 누가 있었을까요? 예 바로 페치카 최재형 선생님입니다.

김구선생님의 호가 뭐죠? 네 백범이죠. 그런데 이분은 호가 페치카랍니다. 참 호가 특이하죠.

군대갔다 온 분들은 페치카를 아시지요. 내무반에 따뜻한 온돌식 난로! 그것이 바로 페치카라 하지요.

중중모리 : 그 때의 러시아의 /* 한인동포들은 ~/최재형 선생을 모두다 / 페치카라 불렀답니다.

아니리 : 1910년 3월 26일 뤼순 감옥에서 안타깝게 안중근의사를 형장의 이슬로 보내고 꼭 10년 후 일제의 총에 맞아 시베리아의 별이 되신분! 그분이 바로 최재형 선생님인디.

분위기 바꾸어) 그러면 이렇게 훌륭한 사람의 출신성분이 무엇이냐? 우리가 진골이니 성골이니 하는 뼈대있는 양반자손이냐? 아니다! 부유한 부모를 만난 자식이더냐? 아니다! 그럼 학식이 있는 집안의 자손이었더냐? 아니면 김구선생님처럼 동학교도 출신이었더냐? 아니다! 그는 백성중에서도 가장 천민 노비 출신의 자식이었습다요.

그러면 일자무식하고, 천덕꾸러기 같은 인생이 어찌 이리 훌륭한 인물이 되었을까요? 자 그럼 지금부터 최재형 선생의 삶을 한번 펼쳐 보겠습니다.~

조국은 그를 버렸지만 그는 조국을 위해 자신의 온 재산과 온 몸을 다해 조국을 구하는데 앞장섰으니.

아니리 : 이 때는 어느땐고 1860년 8월 15일 함경북도 경원군에 사는 송진

사댁 노비 출신인 아버지와 어머니 사이에 아들이 하나 태어났으니 이름이 최재형이었것다. 어려서부터 남달리 총명하고 호기심 많은 아이라! 동네 개구쟁이 짓은 다하고 다니는디!

엇모리 : 재형이 거동보소 재형이 거동보소, 개울가 가재잡다 집게발에 물려서 가재달고 도망치기, 송진사댁 농사일중 수박밭에서 일하다 수박 한 통 서리하기, 동네친구들 불러다가 마당에서 노니는디 땅따먹기 비석치기, 공기놀이, 짤짤이, 연못가에 뛰노는 개구리 잡다 물에빠져 허우적대다 간신히 살아났네.

아니리 : 하루는 친구들하고 노는데 송진사댁 아들놈이 하나가 재형에게 노비출신 아이라고 함부로 대하자 재형이가 묵묵히 참고 있다가 그 놈이 집으로 들어갈 때 뒤를 밟아 살금살금 다가가 골목길 돌아설 때 똥침놓고 줄행랑치다 들켜서 아버지한테 혼쭐이 나기도 하였것다.

이렇게 재형은 살림살이가 녹녹치 않은 형편임에도 훗날 거부가되고 독립운동가가 될 훈련을 미리 하며 자라는디 엥? 이런 장난질이 그것과 무슨 상관이냐고요? 아 가재잡다 물려 도망치는데 가재가 달려나오니 이는 무얼 하드래도 필시 재물이 따라올 팔자요, 땅따먹기, 비석치기, 짤짤이 이런것들이 장사와 셈을 익히는데 한몫을 하는거니 훗날 거부가 되는 훈련을 하는것이고 송진사 손자놈 한테 똥침놓고 달아나는건 불의에 항거하는 맘이 있으니 훗날 독립운동가가 되는데 큰 밑거름이 되는게 아니고 무엇이요.
허나 운명은 재형을 가만히 나두질 않는구나 재형이 대여섯 살 되던 해부터 힘경도 지방에 극심한 가뭄이 드는구나 이러한 가뭄은 한해 두해 계속 되더니.

자진모리 : 재형이가 아홉 살 때 일이 꼬이기 시작하는디 천재지변이 겹치

는구나 가뭄에 이어 장마가 오더니 홍수가나 수마가 덮쳐 온마을이 쑥대밭으로 변하고 설상가상으로 콜레라 장질부사 전염병이 창궐할제 이 마을 저 마을에 죽어 가는이 늘어난다.~

도창 : 일이 이지경이 되자 송진사네 소작인들 송진사댁으로 몰려와 병들고 죽어가는 이들 죽 한 그릇이라도 먹게 쌀 한 되박이라도 달라고 아우성을 치는디 송진사는 꼼짝 않고 대문 빗장을 굳게 걸어 잠그는구나. 이 모습을 바라보는 노비 출신인 재형 아버지와 어머니는 안타까움을 금치 못하는디.

엇중모리 : 그 때여 재형 어머니는/누룽지라도 챙겨다가/병들고 죽어가는/송진사네 소작인들/남몰래 챙겨줄제/이 집에서 저 집으로/저 집에서 이 집으로 /극진공대 하는구나.

아니리 : 아뿔싸 그러다가 재형어미니 마저 장질부사에 걸려 쓰러지고 마는구나. 이를 알게된 송진사는 재형 어머니를 집 밖으로 쫓아낼제 결국 산막에서 병마와 싸우던 어머니가 숨을 거두게 되니 재형 가족들 모두 큰 슬픔에 빠지는디 재형어머니를 선산에 묻은 어느 날,

중중모리 : 재형이네 아버지는 재형 할아버지와 ~무언가 얘기를 하더니 굳은 결심을 한 듯 식구들을 모두다 어머니가 마지막으로 머물렀던 산막으로 보내고선 그날 밤에 송진사네 대문을 활짝 열어 소작인들에 열어주고는 산막으로 돌아와 "날래 떠나자우!" 재형네 식구들 이 말을 듣고 고향을 등지고 떠나간다.

아니리 : 깜깜한 밤길을 재촉하는구나.

중모리 : 상주아리랑
  아리랑 아리랑 아라리요 아리랑 고개로 넘어간다.

- 재형이도 할아버지 손 마주잡고 두만강 강물을 건너간다.
- 개나리 봇짐을 짊어지고 아리랑 고개를 넘어간다.
- 아버지 어머니 어서가요 아라사 벌판이 좋답니다

러시아에 정착한 초기 한인마을의 모습

아니리 : 이리하여 재형네 식구는 국경을 넘어 러시아 한인마을 지신허라는 마을에 당도 하였것다. 먼저 이주해 온 한인들의 도움으로 움막을 짓고 뼈가 빠지도록 일을 하여, 정착생활을 하는디, 재형 아버지는 몸은 고되지만 노비 신세를 면하고 자신이 주인이 된다는 기쁨에 더욱 부지런히 일을 하여 한 해, 두 해가 지나자 제법 식구들이 먹을 만한 밭이 생기게 되었것다. 그러자 재형아버지는 재형을 인근에 있는 러시아 학교에 재형을 보내게 되었는디.

중모리 : 재형네 식구들은/논밭으로 나가 일을 하고/재형은 혼자서 학교에 다니는디/. *하지만 이 모양을/못 마땅 하게 생각하는/사람이 있었으니 / 바로 재형의 형수였것다./형수는 재형이 일도 안 하고/ 집안에 당장 도움이 안되는 공부를 하는 것이 아니꼽게 생각하는지 날이 갈수록 재형을 못살게 구는구나.

아니리 : 심지어는 누룽밥도 아까워하며 굶기기 조차까지 하는구나! 재형이 어느 날 친구 집에서 빌려온 책을 잠시 방에다 놓고 보일보러(거름주러) 나 갔다가 방으로 돌아오니 조카 녀석이 빌려온 책장을 쫙쫙 찢어 놓았것다. 재형이 깜짝놀라 책을 확 뺏어노니 어린조카가 앙! 하고 울자! 형수가 쫓아

들어와 "왜 애를 울리고 그래!" 얘가 남의 책을 찢었단 말예요. 제것도 아닌데, 이제 어떻해요? 그러자 형수는 "그러길래 그런걸 왜 가져와 갖고는 말썽이니, 아예 그 집에서 살던지 하지! 하고 도리어 역정을 내니 재형이 고향에 어머니 생각이 간절하게 나는구나. 형수와 티격태격하더니.

자진모리 : 재형이가 그날부로 집을 박차고 뛰쳐 나간다. 무작정 뛰쳐 나가 설움을 안고 가출을 하는구나.

중중모리 : 무조건 걷고 걷고 또 걷고/바닷가라 생각되는 곳으로 하염없이 걷는구나/하루 종일 걸어도~ 끝없는 벌판이네.

엇모리 : 허기가 밀려오니 이리비틀 저리비틀 비틀거리며 걸어가다 지쳐서 쓰러지고 하루 해가 저물어 온다.

진양조 : 무서운 밤길을 헤메다가/뜬눈으로 지새우며/이틀만에 어느 항구에 다다라르니/수평선인지 지평선인지/비릿한 바닷가 내음이 난듯한데/재형이 항구 근처에서/속절없이 쓰러진다.

아니리 : 이렇게 쓰러진 곳이 포시에트라는 항구 근처인디 아! 이 또한 운명의 장난인가? 쓰러져 있는 재형을 맘씨 좋은 러시아 선장 부부가 발견하여 운명이 바뀌는구나. 그 집의 양자로 자라게 되는디.

러시아 연해주 포시에트 항구

자진모리 : 재형이 그때부터 새로운 인생이 시작된다. 러시아 선장부부를 통해 세상공부를 하는디, 다시 학교도 다니고.

도창 : 이리하여 재형은 한인으로는 처음으로 러시아 학교를 두 번이나 전학한 유일한 사람이 되었것다. 러시아 친구도 만나고 그곳 생활에 적응을 하며 새로운 삶을 사는구나.

아니리 : 헌디 공부 중에 공부는 세상을 두루 두루 만나는 공부가 최고라!

어느 날 선장부부께서 재형에게 무역 장사를 위한 항해에 동참하게 하는디 선장의 배 빅토리아호를 타고 세계일주를 하는구나.

- 기나긴 항해

(여기서 뱃노래로 재형의 항해를 표현한다.)

아니리 : 빅토리아 호의 닻을 올려라!.

진양조 : 망망한 창해이며 탕탕한 물결이로구나 에헤야

어기야 어야 어허 야하 아하하 에야하

  - 해안가 갈매기는 빅토리아호를 배웅하

    고/선상의 기러기는 구름속으로 날아든

    다. 에헤야

(뒷소리) 에헤야아 어기야 어야 어어야하 아

하 어야하

세계 일주를 하는 빅토리아호

중모리 : 어기야 차아 어기야 차아 어어 어어 어허야 어기야 차 어기야 차

  - 배터난지 사흘만에 시모노 세키에 닿았구나/ 뒷소리

  - 예서 가까운 곳이 조선이라 하는구나 /

중중모리 : 어기야 디여차 어여다여차 어기야 어기야아 뱃몰고 가잔다.

  - 큰바다 돌아 두 번째 항구는 마카오라 하는구나

- 비단, 화약 질 좋은 차들이 예서 모여서 팔리는구나

- 세 번째로 들른 항구 필리핀의 마닐라라네

- 이곳에서는 향료도 사고 후추도 산다네

자진모리 : 어야디여차 어기야 어야디여차 어기야 에헤에헤 어야디여 ~

- 어서 가보자 그다음 어디냐 다음은 싱가포르다. 싱가포르는 왜이리

    덥느냐. 앗따 야들아 그것도 모르냐

    적도근처라 징하게 덥지 에헤

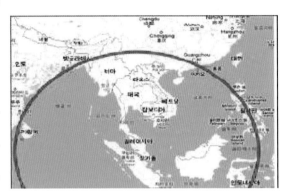

말라카 해협을 빠져나가니/그 다음은 인
도라/인도의 켈커타 항구를/보름만에 도착
했네 남쪽 끝 실론섬의 콜롬보에/항구마다
들리어서 필요한 물건을 사고 팔며 항해를
하는구나.

빅토리아호가 무역을 위해 가는 길

휘모리 : 나흘 후에 봄베이에 아라비아해를 건너 탄자니아 잔지바르

   이제는 남아프리카의 희망봉 까지가자!

아니리 : 아이고 그 많은 항해를 짧은 시간에 할려니 입이 단다 달어,

   재형이 탄배가 네덜란드 암스테르담 항구에 도착하자 선장부부는 특히
양어머니 나타샤는 재형에게 유럽 역사이야기를 많이 해 주었것다.

   이렇게 재형은 일타오피 공부를 하는구나! 일피 세계일주, 이피 장사이
문, 삼피 호연지기 사피 각국의 역사와 문화 오피는 뭐냐.

   타고난 머리와 타고난 뚝심과 타고난 들이대 정신으로 재형이 공부하니
러시아어는 물론이요, 중국어와 영어 등 각 나라의 언어를 재빠르게 익히
는디 그렇게 익힌 솜씨로 각 나라 인사말을 한번 해보겄다. 백오십년전 애
기라 현대판으로 패러디해서 한번 해 보는디.

어텐션 프리즈 레이디 엔드 젠틀맨 웰컴투 빅토리아호 컨크레주레이션 , 빅토리아호 매니매니 에브리띵 에니띵 베리베리 뷰리풀, 원더풀, 파워풀, 심플. 트럼플, 조지 뿌시고 오바만세.

곤니치와 아리가도 고자이마스 좃도맛대 구다사이 요물건 야리쿠리 야스쿠니 신사참배노 할 짓이 못 되므느다 데쓰 오메 오메 우리 아베 미친아베 시모노세키 저팬 조팬

니하오 밥먹었냐 쯔발느마 짜이찌엔 모태똥, 애기똥, 된똥, 묽은똥, 장쩌민,후진타오,시진핑, 만리장성 짱깨 한사발 짬뽕 구찌뽕 니미뽕 띵호와 짝퉁 차이나

따봉 주스 카니발 봉주르 마드모아젤 파리 에펠탑 프랑스

고르바초프 안농 브레즈네프 푸틴 까틴, 또뽈리불*4 백만송이 장미 쥬트라스 부이체

이히리베 디히 데아데스 뎀뎀 디데아데아디 다스데스 뎀다스 디데안덴디 도이칠란드 축구 짱!

에이씨 밀란 인턴밀란 콩까이 팥까이 크러스트 짜파게티 스파게티 잡것들! 하우두 유두 땡큐! (인사)

이후 선장 부부와 항해를 마친 후 재형에게는 또다시 러시아 학교를 다니게 되었겄다.

중모리 : 성실하게 공부하니/졸업할 때가 되었구나/ 또다시 두 번째 항해를 하고 나니/재형의 나이 열일곱이라.

아니리 : 선장부부도 나이가 들어 선원생활을 정리하고 노후를 준비하게 되어 재형과 이별을 하게 되는데 재형을 다른 곳으로 추천을 한 후 선장부부

와 이별을 하는데.

진양조 : 재형이 엎드러져/ 큰 절을 올리면서/사랑하는 양부모님/이 은혜 어찌 갚으리까 그저 가슴에 새깁니다/저도 또한 양부모님 같이/ 가난하고 어려운 이웃을 위해/이 몸 바쳐 살겠사오니/다시 찾아 뵈올때까지/부디 평안히/강건하세요.

아니리 : 재형은 선장부부의 소개로 모르스키라는 회사에서 일하게 되었것다. 그곳에서 특유의 성실함과 경험을 바탕으로 일을 능숙하게 처리 하자 신망도 얻고, 돈도 제법 벌게 되었것다. 그렇게 3년을 일한 후 말을 한필 사더니.

가족상봉

자진모리 : 재형이가 스무살 때, 가족을 찾아 지신허로 말을 타고 나서는구나. 지신 허에 당도하여 여기저기 수소문하여 아버지 있는 곳으로 말을 타고 달려갈제 저 멀리 밭둑에서 허리 굽혀 일하시는 아버지가 보이는구나 재형이 말에서 뛰어내려 아버지 하고 부르며 달려가는데 아버지는 허리를 펴더니 바라보더니 죽은 줄만 알았던 재형이가 나타나니 잠시 멍하고 있다가 맨 발로 뛰어나와 아들 재형을 와락 껴안고 얼싸안고 춤을 춘다.

중중모리 : 얼씨구나 절씨구 얼씨구나 절씨구 얼씨구 절씨구 자화자 좋네 얼씨구나 절씨구 아이고 이게 누구냐 우리 아들 재형이 아니냐 니가 에비 곁 떠난 뒤 잠시도 못 잊었는데 이게 꿈이냐 생시냐! 아이고 내 새끼야! 여보시오 동네 사람들 우리 아들이 살아 돌아왔소. 모두 나와서 마중들 하시오. 얼씨구나 아하 얼씨구 절씨구 지화자 좋네 얼씨구나 절씨구.

2부

페치카 최재형

프롤로그

대금이나 팬플룻연주 - 엘콘도르 파샤

  남미 페루에서는 영웅이 죽으면 콘도르가 되어 다시 환생하여 지켜준다는 전설이 내려오고 있다.

맨트 : 지난 시간에는 노비 집안의 자식인 최재형 선생이 어떻게 해서 청년 시절까지 자신의 운명을 개척해 나갔는지 말씀해 드렸습니다.

아니리 : 재형선생이 약관의 나이에 금의환향 하여 러시아 땅 안치혜에서 가족들을 상봉하고, 구박했던 형수와도 맘을 풀고 집안을 도와 장사를 하던중, 러시아 당국에서 추진하는 도로공사에 재형을 통사로 일해 달라고 전갈이 오니 재형 선생은 자신이 하던 일을 형에게 맡기고, 그 곳에서 일을 하게되는디.

  이제 부터는 최재형 선생께서 팔색조 능력을 펼쳐 보이는디 이를 다 열거하자면 한도 끝도 없으니 굵직굵직한 면만을 소개해 드리는디.

중모리 : 재형선생 가족은 물론/한인 동포들의 일자리를 마련할제
러시아 병영에 필요한 고기와/우유 달걀을 공급하는/축산업도 장려하고/
채소와 꽃을 키우게 하시여/군인들에게 납품하고/바닷가 마을에 사는 한인
들에게는/연어 산란기에 고기잡이를 통해 재원을 마련캐 하는구나.

아니리 : 이렇듯이 재형은 그야말로 재원에 되는 일에 형통한 능력을 가진 사람이라 재형이라 지었나보다. 도로공사 통사로 일하면서 일꾼들을 채용하니 배곯는 사람이 한 사람도 없이 일하는구나.

그러던 어느 날 한인십장들과 일꾼들 사이에 싸움이 벌어져 일꾼들이 모두 손을 놓고 파업을 하는디. 십장들은 러시아 감독들을 들이대며 횡포를 부리는디 이유인 즉슨 일꾼들의 임금을 십장들이 떼어먹었다는 주장인디 재형선생이 사건을 조사해보니 과연그러한 정황이 있는지라 한인 십장들을 모두 불러모아 충고를 하는디.

"이보세요! 우리는 같은 한인동포들인디 서로 도와주진 못할망정 동포들이 러시아 말을 잘 못한다는 것을 약점삼아 이렇게 중간에서 착복하면 어떻게 되겠습니까. 러시아 사람들이 우리 한인들을 깔보고 더 함부로 대할 것 아닙니까?" 하자 그 십장 중 하나가 "우리도 러시아말 익히는게 뭐 꽁짜로 익힌 줄 아십니까? 얼마나 개고생하면서 익혔는데 뭘 그정도 챙긴거 가지고 그러십니까? 당신도 영웅인체 하지 말고 조금 챙기는게 낳지 않겠소?" 하자 재형이 "정 이런식으로 나오시면 제가 러시아 당국에 얘기 해서 당신들을 전부 해고 하겠소" 그러자 십장들이 그제서야 무릎을 꿇고 사죄하며 반성하는구나.

이렇듯 도로공사내의 갈등도 재영선생의 지혜와 뚝심으로 잘 해결하니 도로공사가 원만하게 진행되고 공사가 계획했던 것보다도 더 빨리 끝나게 되었구나! 요것이 우리 민족의 빨리빨리 정신이 여기서도 발휘했던가 보더라. 그러자 러시아 정부는 재형선생에게 그 공로로 은급 훈장을 수여 하는구나. 이것은 사업가로서의 능력을 발휘한 것이고 이것뿐이랴.

자진모리 : 재형선생 거동보소 이 모두가 교육의 덕이라 생각하고 러시아의

한인 2세들도~ 교육을 받게 하기 위해 무던히도 애를 쓴다.~

"러시아 땅에 사는 조선사람들 모두 교육을 받아야 합니다. 그래야 남들과 견줄 수 있는 인재를 양성할 수 있습니다. 하며 여기저기 다시시며 강연도 하고 지원도 요청하며 모금운동 나서신다.~ 자신의 재산의 일부도 털어 모금운동 앞장설제 천신만고 끝에 학교를 짓게 되었구나. 이름하여 니콜라 예프스코예 소학교라~ 한 개가지고 되것느냐. 더욱더 힘을써서 조선사람 거주하는 마을마다 학교를 세워갈제 두개, 세개, 네개 (관객에게 댓거리)무려 32개의 소학교가 세워진다.

아니리 : 소학교를 졸업한 학생들은 고등중학교도 보내고 고등중학교에서 졸업한 우수한 학생들은 블라디보스톡이나 우수리스크란 곳으로 자신의 봉급을 털어 큰 도시로 유학도 보내는구나.~

이것은 또한 교육가로서의 면모도 발휘한 것이고 그러던 어느날 러시아에서는 재형선생에게 우리나라로 치면 읍장내지는 군수격인 도헌에 추대를 하니 한인동포들은 만장일치로 최재형선생을 환영하고 축하해 준다,

중모리 : 도헌으로 추대되어/안치혜를 관리할제/러시아 수도 상떼페떼르브르크/그곳에서 개최하는/황제의 대관식에도 참석하고/그곳에서 조선에서온 사절단/민영환 박영효도 만나고/자신의 은인인 러시아 선장부부도/그곳에서 상봉하고/안치혜로 돌아와서/

러시아 황제 리콜라이 2세

동포들 살림에 힘을 쓴다.

아니리 : 요곳은 또 행정가로서의 능력을 발휘하던 것이고 이 때 최재형 선생의 나이는 서른 다섯 살이라!

(독립운동에 뛰어들다)

그러던 어느 날, 이범윤이란 사람이 찾아와 재형을 마주하게 되는디 간도관찰사란 명분으로 고종황제가 주었다는 마패를 내보이며 간도 땅을 지킬 군대를 조직하게 군자금을 달라고 묘한 어조로 명령하듯 부탁을 하는디.

도창 : 재형선생 살짝 고민한다. 조선의 사정이 위급한 것은 알겠으나 이제 겨우 자리를 잡을까 말까 하는 이곳 연해주 땅에서 위험을 무릅쓰고 이일에 나서는 것이 한인동포들에게 누가 될지도 몰라 고민하는디. 간밤 꿈에 러시아 선장부부를 보았는지 피 한 방울 섞이지 않은 자신을 거두어 준 러시아 선장부부에게 받은 은혜를 갚는 것은 조국 땅에 같은 핏줄인 가난하고 어려운 이웃을 위해 일하는 것이라 생각하여 선뜻 이범윤을 돕기로 결심하고 거액의 군자금을 이범윤에게 건네주는디. 거러면서 독립운동에 뛰어들게 되는구나.

엇모리 : 1904년 러일전쟁 시작된다. 이범윤은 무장부대 사포대를 조직하여 항일전쟁을 계속할 제 최재형 선생은 사포대를 지원하고 러시아 편에 서서 일본군과 싸워갈제 수많은 항일투사 애국지사들도 만나고 조국독립 운동에 앞장서고 뒷배선다.

아니리 : 하지만 확신에 찼던 러·일 전쟁에서 러시아가 일본에게 패하고 마는디 그 충격은 말로 표현할 수가 없었는디. 그러던 어느 날 일본으로 망명한 박영효로부터 최재형선생을 초청하는 전보가 날아왔는디. 그러지 않

아도 도대체가 일본이 어떻게 중국도 꺽고 러시아도 꺽는 힘을 가지게 됐는지 알 수 없을제 박영효를 만나러 일본행을 감행한다.

중모리 : 박영효를 만나면서/러일전쟁에 내막을 알게 되고/군국주의 열강들의 다툼과 견제를/확연하게 알게 된다.

이때여 조선에서는 1905년 일본의 강제조약으로 을사늑약이 체결되자 고종의 밀사들이 네덜란드 헤이그에서 열리는 만국평화회의에서 일본의 부당함을 폭로하기위해 파견되었지만 실패로 돌아가 이억만리 이국 땅에서 이준선생이 자결하는 소식이 들려오고 고종이 일본에 의해 강제로 퇴위되고 군대가 해산되는 등, 더욱 조국의 앞날은 불투명해 지는디.

그러던 어느 날 재형의 집에 안중근이란 자가 찾아오게 되었것다. 국내에서의 무장투쟁이 어려움을 알고 국경넘어 독립운동단체를 물색하다 이범윤과 최재형선생이 같이 있다는 소식을 듣고 찾아오게 되었것다.

독립운동가 안중군장군

세마치 : 안중근의 만남으로/새로운 인연이 시작된다. / 재형선생과 안중근을 중심으로 독립운동단체인/동의회를 조직하고/의병부대를 만들어/안중근을 대한의용군/참모중장으로 임명하고/국내 진공작전을/용감하게 감행한다. / 소규모 게릴라 전투로/일본군 초소를 습격하고/홍범도 장군과 함께/ 연합작전도 구사하며/일본군을 타격할제/승승장구 하는구나 .

아니리 : 그러던 차에 포로로 잡은 일본군을 안중근이 살려 보낸 일로 인해 의병부대 위치가 발각되어 일본군으로부터 역습을 받게 되어 의병부대 큰

타격을 입는구나. 의병부대가 뿔뿔히 흩어지고 안중근도 홀로 추격을 피해 산속을 헤메며 초근목피로 연명하며 산속에서 몇날 며칠을 지내니 산 속에 있는 산새들도 측은한 맘을 아는지 저마다의 목소리로 위로하며 짖어대는 것이었다. (새타령)

이렇게 안중근선생 몇 달 만에 겨우 살아나 재형선생이 있는 곳으로 간신히 찾아오게 되는구나. 최재형 선생은 안중근이 살아 돌아 온 것만도 반겨하며 먹이고 입히며 몸과 맘을 추스르게 하는디, 안중근은 자신 때문에 의병부대가 해산된 것이라 생각하며 몹시 괴로워하자. 잠시 동의회 소속 대동공보사에서 근무하게 하며 때를 기다리게 하는디.

그러던 어느 날 안중근이 몇 사람과 함께 최재형선생을 찾아와 은밀한 만남을 주선 하는디 모두 한결같이 왼손에 붕대를 감고 나타난 것이었다. 일명 단지동맹 동지들이였것다.

이때 이토히로부미를 처단하겠노라는 거사를 밝히는구나! 이때부터 최재형선생 아무도 모르게 안중근의 거사를 돕는구나, 집에서 먹이고 재우며 사격연습도 하게 하고 무기를 구입하여 안중근에게 건네줄제 그게 바로 브라우닝식 8연발 권총이었겄다.

그로부터 얼마 후 만주 하얼빈역에서 총성이 울리는디 1909년 10월 26일

안중근의 거사가 성공한다!

아니리 : 이러한 거사 이후 국내외 독립군들에게는 이러한 군가가 유행하게 되었는데 용감하게 진군하며 싸우라는 제목의 용진가라는 군가였것다.

용진가

3. 할빈역두 이등박문 쏘아 죽이고
   해아에서 배를 갈라 열사하옵신
   안중근과 이준씨의 용진법대로
   우리들도 그와 같이 왜놈 쳐보세

   후렴 : 나가세 전쟁장으로 나가세 전쟁장으로
   　　　검수도산 무릅쓰고 나아갈 때에
   　　　독립군아 용감력을 더울 분발해
   　　　일천만번 죽더라도 나아갑시다

2. 청천강변 수병 백만 몰살하옵고
   한산도의 왜놈들을 쳐서 파하신
   을지공과 이순신의 용진법대로
   우리들고 그와 같이 왜놈 쳐보세

1. 요동벌판 넓은뜰을 쳐서 파하고
   여진족을 토벌하고 개국하옵신
   동명왕과 이지란의 용진법대로
   우리들도 그와 같이 왜놈 쳐보세

4. 횡병 대판 물리치고 동경 들이쳐
   동에 번쩍 서에 번쩍 모두 한칼로
   국권을 회복하는 우리 독립군
   승전고와 만세 소리에 천지가 진동해

아니리 : 1910년 3월 26일 안타깝게도 안중근은 뤼순 감옥에서 순국하고

그해 여름 8월 29일 국치일인 한일 강제병합이 이루어지는구나! 대한제국은 역사 속으로 사라지고 마는구나.

대금으로 슬픈 곡조를 연주한다.

아니리 : 강제병합 이후에 일본의 압박이 사방에서 몰려온다. 러시아 정부에 압력을 넣어 항일부대를 해산하게 하는가 하면 밀정들을 풀어 재형을 러시아 정부와 이간질을 시키니 반일활동들이 만만치 않을 적에.

중모리 : 신문발간 또한 어렵구나/대동공보가 문을닫자/대양보로이어가고,/ 대양보 또한 폐간되자/권업회를 창설하여/대양보 인쇄기계를 다시 사들여/ 권업회 신문부를 두게 한다.

아니리 : 이는 언론인으로써도 그 역할을 해낸 분이 아니겠습니까?

아니리 : 재형선생은 일제의 압박이 심할때도 친한파 러시아 사람들을 끌어들여 상황에 맞게 조직의 외연을 확장해 나가며 독립운동의 정황을 알리려고 노력하였는디 그가 조직한 단체를 한번 살펴볼작시면.

세마치 : 동의회를 이어 권업회를 조직하고/권업회에 이어 전로한족 대표자 회의를 조직하고/고려족 중앙총회 에 한족상설의회 /1919년에는/대한국민의회라는/ 블라디보스톡에서/ 임시정부를 세우니/

아니리 : 상해의 임시정부보다도 더 빠른 국외 임시 정부였것다. 국내의 한성정부 와 함께 3대정부가 세워졌는디. 이것을 도산 안창호선생이 제안하여 통합 임시정부를 세우니 여기서 재형선생을 초대

재무총장으로 추대된
최재형선생

재무총장으로 추대된다.

아니리 : 이 때는 어느 땐고 1914년부터 20년까지 6년 사이 국내와 러시아를 비롯한 국제정세는 소용돌이를 치게 되는디.

최재형선생은 이 와중에도 슬하에 자식이 11명이나 되는 대가족의 아버지이자 남편이기도 했지요. 이순신 장군은 난중에도 일기를 남겼지만 이분은 난중에도 자식을 많이 남긴분이기도 합니다. 뭐 부인이 많아서 그랬을까요? 아닙니다. 이 분은 돌아가실대까지 오로지 일부일처제를 실천하신분입니다. 그럼 한부인이 이렇게 많이 나았을까요? 그것도 아닙니다. 그럼 어떻게 된걸까요? 궁금하시면 책 구입해서 읽어보세요.^^

자진모리 : 1914년 6월 28일 제 1차 세계대전이 발발하여 전세계가 전쟁의 소용돌이에 휩싸인다. 1917년엔 러시아 볼세비키 혁명으로 소비에트 사회주의 정권이 들어서서 혁명군인 적위파와 반혁명군인 백위파가 내전을 치루는 상황으로 돌입하고 1918년 1차 세계대전이 종식되어, 패전국과 전후문제를 처리하는 1919년엔 파리강화회의가 열리는 와중에 약소민족에게도 독립에대한 희망이 비치는지라 파리강화회의에 파견할 사람들을 물색하는 중에 1월 22일 고종황제가 서거하고 2월 8일 일본 유학생들의 독립선언서 낭독 운동이 일어나고 이어 조선과 세계 각국의 동포들에게서 3.1만세운동이 일어나니 1919년 중국 상하이에서 대한민국 임시정부가 수립되는 등, 항일운동이 암약히 진행될제.

아니리 : 이 무렵 재형선생은 전 재산을 독립운동단체에 기부하고 아들과 파벨과 함께 파르티잔으로 활동을 하는디. 1920년 3월 러시아 니콜라예프스코예에서 한 · 러 연합군이 일본군을 섬멸하는 이른 바, 니항사건이 발생하였것다. 일본은 이를 빌미로 더 많은 군대를 보내 총공세를 펼치는디.

연전연승하던 아들 파벨의 파르티잔 군대도 일본군의 총공세에 밀리는구나. 아들이 파르티잔군대를 하바로브스크로 철수계획을 마련할 제 일본군들이~ 블라디보스톡에 있는 신한촌도 불바다로 만들려는 소식을 파르티잔 아들이 전해주자.

자진모리 : 재형선생 깜짝놀라 우수리스크에 있는 가족 걱정이 앞서 위험을 무릅쓰고 집으로 향하는디 아버지! 거기 가시면 밀정기토란 놈이 숨어있을지도 모릅니다. 조심하세요. 하자 김이직, 엄주필 두 부하와 함께 동행을 자청할 제 우스르스크 집으로 잠입해 가족들과 상봉하여 가족과의 만남의 기쁨도 잠시 재형선생 이르기를 "어서 여기를 빠져나가자" '여기는 위험하니 어서 짐을 챙겨라' 가족들 영문몰라 어리둥절하며 부산하게 움직일 제 갑자기 문밖에서 총소리가 '탕' 하고 나 창문 밖을 내다보니 '아뿔싸' 집 밖에는 일본군들이 포위하여 총부리를 겨누고 있구나. 밀정 기토의 덫에 걸려 꼼짝없이 체포되는구나.

아니리 : 최재형선생과 김이직, 엄주필 감옥에 갇힐 때, 이 때여 신한촌은 일본군들의 학살로 한안들이 참변을 당하고 신한촌은 잿더미가 되어버리고 살아남은 독립운동가들을 체포하여 재형선생과 함께 있는 감옥에 갇히는구나. 체포된 사람들 모두 총살형에 처한다고 소문이 흉흉할 제 재형선생 감옥소에서 뜬눈으로 밤을 지샌다.

도창대신 중모리 : 헝클어진 은빛머리/적막한 옥방의 찬자리에/생각나는 님의 얼굴/보고지고~ 보고지고 보고지고/님의 얼굴들 보고지고/조선의 경흥땅에/홀로 묻히신 어머님 얼굴/지신허에 묻히신 아버님과 할아버지/주름진 얼굴도 떠오르네/사랑하는 아내와 아이들도 떠오르고/세상이치 깨우쳐준 러시아 선장부부/양부모님 얼굴도 떠오르네/수많은 독립지사 애국지사 동지

들도/주마등처럼 떠오를제/이토를 저격하고 의연하게 돌아가신/안중근 장군이 떠오르니/초연한 삶이 꺼지지 않는 불꽃이라/혁명군으로 싸우다 전사한 큰아들이/마지막 한마디가 가슴을 친다.

도섭 : 아버지! 아버지는 정말 위대한 인도주의자입니다. 정말 멋지고 아름다운 분이십니다.

아버지 사랑합니다.

아니리 : 이렇듯 상념에 젖어 있을 제. 밖은 어느덧 서서히 밝아오고 있던 것이었다.

아니리 : 바로 그날 아침 그러니까 1920년 4월 5일 아침이라! 일본군이 감옥문을 열고 재형을 비롯한 일곱 명의 이름을 부르며 '새로운 감옥으로 이송한다.' 빨리 나와라!

거명된 사람들이 손이 묶인 채 끌려가는데 그때 야트막한 언덕을 넘어갈 때 부하 엄주필 이재형에게 속삭인다. '총재님 도망치세요. 저는 어차피 뛸 수가 없습니다. 제가 훼방을 놓을테니 얼른 도망치세요. 지금 이순간입니다. 엄주필이 다리를 삔척하며 쓰러졌다. 일본군들이 엄주필 개머리판으로 등짝을 치며' 빠가야로! 빨리 일어나지 못해! 하며 다그치는 그 순간.

휘모리 : 재형선생 거동보소 재형선생 거동보소 김주익과 함께 번개처럼 뛰어간다. 억새밭으로 뛰어 간다. 죽을 힘을 다해 뛰어가는데 갑자기 등 뒤에서 총소리가 탕 탕탕 탕탕탕탕 총소리는 듣는 순간 재형의 다리가 휘청하고 꺽이는구나 아! 총소리가 이어지니 더 이상 재형은 몸을 움직이지 못하는구나.

진양조 : 그 자리에 엎드러져/눈꺼풀은 감기우고/아이들과 아내의 우짖는 소

리/귓가에 맴돌다가/고향의 억새냄새/아득하게 느껴질제/깊이깊이/잠속으로 빠져들고/시베리아 찬바람은/재형선생의 은빛 머리칼을/속절없이/흔드는구나.

중모리 : 앞산도 첩첩하고 뒷산도 첩첩한디/혼은 어디로 행하니까/황천이 어디라고 이리쉽게 가십니까/이리쉽게 가랏거든 당초에 나오지나 말 것을 가신님은 그냥 가셨지만/살아있는 우리들은/어디로 가야 만나리까/하늘도 울고 땅도 울고 바다조차 우는소리 이 겨레 이 나라는 어디로 갈거나.

사망부가 :

(중모리) 어디를 갈거나 어디를 갈거나 에헤에 에헤야

 1. 새야새야 파랑새야 가지 끝에 우지마라 니가 울며는 맘이 서러워 고향 산천 갈 수 없다.
 2. 산제비도 쉬어넘고 구름도 쉬어넘는 구부야 넘는고개 어디를 갈거나

(중중모리)

 1. 사람 인생 백년 인생 다살지도 못할인생 칠십평생도 못살고서 그렁저렁 홀로가네
 2. 금쪽 같은 뼈와 살이 고향 산천에 못 묻히고 원통한 이 내혼은 누구를 잡고 하소연 할까
 3. 소금벌판 가시벌판 바위산 험한길을 염불없고 노자없이 험한 길을 어이가나.

천궁소리 : 천궁이요 천궁이요

 아아 에헤요 아아 에헤요

 벌이되어 가시나요. 나비가 되어 가시나요.

아니리 : 이렇게 최재형 선생님이 가신지 백년이 다 되었건만 여기 낯선땅 시베리아에서 조국과 동포를 위해 난로처럼 따뜻한 삶을 살았던 최재형 선생을 러시아 한인동포들은 2세, 3세가 되도 잊지 않고 있습니다. 여기 최재형 선생님의 손자 최발렌틴은 자신의 할아버지를 이렇게 소개하고 있답니다.

에필로그

아니리 : (도섭풍으로) 안녕하세요. 여러분, 멋지고 탁월했으며 전설적인 제 최 자 재자 형자 최재형 할아버지를 소개합니다.

(굿거리)

1. 우리집 할아버지는요 / 혁명가도 아니고 기업가도 아니지만/많은 사람들에게/일자리를 주었답니다.

2. 우리집 할아버지는요/교육가도 아니고 정치가도 아니지만/수많은 학교를 세워/교육 받게 하였답니다.

3. 우리집 할아버지는요/군인도 아니고 싸움꾼도 아니지만/일본군이 쳐들어 왔을 때/의병을 일으켰어요.

4. 우리집 할아버지는요/슬하에 자녀가 11명이나 되는/대가족의 주인이시자/자상한 어른이래요

5. 우리집 할아버지는요/낯선 땅 시베리아에서 따뜻한 삶을 사시어/러시아 동포분들은 페치카라 불렀답니다

엇중모리 : 어화 세상 벗님네들/자신의 신분을 탓하지 않고/운명을 개척하며/조국 동포독립을 위해/노블리스 오블리제/몸소 실천하신 분/선생님의 뜻을 따라/우리 모두 한핏줄이니/서로서로 나누면서/호연지기로 사옵시다/그 뒤야 뉘알리오/ 어질 더질.

유튜브 또랑 정대호 색다른 판쇼리 제113편 참조

일곱째 마당

일인 가무악극 [금ᅀ수궁가]

일인 가무악극 [금♬수수궁가]

(소리꾼이 군고북을 메고 나온다)

  안녕하십니까? 또랑광대 정대호입니다. 오늘 제가 고수님을 모시고 나왔어야 하는 데 근데 이 고수님이 어제 큰 사고를 내셔서 제가 다른 고수를 모시느라 백방으로 알아 보아도 스케줄 맞는 분이 없어서 공연을 취소해야 할 판국이었습니다. 헌데 갑자기 제가 고수를 겸하면서 하면 되지 않겠는가 해서 이렇게 부채 대신 북채를 메고 북을 들고 나오게 되었습니다.

  궁즉통이라! 궁하면 통한다고 이렇게 해보니 대한민국 최초의 가무 악극을 하게 된 광대가 되었습니다. 그려! 각설하고 작금의 세태를 풍자하는 시국풍자 판소리를 만들다 보니 금수궁가란 제목이 되었는데요. 그 옛날 1988년도에 김명곤 선배님께서 만드셨던 제목하고 같게 되었네요. 아무튼 잘 들으시고 잘 해석해 주시기 바랍니다.

아니리 : 남해 바다에 어느 날 비상이 걸렸것다. 비상! 비상! 수궁의 대신들은 모두다 용궁으로 모이시오! 비상! 하여 수궁의 대신들이 벼슬이름만 맡아가지고 들어오는디 참으로 가관이었던가 보드라.

자진모리 : 총리는 거북 부총리 도미 문광부장관은 복어 교육부 장관은 문어 참모총장 고래 경호실장 새우 일군사령관 가오리 국정원장 낙지 수도경비 사령관 가오리 좌우리 늘어서고 상어 솔치 눈치 준치 멸치 참치 가재 개구리까지 영을 듣고 꾸역꾸역 들어와서 용왕에게 절을 꾸벅 꾸벅~

아니리 : 용왕이 눈을 반쯤 뜨고 보더니 "내가 용왕이 아니라 팔원대목날 어물전 가게 주인이 되었구나. 국정원장 낙지는 비상각료회의를 한 연유를

밝히시오" 하자 낙지한마리가 썩 나서더니.

동살풀이 : 예! 국정원장 아뢰리다. 자세히 아뢰리다. 지금 일본 나라에서는 후쿠시마 오염수를 해양에 방류할 계획을 강행한다하는지라 일이 이렇게 되면는 수궁에 물고기들이 떼죽음을 당할 날이 불을 보듯 뻔한지라 이 일을 어찌하면 좋을지 그 대책을 마련코자 비상각료회의를 소집하게 되었나이다.

아니리 : 용왕이 대노하여 "아니 그 왜놈들은 예나 지금이나 천인공노할 짓을 서슴지 않으니 이번이 도대체 몇 번 째인고. 그 놈들이 바다를 더럽힌 사건이 있을진대 교육부장관은 왜놈들의 행태를 낱낱이 밝히시오" 하자 교육부 장관 문어가 썩 나서며.

엇모리 : 교육부장관 아룁니다. 문어가 아룁니다. 수궁실록에 의하면 조선시대 때 왜놈들이 임진왜란 일으켜서 조선의 백성들을 수없이 학살하고 남해 바다에선 이순신장군과 대적하다 수많은 왜놈들이 수장될 때 해양오염시키었고 태평양 전쟁일으켜서 지놈들이 우리들 바닷가재를 사칭하여 가미가재란 특공대를 조직하여 바다에서 전투함 순양함 항공모함을 격침하고 비행기 침몰시켜 해양 오염시키었고 만주에서는 731부대 만들어서 사람을 생체실험 하질않나 어어쁜 조선의 처녀들을 잡아다고 성노예시키고도 반성도 하지 않고 뻔뻔하게 개기면서 기어이 이번에는 방사능오염수를 바다에 퍼붓는다 하니 경천동지할 일이라 이 일을 어이하면 좋으리까.

아니리 : 용왕이 뒷머리를 잡으며 "아이고 내가 병이 더 도지는 것 같구나! 여봐라! 이런 비상 사태를 수습할 대책이 게 없느냐?" 하고 용왕이 묻자 그때여 외교부장관 가재미란 놈이 가재미눈치를 슬금슬금 보더니만 앞으로 나서며 하는 말이.

엇모리 : 외교부장관 아룁니다. 가재미 아룁니다. 수궁의 생태계가 파괴되고 보며는 육지의 동물들과 인간들도 온전치 못할지니 이 사태를 육지에게 긴급히 전하여서 수궁과 육지에서 공동으로 대처하되 이 사태를 육지로 파견할 사신단을 조직하여 신속히 보내심이 좋을 줄로 아룁니다.

아니리 : 용왕이 "네 말이 옳도다. 그렇다면 수중과 육지에서 수륙양용이 가능한 자라가 제격이니 자라를 사신단으로 보내도록 하여라"하여 자라가 용왕의 영을 받고 세상에 나가는디.

(군고북춤을 추면서 자라춤을 춘다)

아니리 : 이렇게 해서 세상밖으로 나온 자라가 대한민국 전라도 지리산 중턱쯤에 이르자 한 짐승이 나타나는데 요즘 우리가 잘 아는 그런 노래의 주인공이렸다.

엇모리 : 범내려온다 범이 내려온다 소나무 숲 사이로 한짐승 내려온다. 누에머리를 흔들며 양귀 쭉 찢어지고 몸은 얼쑹덜쑹 꼬리는 잔뜩 한 발이나 넘고 돌맹이같은 뒷다리 몽둥이같이 앞다리 쇠낫 같은 발톱으로 잔디뿌리 양모래를 좌르르 흩뿌리며 주홍입 쩍 벌리고 어흥하고 소리치니 산천초목이 뒤덥고 땅이 푹 꺼지난 듯 자라가 깜짝 놀라 몸을 쏙 움츠리고 가만히 엎어질제 범내려온다 범이지나 간다.~

아니리 : 자라가 머리와 발을 쏙 집어넣고 있으니 호랑이가 지나가다 웬 말라비틀어진 쇠똥인줄 알고 그냥 지나가 버렸것다. 자라가 수궁 생물인지라 간신히 목숨을 건지고 다시 목을 빼고 다리를 빼서 징검징검 걸어가는디 이번에는 저기서 지난번에 본 짐승이 나타난다.

바로 토끼였던 것이었다. 자라가 반겨하며 "저기 토선생! 반갑소이다. 우리가 지난번에 만나고 요번에 또 만나니 하상견지 만만부고 불측이로소이다." 하고 자라가 말을 하니 토끼가 주먹만 한게 문자를 쓰고 있거든 지도 질소냐 하며 아무 문자나 막 내지껄이는디 "에~ 그렇소 우리가 이렇게 만나기는 출가외인이요 여필종부요 진퇴양난이요 사면초가요 어동백서요 당구삼년에 삼백다마요 귀태부인에 세월호 전복죽이요.

집권 일년에 썩을 놈 때문에 열받는 놈의 세상이요~" 자라가 껄껄껄 웃으며 "이런 분이 우리 수궁에 가면 법무부장관은 따논 당상인디! 저 토선생! 다른에 아니라 지난번 용왕의 병은 토선생이 주신 한약재 먹고 진짜 싹 나서버렸어라! 도대체 용왕의 병이 낫게해 준 그 약이름은 뭐요?" 토끼가 대답하길 "그거 묘변환이라 하오", "묘변환이요? 거참 약이름도 묘하군요. 아무튼 그 때는 경황이 없어 인사도 못했소만 용왕께서 고맙다는 말씀을 꼭 전해 주시라 하더군요.

그런데 토선생 이번에는 우리 용왕만이 아니라 수궁의 물고기들이 떼죽음을 면치 못하게 됐으니 이를 어쩐단 말이요. 우리 수궁을 좀 도와 주시오" 하면서 수궁의 사정을 자초지총을 얘기하니 얘기를 다 들은 토끼가 하는말이 "당신들 수궁의 사정도 딱하지만 우리네 이 산중 사정도 말이아니외다.

사냥개가 왕이 된후 이놈이 호랑이를 끌어들여 우리 산중식구들을 잡아먹으니 이젠 우리 산중식구들 씨가말라 버리게 되었소이다. 그러니 내코가 석자인디 수궁사정을 어떻게 도울 수 있겠소이까? 딴데 가서 알아보시오" 그러자 자라가 갑자기 소리치며 "저 토선생 내가 호랑이와 사냥개를 잡을 방법을 알려 줄테니 그렇게 해서 잡게 되면 그때 우리 수궁을 도와줄수 있겠소?" 하자 토끼가 "아니 호랑이를 잡을 수만 있다면 도와주고 말고지요. 어떻게 잡는거요?" 하자 자라가 토끼귀를 빌려 뭐라고 하니까 토끼가 "거참 묘책이요. 좋소이다 그럼 자라 선생은 그곳에 가서 기다리시오" 하고는 산중에 있는 식구들에게 파발을 돌이어 모 장소에 모이게 하고는 얘기를 하는디.

엇모리 : 산중의 식구들이 모두 모여서 소곤소곤 쏙닥쏙닥 수군수군 쑥덕쑥덕 하더니만 고개를 끄덕이며 무릎을 치면서 모두가 손을 들어 하이파이프 하더니 다같이 파이팅! 하더니만 어디론가 하나둘씩 시나브로 사라진다.

아니리 : 혼자 남은 토끼가 깡총 거리면서 호랑이굴로 가는디 산토끼 노래를 부르며 가것다. 동요) 산토끼 토끼야 어데를 가느냐 깡총 깡총 뛰면서 호랭이 잡으러 간단다.

아니리 : 호랑이가 굴에서 낮잠을 자다가 막 눈을 떠보니 맛좋은 식사깜이 앞에서 까불고 있것다. "어흥~" 하면서 토끼를 탁 채더니만 입으로 가져가며 "맛 좋은 식사깜이 제발로 찾아왔구나" 토끼가 "아이구 장군님 어디부터 잡수실라요?" "맛 좋은 대굴빡부터 먹어야겠다" " 아이구 장군님! 요 산등성이만 넘어가면 그 산중에는 토실토실하고 맛좋은 짐승들이 잔뜩있는데 왜 이 산중에 있는 짐승들만 드십니까 이제는 씨가말라 여기서는 더 드실 짐승들도 없으실텐데요" 그러자 호랑이가 하는 말이.

세마치 : 니말도 옳다마는/나는 여기가 좋느니라/산중의 먹잇감을/매일같이 일러주는/여우놈 굴이 옆에 있고/산중에 식구들을/한 마리씩 잡아다가/매일같이 갖다 바치는/사냥개가 부하니라.

아니리 : 그러니 내가 뭐하려 힘들게 저 고개넘어 먼산까지 돌아다니느냐.

가만히 앉아만 있으면 되는디 혜혜. 다만, 요놈들을 내가 뒷배만 봐주면 되 거든 여우란 놈하고는 구미호 워킹구룹이란걸 만들어서 나한테 결재 받게 하고 사냥개 한테는 사냥개 보안법을 만들어 뒤를 봐주면 되거든 그리고 심심하면 가끔 한번씩 요놈들 데리고 구미견 연합훈련이라 해서 산중을 한 바퀴 쓱 돌아보면 되거든 니놈들 씨가 말라버리든 말든 내 알 바 아니다. 어서 먹어보자.""아이고 장군님. 먹기전에 제 설움타령이나 듣고 잡수시지 요""야 쪼그만게 말이 많다. 잔소리 말거라! 어흥""아이고 장군님 죽은 사람 소원도 들어준다는데 산토끼 소원하나 못들어 주십니까요? 제발 설움 이나 듣고 잡수세요.""하 이자식 정말 말이 많네! 임마 빨리하거라! 수작 부리지 말고"그러자 토끼가 그자리에서 능청스럽게 설움타령을 하는디.

중모리 : 아이고 아이고 설움이야 아이고 이를 어쩔거나 수궁천리 먼나 먼 길에 겨우 얻어 온 보물을 산속에다 던져두고 임자없이 죽게되니 그 아니 섧소리까.

아니리 : 호랑이가 이말을 듣더니 "야 임마 토끼야 너 지금 방금 뭐라고했 냐? 어디다가 보물을 감췄다고? 그게 뭐냐?" 토끼가 말하기를 "제가 이번 에 수궁엘 갔었지요!" 뭐 니가 수궁엘 갔다 왔다구? 네 근디 용왕께서 제 게 선물을 하나 주셨는디 워메리카 깝치노 란 진귀한 물건을 주셨어요. 뭐? 워메리카 깝키노? 아메리카 카푸치노는 알겠는데 워메리카 깝치노는 또 뭐냐? 예 그것이 동그랗게 생겼는데 앞에 손잡이 같은 것이 달렸어요. 그 손잡이를 손으로 톡하고 치면 그게 쏙들어가요. 그 손잡이가 들어간 구 멍에 대고 노루새끼 나와라! 하고 소리치면 노루 수십 마리가 꾸역꾸역 나오고요. 다 나오면 그 손잡이가 다시 쏙나와요 그러면 다시 뭘 드시고 싶으시면 손잡이를 톡 치세요. 그러면 손잡이가 쏙 들어가요. 구멍에 대고 멧돼지새끼 나와라 하면 멧돼지 수십마리가 또 꾸역 꾸역 나오는 그런 진

귀한 보물을 저 산속에다 숨겨두고 죽게되니 이아니 섧습니까?

　호랑이가 가만히 듣다보니 그게 다 지 밥이거든 그래서 "야 이놈 토끼야! 네 내기 니놈 목숨 살려줄테니까 그거 나 줄래? 아이고 목숨만 살려주시면 드리고 말고죠. 그거 어딧냐? 제 저기 쌍바위골에 얹혀 놓았습니다요. 그래? 그럼 가자!"하면서 토끼를 입으로 턱 물더니만.

자진모리 : 호랑이가 토끼를 입에 물고 쏜살같이 달려간다. 나뭇가지를 헤치고 바위틈을 넘고 넘어 개울물을 건너서 바람같이 달려간다. 쌍바위골에 당도하니 턱.

아니리 : "여기냐? 네 장군님! 그럼 그놈의 워메리칸지 몬지 빨리 가져오너라! 예 장군님 장군님은 여기 가만히 계시면 제가 얼른 가져오도록 할께요."하면서 토끼가 깡총 깡총 뛰어가더니만 바위 위에 오똑 올라서더니 갑자기 애기 휙돌아서며 노래를 하는디.

엇모리 : (까불거리며) 범내려 온다 범이 내려 온다 이빨 빠지고 늙은 놈이 꼴갑하며 내려온다. 누에 대가린지 흔들며 양귀 축 늘어지고 털을 뭉텅 뭉텅 다 빠지고 꼬리는 늘어지고 꼴갑하며 내려온다.

아니리 : 야 임마! 너 거기서 뭐하는거야! 빨리 거 워뭐시긴지 몬지하는거 안가져와? 엉? 그러자 토끼가 가소롭다는 듯이 "이 이놈 호랭아! 내가 여기서 내 발길질 나가면 니 대굴빡 깨지고 내 토끼 똥으로 새총쏘면 니놈 눈깔 빠질텡게 좋은 말할 때 얼른 도망가거라 잉?"
하자 호랑이가 "아니 저놈이 미쳤나! 이놈 어흥~"하고 바위 위를 덮치자 토끼는 쌍바위골 사이로 쏙 들어가버리고 호랑이가 바위 위에 떡하니 올라가게 되었것다. 그 바위에는 자라가 목만 빼고 다리는 쏙 집어넣은 상태로 가만히 있었것다. 호랑이가 "가만! 요게 바로 그 뭐시냐 워메리카 깝치논지 뭔지하는 거로구나 한 번 해 볼까?"하고 눈을 지그시 감고있는 자라 머리를 툭하고 치니 자라가 머리를 쏙하고 안으로 집어넣었것다. 호랑이가 "옳

지 토끼녀석이 얘기한 대로군"하면서 자라 머리에 대고 "노루새끼 나와라!" 하고 소리쳤것다. 아무 반응이 없자 이번에는 자라 머리쪽으로 몸을틀어 그 앞에다 대고 "노루새끼 나와라"하고 소리쳤것다. 그런 그때 자라가 갑자기 머리를 내밀어 호랑이 수염털을 확 잡아 뜯으니 호랑이가 "앗 따거!" 하면서 뒤로 펄쩍 내려뛰던 것이었다. 그러자 낭떠러지로 떨어진다.

휘몰이 : 떨어진다 떨어진다 떨어진다 떨어진다 호랑이 떨어진다 쌍바위골 꼭대기로부터 낭떠러지로 거꾸로 떨어진다. 데굴데굴 데굴데굴 데굴데굴 떨어지면서 여기 부딪히고 저기 부딪히어 대굴빡이 깨지고 아구창이 깨지고 호랑이 떨어진다. 호랑이가 절벽 아래에 쿵.

아니리 : 하고 부딪히어 기절하자 그 때여 어디서 나타났는지 노루 사슴 다람쥐 너구리 할 것 없이 죄다 나와가지고선 그물을 치고 말뚝을 박고 흙을 붓고 난리가 났것다. 호랑이가 정신을 차리고 보니 흙더미가 얼굴위로 날아오르는데 "워메 웨메 호랑이 살려 호랑이 살려!" 하고 소리치자 그 때여 토끼가 깔깔깔 웃으며" 야 이놈 호랭아! 요것이 바로 워메리카 깝치노란 것이다. 내가 좋은 말할 때 니놈 소굴로 돌아가랄 때 돌아갔으면 요런 봉변

일인 가무악극 금수궁가

을 당하지 않았을텐데 왜 여기서 깝치노? 자 여러분 우리 산중 식구들을 괴롭힌 저 호랭이 놈을 묻어버리고 산중평화를 이룩합시다! "하고 외치니 산중에 식구들이 모두다 환호하며 화답하였답니다."

중중모리 : 여보시오 벗님네들 이내한 말 들어보소 토끼와 자리의 꿈이 우리꿈이 그 아닌가 우리 모두 힘 합하여 대동세상 만들어보세 기후위기 걱정없고 전쟁위기 걱정없는 평등 세상 만들어 보세 노나메기 세상 만들어 보세 너도 일하고 나도 일하고 너도 잘살고 나도 잘살되 올바르게 잘 사는 세상 노나메기 세상 만들어 보세 얼씨구 절씨구 지화자 좋네 평등 평화 만만세 얼씨구나 아 얼씨구 절씨구 지화자 좋네 대동세상 만만세.

유튜브 또랑정대호 색다른 판쇼리 제 101편 보세요

창작판소리

환생의 비밀−치악산 내력

환생의 비밀-치악산 내력

아니리 : 옛날 아주 먼 옛날에 저 치악산이 적악산으로 불리던 시절에 한 젊은 무사가 무과시험을 보러 가기 위해 저 적악산 골짜기를 접어들고 있 었것다.

신독립군가풍으로 : 남아사내 대장부의 가는 길은 임금을 섬기고 배성구하 나 활과 검을 높이들고 앞으로 가세 송도로 나아가세 하늘은 푸르고 내마 음의 꿈도 푸르러 청운의 뜻을 품고 달려가 보세 송도로 나아가세

아니리 : 이렇게 힘차게 노래를 부르며 적악산 산골짜기를 접어들자 그 적 악산에 있는 왼갖 산새들도 젊은이를 반기난 듯 저마다의 목소리를 뽐내며 지저귀고 있었것다. 이동백 명창의 새타령으로 한번 흉내라도 내보는디

느린자진모리 : 이 때 마침 어느 때 녹음방초 좋다. 여러 새들이 날아든다 여러 새들이 날아든다. 남풍좇아떨쳐 구만리장천 대붕이 문왕이 나겨시사 기산조양에 봉황새 무안기후 깊은 회포 울고넘던 공작이 소선적벽시월야 알현쟁명 백학이 소선적벽시월야 알현쟁명 백학이 위보기인에 색기라 소식 전턴 앵무새 생증장안의 수고란 어여쁜새 채련새 글자를 뉘가 전하리 가인 상사 기러기 성성제혈 염화지 귀촉도 두견이 귀촉도 두견이 요서몽을 놀래 깨어 막교지상에 꾀꾀리 수리루 주공동정 돌아드니 관명우지 황새 비입십 상 백성가 왕사당년의 저제비 팔월변풍 높이떠 백리추호에 보라매 양류지 당 삼상풍 둥둥떠 징경이 추래견월 다귀사 열고놓던 백학이 월명추소 찬모 래 한발고인 해오라가 어사부중 밤들었다 울고넘던 까마귀 금차하민수감무

여 여천 벼연의 소리개 정위문중깃들었다 작기강강 까치 새중에는 봉황새 새중에는 봉황새 저 무슨새가 우느냐 저 뻐꾸기운다 먼데산에서 우난놈 아 시랑하게 들리고 건너앉아 우난놈 굼벙지게 들리고 저 뻐꾸기가울어 저 뻐 꾸기가 울어 운다 이산가야 뻐꾹 저산가야 뻐꾹 뻐뻐꾹 뻐꾹 뻐뻐꾹 뻐꾹 거려 제절거리고 운다. 저 한사나리가 운다 저 부두새가 울어 초경 이경 삼사오경 사람의 간장 녹이랴고 부두새가 울음운다 사람의 간장 녹이랴고 부두새가 울음울어 이리로 가며 부우 저리로 가며 부우.

아니리 : 이렇게 왼갖 산새 소리를 들으며 산 길을 접어들고 있는데 젊은무 사 어느 한 곳을 바라보니 저 앞에 계수나무 위에 둥지 위에 새끼꿩 세 마 리가 앉아 있는디 그 밑에 커다란 구렁이 한 마리가 기어 올라가면서 혀를 날름거리면서 새끼 꿩을 막 잡아먹으려고 하는 것이었다.

중모리 : 어쩔거나 어쩔거나 아이고 이 일을 어쩔거나 아무도 모르게 죽겠구나.

고수 북가락을 탁탁치며 : 여보세요 소리꾼 양반! 아 이런판국에 그렇게 느 려터진 소리를 하면 어떻해요.

소리꾼 : 엥? 그런가? 그럼 빠른 장단으로 한번 해 봅시다.

휘모리 : 큰일났다 큰일났다 큰일났다 큰일나 새끼꿩들이 구렁이에게 잡힐 듯 한입으로 들어가기 일보 직전 바로 직전 한입으로 들어가기 일보 직전 바로 직전 구렁이가 커다란 입을 쩍 벌리고 혀를 날름날름 날름날름 하면서 새끼 꿩들을 집어삼키려고 할적에.

진양조 : 그때여 젊은 무사 짱돌을 집어들고 박찬호 투수하디끼 (아 요즘엔 류현진이가 더 잘알려져 있지) 류현진 투수하디끼 왼갖 똥폼 잡아가며 짱돌을 던졌더니 (어떻게 됐게요?)

아니리 : 아 글쎄 구렁이 머리를 살짝 스쳐가는 볼이었습니다. 한데 구렁이한테는 볼이지만 그 계수나무에게는 스트라이크야 짱돌이 계수나무에 떵 맞고 퉁하고 튕겨져 나와 바닥에 뚝 떨여졌것다.

엇모리 : 깜짝 놀란 구렁이가 고개를 휙 돌려세워 젊은 무사 노려보며 쏜살같이 내려온다. 다급해진 젊은무사 이번에는 활을 들고 화살 한축을 뽑아들고 활시위를 당겨노니 피용 핑그르르르 팍! (어떻게 됐게요?)

아니리 : 이번에는 머리에 안맞고 꼬리에 팍 꽂혔구나 구렁이가 시계불알처럼 잠시 흔들거리더니만.

세마치 : 구렁이 용트림하며/온몸을 비틀더니만/머리를 들어올려/꼬리에 있는/화살촉을/입으로 덥쑥 뽑아물고/우지끈 뚝 부러뜨린다.

아니리 : 화가난 구렁이 눈에는 불을키고 입에는 독을 품고 젊은이게 달려드는디.

자진모리 : 구렁이 거동보소 구렁이 거동보소 살모사처럼 머리를 치켜들고 이리저리 흔들더니 쏜살같이 달려든다. 깜짝 놀란 젊은이는 이번에는 칼을 들고 구렁이를 맞받아친다. 내려치고 올려치고 돌려치고 후려치고 찌르고

때리고 올라타고 지지누르고 이리경중 저리경중 뒤엉켜 싸우는 모양 청용 황용이 싸우난 듯 범과사자가 싸우난 듯 난형난제 우열을 가리기 힘들적에 젊은이 마지막 힘을 모아 기합을 지르면서 얍!

아니리 : 하고 소리치니 번쩍하는 소리와 함께

진양조 : 구렁이 대굴빡을/땅으다 푹 쳐박으니/몸통은 축 늘어져/죽었구나

아니리 : 이렇게 구렁이를 처치한후 젊은 무사 새끼꿩들에게 다가가 "아니 이놈들아 그래 밑에서 구렁이가 기어올라 오는데도 그걸 모르고 둥지에서 장난질이나 하고 있냐! 오호 이놈들이 이제 날개짓을 할까말까 한 놈들이로 구나 자 이 아저씨가 날개짓 하는거 도와 줄테니 한번 따라해 봐라 자 이 가지에서 저 가지로 날아가는 거다. 다음은 이 나무에서 저나무로 날아가 는거다 자 날아보거라 다 마지막으론 이숲에서 저 숲으로 날아가는거다 옳지! 잘했다.
자 이만하면 너희들 스스로 날개짓을 할 수 있겠구나! 이젠 엄마아빠를 찾아 거던지 먹이를 구하러 가던지 훨훨 날아가 보거라. 하며 젊은이가 떠나려고 하니 새끼꿩 세 마리가 젊은 무사 머리위를 빙빙 돌더니만 바로 앞 나뭇가지위에 나란히 앉아 젊은 무사에게 인사를 하는디.

굿거리 : 고마우신 아저씨 살려주신 이은혜 잊지 않을께요. 안녕히 가세요.

아니리 : 하던 것이었다. 이렇게 새끼꿩들과 작별을 하고 젊은이 발길을 재촉하는데 그만 주위가 어둑어둑 해지는 것이었다. "아이고 내가 구렁이하고 싸우고 새끼꿩들 하고 노느라고 산속에서 너무 시간을 보냈구나. 이거 큰 일인데" 하며 산속 길을 재촉하나 이내 어둠이 깔리고 한치 앞을 내다볼 수가 없게 되었구나. 주위엔 사나운 산짐승들 소리가 들리는디 (음향)- 늑

대 울음소리) 젊은이 어쩔줄 모르고 산길을 헤메이는데.

자진모리 : 그 때여 산중에서 불빛하나 새어 나온다. 첩첩산중이라 앞 뒤 분간도 어려운디 부처님의 도움인가 저멀리서 희미한 불빛하나 어렴풋이 새어나온다. 옳다 이제 살았구나 어서어서 가보자 산속에서 길을 잃어 산 짐승의 밥이 되면 장수가 되고 임금님의 부마가 되는 꿈을 꾼들 그어디에 쓸데있나. 밤이슬만 피하고 산짐승만 피한다면 적악산 문제없지 불빛 가까이 당도하니 인가가 분명쿠나 젊은이 안되하며 문앞에 멈춰서서.

아니리 : "저 계십니까?" "안에 계십니까?" 하자 하얀 소복을 입은 여인이 스르륵 나타나더니만 "밤 늦은 시간인데 뉘시옵니까?" "아예 저 지나가는 나그네입니다만" 그만 길을 잃어버렸습니다. 하룻밤만 "묵고 가게 해주십시오". "사정은 딱하신 것 같으나 저는 오늘 남편을 잃어 장례를 치러야 할 몸입니다". 다른 집을 알아보시지요. "아. 실례했습니다". (뒤 돌아서 가다가 산짐승 소리를 듣고는 깜짝놀라) - 다시 늑대울음소리)
"저 잠깐만요". 제가 본시 예의가 없는 사람은 아니오나 이 늦은시간에 어디서 다른 집을 찾을 수 있겠습니까. 헛간이라도 좋습니다. 밤 이슬만 피하게 해 주십시오. 그러자 여인이 "정 그러하시다면 저를 따라오시지요."

중모리 : 여인 뒤를 따라간다 아름다운 뒤 모습은 분명코 사람인디 발소리는 들리지 아니하고 바람같이 가는구나.

아니리 : 여인이 한 곳을 가리키며 "오늘은 누추하지만 이곳에서 주무시지요" "아이고 감사합니다. 이은혜 잊지 않겠습니다" "그럼 저는 이만" 여인이 떠나자 젊은이 혼자 중얼거리며 "저렇게 아리따운 여인이 어찌 남편을 잃었을꼬? 에라 오늘 낮에 구렁이하고 싸우느라 몸이 찌부둥하구나 어서 한숨 부치고 날이 밝는대로 길을 떠나야 겠구나."

진양조 : 젊은이 피곤하여 잠으로 골아 떨어진다. 큰대자로 누운모양 코고는 소리 진동하고 꿈속으로 빠져든다. 송도로 달려가서 무과급제 장수되어 임금님의 어주삼배 고이 받아 마신 후의 고향으로 달려가서 어머님께 절을하니 어머님이 좋아라고 버선발로 우루루 뛰어나와 와락 껴안고 춤을 춘다.

중중모리 : 얼씨구나 절씨구 얼씨구나 절씨구 이게 누구냐 우리 아들 분명하구나 니가 에미곁 떠난지 잠시도 못잊었는데 이게 꿈이냐 생시냐 여보시오 동네 사람들 우리 아들이 장수가 되었소. 어서 나와서 마중들 하시오 얼씨구나 절씨구 절씨구나 얼씨구 어머님 품에 안겨 이리빙글 저리빙글 할 적에 (아 어머님 이제 그만 놓으세요. 뭐 팔힘이 그리 세십니까요. 이러다 장수아들 숨막혀 죽겠습니다요. 어머님 제발 살살 이제 그만 악!)

아니리 : 젊은이가 잠에서 깨어나 보니 커다란 구렁이가 온 몸을 칭칭 감은 채 하는말이 "내 이제껏 사람을 죽여본 적은 없었으나 너는 오늘 내게 죽어줘야 겠다" " 아니! 어찌 내게 이런달 말이요?" "남편의 원수를 갚기 위해서다." "남편의 원수라니 아니 그럼 아까 그 낮에 구렁이가?" "알았으면 이제 죽어 주실까" "이보시오. 나는 불쌍한 새끼 꿩을 구하려고 했을뿐이요. 당신 남편에게 원한이 있어 그런 것이 아니란 말이요."

"네가 내 남편을 죽였는데 어찌 나에게 원한이 없다고 하느냐" " 그건 정말 어쩔수 없는 일이었소. 한 번만 살려주시오. 나를 살려주면 송도무과 시험을 보고 돌아오는 길에 당신 남편의 원한을 풀어드리겠소" "원한을 푸는 것은 순순히 죽어주는 것이다."

"당신 뜻이 정히 그러하다면 뜻대로 하시오. 그대가 나를 죽여 원한이 풀릴지 모르겠지만 내가 죽게 되면 고향에 계신 홀어머니에게 원한이 쌓이게 될것이요. 원한은 원한을 낳는 법이요." 그러자 구렁이가 잠시 생각하더니 "좋다 그럼 니가 살 수 있는 방안을 하나 알려주마."

"그것이 무엇이요?" "여기서 멀지않은곳에 지금은 아무도 살지 않는 절이 하나 있다, 그절에 종이하나 있는데 날이 밝기전에 그절의 종이 세 번울리면 너를 살려주마" "아니 아무도 살지 않는 절이 어떻게 종이 울린단 말이요?" "그 종이 울리게 되면 너도 살고 나도 살게 된다."

도창 : 구렁이 할 말을 다한 후에 날이 밝기만을 기다리고 젊은이는 온몸을 칭칭 감긴채 깊은 시름에 빠지는구나.

중모리 : 구렁이에게 감긴형용 적막한 산중에 찬자리에 생각난 것은 어머님라 어머니 보고지고 보고지고 고향계신 홀어머니 보고지고 어머님과 작별후에 청운의 뜻을 품고 달려온 길, 나라 위한 장한충정 바람결에 흩어지고

새끼꿩을 구한 마음 구렁에게 원한되어 적악산 산중에서 나는가요 나죽는
건 섧잖으나 구렁이 밥이 되면 시신조차 찾지 못할 울어머니는 누구를 잡
고 통곡할거나 어머니 이 불효자식을 용서하소서.

아니리 : 얼마나 시간이 흘렀을까? 구렁이가 나자막히 젊은이에게 기가 막
힌 사연을 하나 전해주는디 "나는 전생에 저희 남편과 함께 불가에 녹을
먹고 있던 사람이었소. 내 남편은 그절에 주지스님이었고 저는 공양주 보
살이었소. 헌데 우리 절에서는 더 이상 사람들이 피를 부르지 않고 그동안
쌓였던 원한과 설움을 달래는 해원상생의 종을 만들기로 했소. 한데 불자
들이 시주한 재물에 눈이 어두워 그 재물의 일부를 탐하였다가 부처님의
벌을 받아 이렇게 구렁이로 살게 되었소. 우리가 다시 사람으로 환생하려
면 저 해원상생의 종이 세 번 울려야하오.
하지만 우리는 몇백년을 땅을 기면서 살아왔지만 저 종소리는 울리지 않았
소. 가망없는 운명을 어찌하리오." 하면서 구렁이는 다시 회상을 하는지 눈
을감고 침묵으로 돌아가고 있었겄다.

이때여 날은 서서히 밝아오고 있는디 저
멀리 적악산에 사는 야생닭들이 "꼬끼
오~" 하면 이 젊은이는 죽는거야. 그런
데 불행인지 다행인지 그 야생닭들이 산
짐승들에게 다 잡어 먹혀서 닭소리는 안
울려 젊은이 목숨만은 연명하고 있는디,
젊은이 그때 생리현상 때문에 안절부절
하던 것이었다. 똥오줌 나오기 전에 신호탄 방구가 자꾸 나오려고 하는디
방구끼면 구렁이가 방구소리에 깰까봐 젊은이 용을쓰며 참다가 꾀를 내어
소리 안나는 도토리 방구로 스스렁 피유~하고 근디 소리는 그렇다치고 냄

새는 어쩔끼여   구렁이가 졸고있다가 갑자기 방구냄새를 맡고는 깨어나며 "어머 이게 무슨 냄새야? 어머 날이 밝았네" 하다 젊은이를 바라보며 "이제 날이 밝았다.   구차한 목숨 구걸하지 말고 순순히 죽어다오." 하고 커다란 입을 쩍 벌리고 막 삼키려고 할적에 (음향) "뎅~" 하고 소리가 나자 구렁이와 젊은이 깜짝놀라며 영문몰라 할적에 다시 "뎅~" 하고 두 번째 종소리가 나던 것이었다.

이윽고 조금있다가   또   "뎅~" 하고 울리는디.

어찌된 일일까요? 자 그럼 종소리가 울리기 전인 5분 전으로 타임머신을 타고 한번 돌아가 보도록 하겠습니다.

아니리 : 그 때여 날개짓을 마치던 새끼꿩 세 마리가 자신들을 구해준 젊은 무사아저씨가 산길에서 헤메다가 인가를 찾아 잘 자는 줄 알았는디 밤 늦도록 불빛이 꺼지지 않자 이상해서 인가 주변으로 날아들어 동정을 살피니 무사아저씨가 구렁이에게 잡혀 죽게되는 사연을 보게 되는구나.

자진모리 : 그 때여 새끼꿩 세 마리가 누구랄 할 것 없이 창공으로 날아간다. 창공에 높이떠~ 날더니만 한 마리가 외치기를 "나는 하늘을 나는 자유를 얻었어, 하지만 저 무사 아저씨는 자유를 잃었어   나는 이제 무사 아저씨의 자유를 위해 날아갈 거야!   나는 다시 태어나면 홍길동이로 태어날거야! 얘들아! 안녕   잠시 후에 "뎅~" 또 한 마리가 외치기를 "나는 이담에 커서 장끼가 되는게 꿈이었어. 하지만 어른이 되도 서로 싸우는 세상이라면 나는 싫어. 나는 다시 태어나면 저 절에 동자승으로 태어날래. 친구야 안녕! 잠시 후에   뎅~ 마지막 한 마리가 외친다. 나는 이담에 커서 까투리가 되는게 꿈이었어 하지만 친구들도 없는 세상 무슨 의미가 있어 나는 다시 태어나면 심청이로 태어날래 얘들아 같이 가 잠시 후에 뎅 ~"

아니리 : 이렇게 종소리가 세 번나자 구렁이가 몸을 스스 풀더니 어제 밤에 보았던 여인으로 변하더니만 젊은이에게 단정히 인사를 하면서 하는 말이 "나그네님 덕에 사람으로 다시 태어나게 되었습니다. 저는 비록 남편을 잃었지만 부처님의 은덕으로 사람으로 환생한 이상 더 이상 무슨 원한을 품겠습니까? 나그네님도 부디 살생을 금하고 중생을 살리는 길에 나서주시길 빌겠습니

다." 하면서 종종걸음으로 물러나더니 홀연히 사라지던 것이었다. 젊은이 영문몰라하다가 정신을 차리고 소리나는 곳 폐허된 절로 찾아가니 어제 구해주었던 꿩 세 마리가 종루에 떨어져 죽어있었던 것이었다. 젊은이가 그 모습을 바라보며 망연자실 하는디.

진양조 : 어찌해야 하오리까? 어찌해야만 하오리까? 백성을 살리려 나섰던 길이 적악산 생명들 다죽이네 원수로다 원수로다 칼가진 신세가 원수로구나.

(음향 - 천도제)

중모리 : 어디를 갈거나 어디를 갈거나 에에헤 에헤야

1. 새야새야 파랑새야 가지 끝에 우지마리 니가울며는 맘이 서러워 북망산천 갈 수 없다.
2. 산제비도 쉬어넘고 구름도 땀을씻는 구부야 넘는고개 어디를 갈거나

중중모리 :소금벌판 가시벌판 바위산 험한길을 염불없고 노자없이 험한 길을 어이가나, 어디를 갈거나 어디를 갈거나 에헤에 에헤야
(천궁소리) 아아 에헤요 아하 에헤요 천궁이유 천궁이요.

엇중모리 : 그로부터 젊은이는 무사의 길을 버리고요. 불쌍한 새끼꿩들을 양지바른곳에 묻어주고 폐허된 절을세워 삼진칠정 다스리는 소리봉양힘을 쓰니 그때부터 적악산은 꿩치자 치자를 써서 치악산으로 불리우니 어화세상 사람들아 비록 축생미물지라도 은혜갚은 꿩이야기 허망히 듣지 말고 가슴 깊이 새겨들어 모두 모두 성불하시길 소원성취 발원이요 그 뒤야 뉘알리요. 어질더질.

유튜브 또랑 정대호 색다른 판쇼리 108편을 보세요

2인 만담극 "노나메기 백신타령"

2인 만담극 "노나메기 백신타령"

대본 : 김주회, 정대호 공동작업

주회, '반갑습니다' 부르며 나온다.
노래 말미에 대호, 등장 "반갑습니다"

대호 - 안녕하십니까? 정대호 라고 합니다

주회 - 안녕하십니까? 김주회라고 합니다

대호 - 주회씨 아까 등장할 때 보니까 주회씨 북쪽 노래 잘 하시는데요? 딱이구면! 주회씨 연변 출신이유? 아니면 북쪽 출신이유?

주회 - 아닌데요! 저는 대한민국 출신인데요!!!

대호 - 에에~~~ 노래하는거 보면 영락없는 북쪽 말투고 노래풍인데 어디서 거짓말하려고 그래. 솔직히 말해 봐유? 남남북녀라고 남쪽에 좋은 사내들 내가 소개시켜 줄테니.

주회 - 대호씨 안기부요원 출신이세요? '아니다!'란 사람을 왜 자꾸 몰아붙이고 그러세요?

대호 - 아니 이 아가씨가 안기부 얘기하고 있네 지금이 어느 세상인데 안기부라니.

주회 - 아참 국정원으로 바뀌었지? 그래요 국정원요원 출신처럼 왜 그러세요.

대호 - 이봐요 주회씨!

주회 - 뭘 봐요 대호씨!

대호 - 안기부 요원이 뭐의 약자인 줄 아세요?

주회 - 그야 국가안전 기획부 요원의 약자 아녜요?

대호 - 아니예요.

주회 – 그럼 뭐예요?

대호 – 안기부 요원이란?

주회 – 안기부 요원이란?

대호 – 기부를 안하는 사람을 안기부 요원이라 하는 거예요.

주회 – 하참 기가막혀서 잘도 갖다 부치시네요.

대호 – 민주씨는 기부 좀 하세요?

주회 – 저는 돈이 없으니까 그런 기부는 못하고 재능기부는 좀 하지요.

대호 – 안기부 요원은 아니구면 그럼 국정원 은 또 뭐의 약잔 줄 아세요?

주회 – 그야 국가정보원 아네요?

대호 – 그랬겠으면 내가 왜 물어 봤겠어요?

주회 – 그럼 뭐의 약잔데요?

대호 – 국정원 이란?

주회 – 국정원 이란?

대호 – 국립정신병원의 준말입니다.

주회 – 아이고... 말도 안나오네요

대호 – 이봐요 주회씨!

주회 – 뭘봐요 대호씨!

대호 – 주회씨가 이북노래를 부르면서 공연을 시작했으니 이번에는 제가 북쪽 얘기 좀 해 볼까요?

주회 – 쉿!

대호 – 왜 그래요?

주회 – 아무리 대한민국이 민주주의 나라라고 해도 국가보안법이 있어요. 조심!

대호 – 나참~ 난 지금 순수한 구비문학 남남북녀 얘기를 하려고 하는 거예요.

주회 – 구비문학? 그럼 진작에 그러시지. 저는 북쪽에 김정은 얘기 하려는
줄 알았잖아요.

대호 – 그럼, 구비문학 남남북녀 이야기 속으로 빠져보는디

주회 – 박수!!!

대호 – 최근에 맹랑한 일이 있었것다. 남쪽지방의 잘~ 생겨자빠라진 장똘
뱅이 총각 변강쇠와 북쪽 지방의 잘~ 생겨 자빠라진 묘령의 처녀
옹녀 이야기것다. 주회가 남녁 총각 강쇠를 소개해 보시죠.

주회 – 강쇠 이놈을 소개를 하자면 전국에 장이란 장은 모조리 휩쓸고 다
니는 장똘뱅이 인지라 장타령 한마디 들어보겠습니다.

(타령) 떠르르르르 돌아왔소 장돌뱅이가 먹설이라 동설이를 짊어지고
똘똘몰아서 장타령(후렴)품바바 품바 바리밥바 에헤헤라 품바 잘도 헌다
춘전이라 샘밭장은 신발이 없어서 못가구요
홍천리라 구만리장 길이 멀어서 못간단다(후렴)
명주 바꿔 원주장은 값이 비싸서 못가구요
횡설수설 횡성장 에누리 많아서 못간단다(후렴)

대호 – 옹녀를 소개를 하자면 새터면 출신으로 노래면 노래! 춤이면 춤! 평
양기생도 울고 간다는 만능 엔터네인먼트인지라 신나는 노래 한마디
들어 보겠습니다. 음악 주세요.

<도시처녀> 부른다

대호– 그러던 어느 단오날 강쇠와 옹녀가 각각 강릉단오장에서 강쇠는 장
돌뱅이로 옹녀는 공연단으로 일을 끝낸 후 해질녁 각자 해변을 유유
히 걷고 있었던 것이었던 것이었다.

〈음향 '해변의 여인' + '운명 교향곡'〉 둘은 선글라스를 끼고 역할변신
'가사'에 맞추어 둘은 가로질러 걷는다.

강쇠 - 아니 저 여인은???

옹녀 - 아! 외롭다~~~

주회 - (선글라스를 벗고 노총을 향해) 어쩜 좋아~~~ 남남북녀가 딱 만
났구나

대호 - (선그라스를 벗으며 느끼하게...) 어떻게 알았어?

주회 - 아유~ 질질 끌지 마세요. 시간 없어요. 여기 있는 분들 빨리 집에
가야 된다구요. 그래서 남남북녀가 어떻게 됐어요?

대호 - 주회씨, 남자들이 호감이 가는 여자한테 잘 해 주는 거를 뭐라하는
지 아세요?

주회 - 글쎄... 친절? 배려?

대호 - 그걸 수작이라고 하는거야. 수작!!! 세자로 하면?

주회 - 개수작

대호 - 옳지 이제야 머리가 돌아가는구먼

주회 - 그래서 강쇠가 옹녀에게 어떻게 수작을 부린거예요.

대호 - 강쇠가 이것이 선수야 선수. 여자들 심리를 너무나 잘알아

주회 - (놀라움으로) 그래요? -

대호 - 여자들은 뭐 큰거 바라지 않잖아 아주 쪼그만거에 감동한다구. 그
지? 다이아반지 같은거에

주회 - 어머나~~~ 강쇠가 진정한 선수맞네. 옹녀가 넘어갔겠네요!!!

대호 - 넘어갔지! 그래서 그날 저녁에 둘이 경포대 횟집으로 가서 소주에
안주로 아나고회를 먹었지 뭐유.

주회 - 그 다음엔 어떻게 됐어요?

대호 - 뭘 어떻게 돼? 둘이 그렇게 술 처먹었으면 2차 가고 결국에는 방잡
       았지.

주회 - 그래서요?

대호 - 두 년놈들이 과거에 썩 해 본 년 놈 들인지라 단오장 모텔에서 거
       사를 치르는디,

주회 - 치루른디

대호 - 궁합이 딱 맞는거야.

주회 - 찰떡궁합?

대호 - 바로 그거야! 그래서 둘이 본격적으로 살림살이를 차릴려고 혼인신
       고도 하고! 신혼여행 계획도 세우고! 아~~ 근데 이제부터가 문제요.

주회 - 뭐가 문젠데요?

대호 - 이 대목은 판소리로 해 볼게

주회 - 아 그래요? 와우 판소리라! 박수 (하면서 슬쩍 장단)

(자진모리) 소리없는 병마가 인간들을 공격한다(*장단*).

코로나 19, 신종 바이러스가 지구촌을 습격하니 여기저기 사람들이 속절없
   이 쓰러진다(*장단*)
   잘난놈, 못난놈, 착한놈, 모진놈, 똑똑한놈, 얼빠진놈, 죄많은놈, 죄없
   는놈, 권세 좋은놈, 권세 없는놈, 이놈저놈 할 것 없이 온 나라 사람
   들이 벌벌벌벌 공포에 떠는구나~

주회 - (부들부들, 진저리를 친다) 아 말도 마세요. 학교도 못가지, 식당도
   못가지, 카페, 수퍼, 은행, 병원, 도서관, 복지관, 미장원, 목욕탕! 여
   행이요? 여행은 고사하고 마스크가 없으면 집밖에도 못 나간다니까
   요!

대호 ─강쇠와 옹녀가 합치자마자 이 사태가 벌어진거야. 특히 장돌뱅이로 장사하던 강쇠가 풍물시장도 문 닫았지 새벽 시장도 문 닫았지 오 일장도 문닫았지 하다못해 벼룩시장까지 다 문닫아 버렸으니 하루 아침에 강쇠가 화백이 되버린 것이여.

주회 ─ 화백이요? 강쇠가 그러면 그림그리는 사람이 되었다구요?

대호 ─ 그게 아니라 화려한 백수가 되었다구

주회 ─ 그럼 강쇠는 방구석에만 틀어박혀 있는 거에요? 하는 일도 없이?

대호 ─ 하는 일 이 하나 있긴 있지?

주회 ─ 뭔데요?

대호 ─ (귓속말로) 밤 일!

주회 ─ 에이 난 또 아니 그럼 마누라라도 일을 나가야죠

대호 ─ 당신이라면 무슨 일을 할 수 있겠어?

주회 ─ (목청을 가다듬고) 음음!

　　해가 돋아 우유배달 달이 돋아 치킨배달~~~(얼씨구)

　　피자, 햄버거, 김밥, 떡볶이, 족발, 닭발, 찜닭, 보쌈

　　배달이란 배달은 닥치는대로 다하고~~~(배달의 민족일세)

　　보험설계사하죠, 다단계판매하죠, 정수기점검하죠, 목욕탕 때밀이까지

　　호텔, 모텔, 여관, 여인숙, 청소부, 파출부, 가정부, 초등학교등하교지

　　도, 방과후 도우미라도 해야죠.

대호 ─ 와! 입에다 오토바이를 달았구먼.

주회 ─ 우리 대한민국 주부들이 얼마나 깡순이들인데요.

대호 ─ 옹녀가 이렇게 억척스럽게 사는데 그다음 문제는 뭐냐?

주회 ─ 또 문제가 뭔데요?

대호 ─ 옹녀가 (옹녀가) 옹녀가 그냥 어느 날 ,코로나 확진자가 되어버렸다 이말이야.

주회 - 대호씨도 지난번에 코로나 걸렸었죠? (그렇지) 아이구 이게 다 남의 일이 아니라니까요.

대호 - 그렇지! 이렇게 엎친데 덮쳐버렸다 이말이야 이런 것을 두고 설상가상, 사면초가, 진퇴양난, 임전무퇴!

주회 - 아니, 여기서 왜 임전무퇴가 나와요???

노총 - 그건 아닌가? 아무튼 둘이 본격적인 살림살이하려고 하는데 집한채도 마련 못했지, 일자리도 없지 코로나는 걸려서 병원으로 갔지! 하니 우리의 허니 옹녀에게 희망이 있나? 옹녀가 신세 한탄을 하는 거여.

"아이고 여보~~~"

(팬플르트 연주한다)- 외로운 양치기

한 많은 이 세상 야속한 님아 정을 두고 몸만가니 눈물이나네

아무렴 그렇지 그렇구 말구 한오백년 사자는데 웬성화요

고향 땅 기약없고 자식농사 기약없어 살아서 올 때까지 부디 건강하소서

주회 - 아니그래서, 옹녀는 병원신세! 강쇠는 방구석신세! 로 이야기가 끝난 거에요?

분위기 전환하여 이북 말투로

대호 - 위드 코로나 시국에 일이 그렇게 끝나서야 되가서

주회 - 맞습네다. 마무리가 영 껄쩍지근 합네다. 남남북녀! 다같이 궁합을 맞춰서리 '잘먹고 잘살자~~~' 요거이 좋지 않갔습네까?

대호 - 기러티기러티~~~ 동무레 머리가 스마트합네다. 그러니끼니 강쇠옹녀 뿐만아니라 비슷한 처지에 있는 우리 동지들, 깨어있는 민주시민 들이 다같이 력사적으로 다 힘을 모아야 하지 않겠습네까?

(관객반응으로 박수 받고 분위기 전환)

주회 – 그러니까 력사적으로! 힘을! 모아서! 어떻게 해야하냐구요?

대호 – 우리 모두가 이걸 해야돼 (손바닥을 쫙핀다)

주회 – (따라하며) 이게 뭐예요?

대호 – 5방 백신이 필요하다 이말이야.

주회 – 5방 백신?

대호 – 또한 칠성 자리가 편해야 한다 이말이지.

주회 – 칠성 자리?

대호 – 그래요 북두칠성 별이 몇 개여?

주회 – 그야 일곱 개니까 북두칠성이라고 하지요.

대호 – 그런 것처럼 우리가 해야 할 일은 오방백신과 칠성자리가 편하게 노력해야 한단 말이여.

주회 – 좀 자세히 좀 알려 주세요.

대호 – 기럼 복창들 해 보시라우요. 첫째!

주회 – (관객과 함께) 첫째!.

대호 – 생태백신.

주회 – 생태백신? 기거이 뭡니까?

대호 – 다른 말로 하면 지구 별자리가 편해야 한다 이말이요.

기후위기 때문에 이런 코로나가 온거지, 환경을 파괴하니깐 전염병이 돈다 이 말이여 그러니 전 인류가 손을 맞잡고 지구온난화를 막아야 한다 이말이여. 이러기 위해서는 화석연료 사용도 줄이고! 탄소배출도 줄이고! 해서 지구 별 자리를 잘 지켜주어야 한다 이말이여.

주회 – 얼씨구~ 우리 모두! 탄소중립 운동에 동참해서 얼어죽고! 더워죽고! 기막히고 코막혀 죽지 말고! (헉~헉~) 숨 좀 쉬고 살자~~~ 이 말씀이죠?

대호 - 두 번째는 주거 백신! 다른 말로 이야기하면 잠자리가 편해야 한다 이말이여. 평생 뼈 빠지게 일을 해도 집한 채 없는 사람들이 있는가 하면 어떤 놈은 땅투기 해서 몇 백 채를 소요하고 있는 이 불편한 세상을 바꿔버려야 한다구요. 공공주택도 만들어 보급하고 땅투기(=부동산투기) 없게 만들어서 누구나 둥지를 틀고 살 수 있게 해줘야 한다! 이말이여.

주회 - 절씨구~ 그러니까! 전세, 월세를 살더라도 당당하게! 쫓겨날 염려 없이 안심하고 살아야 한다 이 말씀이죠?

대호 - 세 번째는 노동백신! 요걸 다른 말로 표현하면 일자리가 편해야 한다 이말이요 사회 안전망이 촘촘히 깔려서 누구나 일 할 수 있는 노동권을 주고 혹여 적성에 안맞으면 일자리를 찾을 때까진 기본소득을 보장해주고 일자리 교육도 시켜주고 정규직 비 정규직 차별없는 노동권을 보장해야 한다 이말이여.

주회 - 아멘~~ 요즈음, 일하고 싶어도 일자리가 없는 청년들이 엄청 많대요. 그런데다가, 죽어라 일하는데도 돈은 못 벌고 죽어라 놀기만 해도 돈이 넘쳐나는 그런 사람들도 많대요. 그러니 노동법을 자~~알 지켜서 대한민국 사람이라면 누구라도 열심히 일하고 누구라도 행복하게 살자 이 말씀이죠?

대호 - 네번째는 건강 백신인데 몸살림 자리가 편해야 한다 이말이여 누구나 건강하게 백세까지 사는게 소망아니요? 그러려면 의료비부담 없이 모두가 치료받고 예방할 수 있는 제도가 필요하다 이말이여. 좀 어려운 말로 공공의료제도가 필요하다 이거지.

주회 - 지당한 말씀! 무연고 노숙자, 전염병 보균자, 산재처리 안돼는 일용직 노동자. 뭐 이런 사람들을 반기는 병원이 어딨겠어요? 돈 없는 사람들은 죽을 병에 걸려도 그저 꼼짝없이! (꽥) 아픈 것도 서러워

죽겠는데...(흐느낀다) 공공의료 정말 필요해요.

대호 - 또 한편으로는 먹을 자리가 편해야 한다 이말이여. 다섯째는 식자리, 농약에 찌든 수입농산물 먹지 말고, 친환경 국내 농산물을 먹고 식량주권을 지키고 농산어촌을 지키고 우리의 땅에서 난 제철 음식을 먹는 게 진정한 패스트 푸드여.

주희 - 잠깐만요 패스트 푸드는 샌드위치, 햄버거 처럼 바로 조리해서 먹는 게 패스트 푸드 아네요?

대호 - 그게 패스트 푸드라고 알고있었지? 그건 올드 푸드여 한번 볼까요? 우리가 먹는 식물들이 파종 수확 저장 운반 가공 조리 섭취하는 이 모든 기간을 통틀어 가장 짧은 기간 내에 순환하는게 진짜 패스트 푸드지 자 보세요. 샌드위치를 만드는 빵을 한번 보자구 이 밀가루가 저 바다 건너에서 언제 심고 언제 수확했는지 그리고 방부제를 얼마나 뿌렸는지도 모른 채 바다 건너와 다시 저장하고 이걸 가공해서 만들어 놓은 빵을 재료로 삼는데 이게 몇 년 몇 개월을 지나온 건지 알 수 없지. 그 기간을 따진다면 이거야 말로 올드 푸드요. 패스트 푸드가 아니라 콜레라 페스트푸드할 때 그 페스트 푸드가 되는 것이여. 그러니 먹거리를 살리는게 진정한 건강백신이지.

주희 - (감격 스러워 하며) 나무아미타불 관세음 보살~~ 어머나 듣고 보니 그렇네요. 공공의료와 우리 땅에서 나는 친환경 먹거리로 패스트하게 먹는거 그게 건강 백신이네요. 그럼 여섯 번째는 무엇인가요?

대호 - 여섯째는 뭐냐?

주희 - 뭐냐?

대호 - 성평등 백신!

주희 - 성평등 백신이요?

대호 - 그래요 요건 남녀간 만남이 편한 자리여야 한다. 이말이여! 남·녀

간 만남의 자리 요게 불편하면 일이 꼬여요.

주회 - 올커니! 남·녀간 만남의 자리가 편해야 한다.

대호 - 이건 굳이 말하지 않아도 알겠죠?

주회 - 그러믄요. 남·녀 차별없는 세상 짱이죠.

대호 - 근데 아직 멀었어요. 영어로 레디수 엔 젠틀맨 그러죠? 그런데 이
걸 우리말로 번역하면 뭐라그래요?

주회 - 신사 숙녀여러분! 아네요?

대호 - 아니 영어에는 레디 숙녀가 먼저 나오는데 왜 신사로 번역할까요?

주회 - 어 정말 그렇네요.

대호 - 남녀차별, 남녀평등, 남남북녀 뭐 용어도 꼭 남자를 먼저 쓰잖아
요. 이게 바로 문제야.

주회 - 그건 그렇네요

대호 - 근데 여자가 앞으로 올때도 있긴 있어요

주회 - 그래요? 그게 뭔데요

대호 - 에에 드러운 년놈들아! 할때요. 에이 나쁜 년놈들아!

주회 - 욕할 때만 여자가 앞에 있네요

대호 - 멀었어! 남·녀평등! 아무튼 남녀간 만남의 자리가 편해야 한다구
그다음 마지막 일곱째는.

주회 - 잠깐만요. 남녀간 만남의 편한자리보다 더 좋은자리가 있어요.

대호 - 엥? 그런 자리가 뭐요?

주회 - 설레는 자리!

대호 - 설레는 자리?

주회 - 네! 얼마나 좋아요 남녀가 만날 때 설레는 자리! 보기만 해도 설레
고 생각만해도 설레는 그런 자리! 편한자리보다 더 좋지 않아요?

대호 - 그렇긴 하네요

주회 – 근데 문제는 이게 서로 설레여야지 한쪽만 설레면 안되요. 한쪽만 설레면 그게 어떻게 되는줄 아세요?

대호 – 어떻게 되는데요?

주회 – 그런걸 설레발 친다고 그러는 거예요

대호 – 설레발?

주회 – 한쪽만 설레여 들이대고 작업하면 그게 아까 뭐라 그러셨죠? 두자로?

대호 – 수작

주회 – 세자로?

대호 – 개수작

주회 – 그래 맞아요. 개수작이예요. 설레발치고 개수작부리다가 개망신 당하는 수가 있어요. 그건 조심해야 돼요. 알았어요? 대호씨?

대호 – 동지래 한수 배웠수 다래 하하.

주회 – 그럼 마지막 일곱 번째 백신은 뭐예요?

대호 – 바로 문화백신이요

주회 – 문화백신? 그런 백신도 있어요?

대호 – 그럼요. 다른 말로 놀자리가 편해야 한다 이말이여. 주회씨 같은 연변동포들, 북한 동포들 고려인 동포들 다문화가족들 심지어는 외국인 노동자들까지 나라 마다의 문화의 차이를 인정하고 포용하여 그걸 자산으로 삼아 어울릴 줄 아는 협치의 정신과 이 어려운 시기에 문화와 예술인들을 통해 서로를 위로하고 힘을 북돋아 주는 그런 풍토를 만들고 지원해 주는 문화백신도 필요하지요. 이런 풍토가 조성돼야 풍토병이 없어져요.(반응)
이게 바로 그옛날 김구선생님이 주장하신 문화강국을 얘기하는 것 아니겠소?

주희 - 어머나! 대호씨 다시 보이네요?

대호 - 이렇게 해서 강쇠와 옹녀가 금강산, 백두산으로 신혼여행가는 세상
도 만들고 5방백신 칠성자리가 편한 세상을 우리가 한번 만들어야
하지 않겠어요?

주희 - 닐리리야 닐리리~~ 대호씨 멋져부러!!!

대호- 그렇게 되면 이게 바로, 백기완 선생님께서 얘기하신 노나메기세상
아니겠어요?

주희 - 노나메기 세상이요? 뭘 노나 먹어요?

대호 - 하하하 그래요. 노나먹는 세상! 너도 일하고 나도 일하며 너도 잘
살고 나도 잘 살되 올바르게 잘사는 세상! 이게 노나메기 세상이라
는 것이요 여기계신 분들도 그런 세상을 원하신다 이말이지요 (관
객에게) 그렇죠 여러분?

주희 - 이봐요 대호씨

대호 - 뭘봐요 주희씨

주희 - 우리 ~~~ 사귀어 보면 어때요?

대호 - (부끄 부끄) 그래도 될까요? 자 그럼
우리 다 같이 오방백신이 있는 노나메기 세상을 향해 무조건 달려
가 봅시다.

내가 필요할 땐 나를 불러줘 언제든지 달려갈게

낮에도 좋아 밤에도 좋아 언제든지 달려갈게

다른 사람들이 나를 부르면 한참을 생각해 보겠지만

당신이 나를 불러준다면 무조건 달려갈께야

- 짜짜라 짜라짜짜 짠짠짠 -

오방백신향한 나의 사랑은 무조건 무조건이야

노나메기세상 향한 나의 사랑은 특급 사랑이야

기후위기 없고 일자리걱정 없고 잠자리 질병 걱정없으니

당신이 부르면 달려갈 거야 무조건 달려갈 거야

감사합니다.

유튜브 또랑정대호 색다른 판쇼리 71편 보세요

구연 동화 판소리

호랑이와 곶감

구연 동화 판소리

호랑이와 곶감

아니리 : 산중에 사는 호랑이가 어느 날 배가 고파서 사람을 잡아 먹으려고 마을로 내려왔어요.

엇모리 : 범내려온다 범이내려온다 사람사는 마을에 한짐승 내려온다. 누에 머리를 흔들며 양귀 쭉 찢어지고 몸은 얼쑹덜쑹 꼬리는 잔뜩 한발이나 넘고 돌같은 앞다리 무쇠같은 뒷다리 여기저기 두리번 거리며 살금 살금 내려온다.

아니리 : 그러다가 어느 집에 다가가니 그 집안에서 어린아이가 막 울고 있드래요. "앙~ 앙 빨리줘"

중중모리 : 호랑이가 반겨하며 옳치 저기 애기고기가 한 마리 울고 있구나 그놈부터 잡아 먹을까?

아니리 : 하며 가까이 그집으로 다가 섰어요. 그 때 집안에서는 엄마가 아이를 달래려고 무진 애를 쓰다가 갑자기 "저기 호랑이 온다!" 하고 소리쳤어요.

자진모리 : 호랑이가 깜짝 놀라~ 몸을 날려 뒤안으로 돌아가 숨죽이며 "아니 저 아이 엄마는 내가 온 것을 어떻게 알았지?" 하며 지켜보았습니다.

아니리 : 하지만 아이는 아랑곳 없이 더 떼를 쓰며 울고 있는 것이었어요. "으앙~ 앙~ 호랑이 그딴거 안무서워 빨리줘~" 그러자 엄마가 할 수 없이 그래 그럼 곶감 줄게 울지마라 그러자 아이가 울음을 뚝 그치는 것이었어

요. 순간 호랑이는 의아해 했습니다. "아니 곶감이라는게 어떤놈이길래 나보다 더 무섭다고 하는거야?" 이렇게 혼자 생각하고 있을적에 아이엄마가 문을 열고 나오는 것이었어요. 에고

엇모리 : 호랑이 또 놀라서 자신의 몸이 보일까봐 얼른 몸을 숨기고 산속으로 달아난다

아니리 : "어디 두고 보자" 호랑이는 곶감의 정체를 몰라 배가 고파도 참고 일단 그집을 빠져 나왔습니다.

중모리 : 그 다음 날 호랑이는 산속에서 돌아다니는 토끼 한 마리를 간신히 혼자서 잡았구나.

아니리 : 호랑이가 토끼를 잡아서 먹으려다가 어제 마을에서 겪은 일이 궁금해서 토끼에게 물었습니다. "야 이놈 토끼야! 네 장군님! 이 산중에서 나보다 무서운 놈이 있냐? 토끼가 발발발발 떨면서 대답하기를 "아이구 이 산중에 장군님말고 누가 더 무섭다. 그러십니까?" 호랑이가 "그렇지? 나보다 센놈이 있을 리가 없지" 그러면서 혼잣말로 "근데 그 곶감이라는 놈은 또 뭐야 그놈이 영 신경 쓰이네!" 토끼가 귀전으로 그 말을 듣더니 "아 장군님 곶감말이예요. 그거는 먹는 건데요. 세상에" 울릉도 트위스트풍으로) 둘이 먹다가 하나 죽어도 모르는 호박엿 그것보다도 더 아주아주 맛있는 과일이예요".

　호랑이가 "뭐라구? 과일이라구?

　에이 난 그게 무슨 힘센 놈인줄 알고 괜히 쫄~ 쫄 굶었잖아"

　토끼가 얼른 말을 받으며 "장군님 장군님이 절 살려주시면 제가 곶감있는 곳 알려 드릴께요. 거기가면 아주아주 맛있는 곶감을 많이 많이 잡수실 수 있어요". 호랑이가 솔깃하며 "그래? 그게 그집 말고도 또 있드냐?"

아 그럼요 엄청나게 많은 곳감 있는 곳을 제가 알려드릴 수 있다니깐요. 저를 "따라오시면 되요". "그래? 그럼 그곳에 가보자".

토끼가 호랑이와 함께 밤에 몰래 마을로 내려가는디.

산토끼노래풍으로 : 산고개 고개를 호랑이하고 넘어서 쫄깃쫄깃 맛좋은 곳감을 먹으러 간단다.

깡총깡총 뛰어가는 토끼 뒤를 호랑이가 따라가보니 웬마을에 커다란 비닐 하우스가 있는 것이었어요. 토끼가 그 비닐 하우스를 가리키며 "장군님! 저 비닐 하우스에 걸려 있는게 다 모두 곳감이예요. 이제 맘껏 잡수세요" 호랑이가 "와 이게 곳감이라는 거야? 먹는 거라고? 색깔도 아주아주 정말 맛있게 생겼구나! 우하하하 토끼야 고맙다 고마워 약속대라 널 살려주마 "호랑이는 비닐하우스에 들어가 곳감을 하나 따서 먹어 보았답니다.

"와! 하하 이렇게 맛있는 과일이 있었다니 정말 맛있다 맛있어! 난생 처음 먹어 본다. 우하하하"

휘모리 : 호랑이가 신이 나서 곳감을 계속해서 따먹는다 하나 따서 던져놓고 받아먹고 또 하나 따서 던져놓고 받아먹고 단져놓고 받아먹고 던져놓고 받아먹고 던져놓고 받아먹고 (점점 느려진다) 던져놓고 받아먹고 던져놓고 받아먹고.

아니리 : 아주 배가부를 때 까지 실컷 먹는구나 그런데 이 곳감은 하나같이 밝은 주홍색을 띠며 먹음직 스럽게 걸려있던 거예요. 호랑이는 제깐에 속담하나를 들먹이며 '보기 좋은 떡이 먹기에도 좋다고 했지 우헤헤헤 정말 맛있다 맛있어 어흥 홍야 홍야 홍야 "호랑이는 그날 비닐하우스에 있는 곳감을 실컷 먹고는 자신의 침방 산중 굴속에서 실컷 잤습니다. 다음날 호랑이가 저녁때쯤 되자 다시 배가 고파서 산속을 어슬렁 거리다가 저멀리 멧

돼지 한 마리를 보자! "어흥~"하고 소리 쳤습니다. 보통 산속 짐승들은 호랑이의 울음소리를 들으면 지레 꼼짝을 못하고 오줌만 질질싸며 도망도 못가는게 일반인데 호랑이는 분명히 "어흥"하고 소리쳤는데 소리가 안나는 것이었어요. 그냥 바람 빠지는듯한 소리만 "흐~"하는 소리만 나는 것이었어요. 그 소리에 얼른 멧돼지는 도망을 했답니다.

호랑이는 어이없고 황당하여 "아니 이런 ㄱ 같은 경우가 ?" 다시 한번 용을 쓰며 어흥 해 봤지만 산속을 쩌렁쩌렁 울리던 호랑이의 포효소리는 간데없고 어디 사슴 한숨 쉬는 듯한 푸~푸~ 하는 소리만 나오는 것이었어요. 이 소문은 삽시간에 산중 식구들에게 퍼져서 산중 식구들을 저 멀리서 호랑이를 놀리며 "호랑이는 뭐 먹고 소리 못하고 엿됐대요. 엿됐대요." 호랑이 속으로만 울부짖으면서 하는 말이 "곶감이란 놈이 나보다 무서운 놈이구나"하며 몇 주 동안 울며불며 돌아다니다가 배가 고파서 그만 죽었대요.

엇중모리 : 이러한 이야기가 최근에 전해져 오는디 그 뒤야 뉘알리오 어질더질.

호랑이와 곶감

유튜트 또랑정대호 색다른 **팬**쇼리 (fun show 異) 66편 참조

딜라일라

처 용 가

딜라일라
처 용 가

아니리 : 이 때는 어느 땐고 신라 제 49대 헌강왕 시절이었것다. 헌강왕이 어느 날, 신하들과 신라 곳곳을 순시를 하는디.

중모리 : 헌강왕이 울산지역으로 신하들과 순행하다 어느 바닷가에 다다르자

자진모리 : 그때여 갑자기 짙은 안개가 자욱하게 끼어드니 임금님의 가마가 앞으로 더 이상 나아갈 수가 없구나~ 신하들이 당황하여 어쩔줄을 모르는 디 헌강왕 이르기를 "어이하여 이런 일이 일어나는고?" 하자 한 신하가 대 답하길 "예 폐하! 동해 용왕이 조화를 부리는 듯 하옵니다. 그리하면 동해 용왕을 어떻게 달래줄꼬?" 하고 이르자 "네 동해용왕을 위해 절을 하나 지 어주심이 좋을 듯 하옵니다."

아니리 : 이렇게 신하의 간언이 있자 헌강왕이 생각하다가 "그렇다면 저 동 해바다가 잘 보이는 산기슭에 절을 하나 지어주고 망해사(望海寺)라 이름을 지으거라" 하고 이 말이 떨어지기가 무섭게.

진양조 : 짙게 드리운 안개구름이 순식간에 사라지고 포구가 펼쳐지니 저멀 리서 푸른바다가 훤히 비쳐 보이는구나.

아니리 : 이렇게 해서 이 포구이름을 열 개(開)자 구름운(雲)자를 써서 개운 포라 지었것다. 이렇게 안개구름이 사라지자 신하들 일행이 임금님의 가마 를 메고 막 움직이려고 하려는 찰라 그때여 웬 젊은이가 나타나더니 헌강 왕 앞이 나타나 무릎을 꿇고 절을 하던 것이었다.

세마치 : 그대는 누구인고/젊은이 대답하기를/저는 동해용왕의 아들/처용이라 하옵니다/어찌하여 이곳에 왔는고/예 저의 아버님 용왕께서/폐하의 성은에 감읍하여/저를 이곳에 보내시며/세상에 이로운 일을 하라시어/찾아뵙게 되었나이다.

아니리 : 헌강왕이 생각하기를 속으로 "야 바다세상은 모두가 속전속결이구나 이거 말만 해 가지고는 안되겠다. 바로 사람을 보내야 겠다. 허언을 해서는 안되겠구나" 그래서 헌강왕이 처용을 보니 예사인물이 아니거든 신라 조정을위해 큰일을 할 인물감이라 생각하고 처용을 데리고 사라벌 조정으로 와서 궁궐생활에 적응을 하게 하는디.

도섭 : 하지만 처용은 궁궐생활에 적응을 하지 못하고 향수병인지 모에 시달려 날이 갈수록 수척해 지는구나.

아니리 : 보다 못한 헌강왕이 어의를 불러서 진맥을 살펴 보게 하는디 어의가 처용을 진단한 결과 "폐하 이 처용이란 친구는 향수병 플러스 상사병까지 겹쳐서 지금 이렇게 중병을 앓고있사옵니다." 하자 헌강왕이 "도대체 처용을 설레게 한 여인이 누군지를 찾도록 하시오!" 하여 헌강왕의 명을 받고 그여인을 물색하게 해가지고 서라벌에 있는 그 여인을 색출해 내었것다. 그래서 그 여인에게 허락을 받고 둘이 서로 배필을 삼으니 처용이 드디어 장가를 가게 되었습니다 그려 박수! 그러자.

중모리 : 처용 얼굴에 생기가 돌고 웃음꽃이 피는구나 예쁜 아내와 나들이도 하여보고 도란도란 말동무도 하여 보고 맛 있는 음식도 함께 먹고 신혼 깨가 쏟아지는구나.

아니리 : 이렇게 해서 처용이가 궁중생활에 적응을 하자 이때부터 처용이는

신라조정과 백성들을 위해서 본격적으로 일을 하는디 어떤 일을 하는고 허니 급간이란 높은 벼슬을 주었는데 어떤 일을 하는지 한번 살펴 볼까요?

엇모리 : 처용이 거동보소 처용이 거동보소 서라벌내 아픈사람 치료도 해주고 외롭고 쓸쓸한 사람 노래도 불러주고 춤도 춰가면서 심금을 달래주니 신라의 고관대작 벼슬아치는 물론이요. 백성들에게도 이소문이 자자해서 여기저기 불려다녀 판놀음의 달인되니 남진, 나훈아, 방탄소년단 남부럽지 않은 인기스타 되었구나.

아니리 : 이렇게 처용이가 인기스타가 되었어요. 그래서 툭하면 치유굿에 불려다니고 풍류콘써트에도 불려 다니고 토크콘서트에도 불려 다니고 난리가 났어요. 이렇게 스케줄이 바쁘니까 처용이가 신혼생활을 하는데도 불구하고 점점 집에 들어가는 시간이 늦어져 가는 거예요. 밤늦게 들어가는 시간이 잦아지게 되었것다. 그래도 처용은 신라조정과 온 나라 백성들을 위해 열심히 열심히 일을 하는디 그러던 어느 날 처용이가 그날 따라 치유굿도 하고 신라에 역병이 들어 호환마마가 돌아가지고 열심히 치료하고 집으로 돌아와 침상으로 들어가려고 하는디 아뿔싸! 허걱! 이럴수가! 처용이 무슨 장면을 보더니 마당으로 내려와 무념무상으로 소리를 하면서 춤을 추는디.

중모리 (흥타령조로) : 서라벌 달밝은 밤에 밤드리 노니다가 들어와 자리를 보니 다리가 넷이어라 둘은 내 것인디 둘은 뉘 것인고 본디 내 것이건만 음 음 빼앗긴들 어이하리 아이고 대고 허허 으 어 성화가 났네 헤.

(딜라일라 반주에 맞춰) 서라벌 달 밝은 밤 깊은 가을 밤에 밤드리 굿하며 여기저기 노니다가 들어와 자리를 보니 어이된 일인가 다리가 넷이어라 둘은 내것인디 둘은 뉘 것인고 본디 내 것이건만 빼앗긴 지금은 이제와 어이하리 꿈이로다 꿈이로다 모두가 꿈이로다 너도 꿈이요 나도 꿈이로다 꿈

깨이니 또 꿈이요. 깨인꿈 그 또한 꿈이로다 꿈에 나서 꿈에 살고 꿈에 죽어 가는 인생 부질없다 깨려는꿈 그 꿈은 꾸어서 무엇을 할거나 (간주) 들어와 자리를 보니 어이된 일인가 다리가 넷이어라. 둘은 내 것인디 둘은 뉘 것인고 본디 내 것이건만 빼앗긴 지금은 이제와 어이하리 외로운 이마음 나홀로 어이하리.

처 용 가

유튜브 또랑 정대호 색다른 판쇼리 (fun show 異) 82편 참조

열 두번째 마당

생쥐나라 고양이 국회 쥐뿔이야기

우화판소리

생쥐나라 고양이 국회 쥐뽑이야기

아니리 : 옛날에 어느 마을에 생쥐들이 살고 있었어요.

중중모리 : 생쥐들은 사람처럼 일하고 놀고 먹고 잠자고 서로 서로 사랑하며
　　　　　살고 있었대요

아니리 : 그런데 생쥐들이 점점 많아지자 생쥐들은 나라를 만들어야겠다고 생
　　　　각했어요.
　　　　생쥐들은 나라를 어떻게 만들어야 할지 몰라서 이웃에 사는 고양이들
　　　　에게 물어봤어요
　　　　그러자 고양이들은 자기들이 한 수 가르쳐 준다면서 거들먹 거리며
　　　　한소리 하는디.

자진모리 : 야옹~ 우두머리를 4년마다 한 번씩 뽑아보거라 지금은 너희 들이
　　　　　다스리기 어려우니 우리가 지도해 주마 우선 검은 고양이를 보낼테
　　　　　니 잘 따르거라 야옹~.

아니리 : 검은고양이를 생쥐나라의 우두머리로 뽑자 검은 고양이는 몇가지 법
　　　　을 만들고 생쥐들을 다스리기 시작했어요 그 법을 볼작시면.

새마치 : 생쥐들이 드나드는 구멍은 모두다 동드랗게 만든다. 쥐구멍아래 생쥐
　　　　들은 뛰어다니는 걸 일체 금한다. 북쪽으로 난 구멍은 두더지용 구멍
　　　　이라 넘어가면 아니된다. 쥐구멍 밖으론 아무도 나올 수 없느니라.
　　　　이곳은 우리들 우두머리만 드나들 수 있는 곳이다. 이것을 어기면 가
　　　　차없이 독안에 가두겠다.

아니리 : 그래서 그때부터 독안에 든 쥐라는 말이 생기게 되었답니다.

생쥐들은 처음엔 많은 생쥐들을 다스리려면 그런 법이 필요할 수도 있다고 생각했어요. 그런데

중모리 : 생쥐들이 밤이되면 아무도 모른채 사라진다.

아니리 : 어떤 날은 몇 마리씩 또 어떤 날은 몇십마리씩 영문도 모르고 사라지는 거예요. 그것은 사실 고양이가 쥐구멍으로 손을 넣어서 생쥐들을 잡아먹었기 때문이지요. 그래서 그때부터 쥐도 새도 모르게 없어진다는 말이 생기게 되었대요.

중중모리 : 그로부터 4년 후에 생쥐들은 검은 고양이가 이상해서 이번에는 흰 고양이를 우두머리로 뽑았답니다.

아니리 : 흰고양이가 얘기하기를 "우리 생쥐들이 살기 힘든건 쥐구멍이 동그랗기 때문입니다. 제가 구멍을 네모낳게 만들어 드리겠습니다."

엇모리 : 흰고양이는 쥐구멍을 네모낳게 만들었지만 두배나 크게 만들어서 검은고양이가 한 손으로 잡아먹던 구멍을 두 손을 집어 잡아먹어 더 많은 생쥐가 밤마다 사라진다.

아니리 : 흰고양이에게 질린 생쥐들은 4년 후에 다시 검은 고양이에게 투표를 했지요. 그때 검은고양이는 쥐구멍을 별모양으로 해주겠다고 했지요. 그래도 생활은 팍팍했어요. 그러던 어느날 용감한 생쥐한마리가 구멍 밖에서 이상한 소리가 들려서 구멍 가까이 가려고 했어요. 그랬더니 친구 생쥐가 "야야 너 거기 나가다 들키면 큰 일나 독안에 가둔대 가지마!"

중중모리 : 구멍밖에서는 고양이들이 무슨 잔치를 벌이는지 야옹 야옹 낄낄대며 술잔을 부딪힌다.

아니리 : 이 생쥐는 너무나 궁금해서 몰래 쥐구멍 밖을 내다보았어요. 그랬더니 거기에는

자진모리 : 흰고양이 검은고양이 얼룩고양이 할 것 없이 온갖 고양이들이 술마시며 히히덕 거리며 홍야 홍야 홍야 홍 야홍 야홍 ~ 하며 놀고 있구나.

아니리 : 고양이들이 말하기를 '얼마 후면 선거날이지 요즘 생쥐들의 낌새가 이상해!' 우리 정체를 아는거 같애 자! 이번에는 얼룩고양이에게 투표 하도록 하자. 그러면서 이놈들이 무슨 쇼를 하는디.

엇모리 : 흰고양이가 몸을 털자 검은고양이로 변한다. 검은고양이 몸을 털자 흰고양이로 변하는 구나~ 그러더니 이놈들이 흰고양이 몸에다가 얼룩색깔 입히면서 얼룩고양이로 변신하는 그림놀이 하는구나.

아니리 : 그러더니만 얼룩고양이에게 하는 말이 자네는 이번 선거공약으로 요렇게 얘기하게 "이번에 저를 밀어주시면 쥐구멍에도 볕들날이 오게 하겠습니다" 라고 말하게 알았지? 이놈들이 이러면서 낄낄거리면서 술잔을 부딪히면서 다같이 노래를 하는디.

동살풀이 : 쥐뿔도 모르는놈들아 쥐뿔도 모르는 놈들아 쥐좆도 모르는 놈들아 쥐뿔쥐뿔 쥐뿔쥐뿔 쥐좆쥐좆쥐좆쥐좆 쥐뿔쥐뿔 쥐뿔쥐뿔 쥐좆쥐좆 쥐좆쥐좆 쥐뿔쥐뿔 쥐좆쥐좆 모르는 놈들아 모르는 생쥐들아~ 야옹.

아니리 : 이 모양을 본 용감한 생쥐는 친구들한테 달라가서 "얘들아 이번에 선거할 때 우리 생쥐 후보를 내면 안될까 우리한테도 쥐뿔이 있었어!" 그러자 다른 생쥐들은 모두다 "뭐? 우리가 쥐뿔이 있었다고? 쟤가 단단히 미쳤구나!" 하고는 고양이 한테 이 말을 일러 바쳤어요. 그러자.

자진모리 : 고양이들 이말 듣고 소스라치게 깜짝 놀라더니 "아니 어느 생쥐놈이 그런 유언비어를 혹세무민하는 말을 퍼뜨리고 다닌다더냐~ 그놈을 당장 잡아오너라 ~"

아니리 : 그만 그말을 한 생쥐는 독에 갇히는 신세가 되었답니다. 그런데 이상한 일이 벌어졌어요. 독안에 든 생쥐의 생각이 점점 새끼를 치더니만 그 생각이 그 독을 흘러 넘쳐나와 독밖에 있는 생쥐들에게도 퍼져나가 드래요. 고양이는 고양이고 쥐는 쥐지 하고 생각하는 순간 이 생쥐들에게 쥐뿔이 나기 시작했던거예요. 쥐뿔을 알게 된 거지요. 생쥐들의 머리에 쥐뿔이 나니깐 그만 고양이들은 기겁을 하며 더 이상 생쥐들을 잡아먹지 못하고 쥐뿔도 모르는 다른 나라로 도망을 갔다고 합니다. 그로부터 생쥐나라엔 누구나가 우두머리가 되어 나라를 잘 다스렸다고 합니다. 생쥐들의 머리에 진짜 쥐뿔이 났을까요?

엇중모리 : 이러한 이야기가 나같은 또랑광대의 입끝에까지 올라 길이 길이 전해오니 그 뒤야 뉘알리오 어질 더질.

생쥐나라 쥐뿔이야기

유튜브 또랑정대호 색다른 퐌쇼리(fun show 昮) 13편 참조

색다른 단가

24 절기 타령

중모리 : 예로부터 일년 열 두 달을 사계절로 나누면서 계절마다 다시 각각 절기를 붙였거날 세월은 무수히 흘러도 절기는 변함이 없으니 인생만사가 자연의 법도로다. 절기타령 불러보세.

중중모리 : 절기마다 살아가는 생활방식이 있었으니 그때 그때 날씨와 동식물의 변화를 나타내어 하늘을 본받고 자연을 존중하여 삶의 도움이 되는 지혜와 함께 전해지고 있답니다.

자진모리 : 절기타령 불러보세 24절기 알고 보면 생기복덕 생기나니 24절기 살펴보세 어디부터 시작할까?

한 해가 시작되는디 날씨는 제일 춥구나 이름하여 소한이라 양력 날짜로는 1월 5일경이라 일년 중에 가장 추운 때라 옛말에 이르기를 대한이가 소한이네 집에 놀러왔다가 얼어 죽었다는 겨울중 가장 추운 때라 이 때는 동장군을 잘 모시는 것이 생활의 지혜라 온몸을 따뜻하게 수도꼭지 얼지 않도록 각별히 주의하라! 추위에 떠는 이웃이 없도록 세심히 보살피라.

그로부터 보름정도 지나니 대한이라! 소한 대한 큰 추위가 지나가니 그 다음이 입춘이라.

날짜로는 2월 4일경인디 봄의 입구에 들어섰으니 이제 추위에 움추르지 말고 기지개를 펴야할 때 집집마다 입춘대길 붙여 서로서로 한해의 건강과 안녕을 비는구나.

그로부터 보름 후 2월 19일경 우수인디 봄비가 내리고 얼음이 녹는다는 절기로다 이 때는 우수이니 우수한 인재를 잘 가려서 한해동안 농사를 잘 지을수 있게 자식 농사도 마찬가지 이때 우수날을 기해서 칠성님께 점지하면 좋은 일이 있느니라.

그로부터 보름 후 이번에는 경칩이라 개구리가 겨울잠에서 깨어난다는 계절이라 만물이 기지개를 켜면서 생동을 하는구나.

그로부터 보름후 3월 21경 춘분이 다가왔네 완연한 봄이로구나 개나리 진달래 피어나고 시냇물도 졸졸졸졸 고기들은 왔다갔다 버들가지 한들한들 꾀꼬리는 꾀꼴꾀꼴 낮과 밤의 길이가 같구나.

춘분을 지나가니 청명이 기다린다. 4월 5, 6일경 청명이라 함은 맑고 깨끗한 하늘이라 이름을 지엇거날 한식 날과 얼추 겹치는 날이다. 하여 옛속담에는 청명에 죽으나 한식에 죽으나란 속담도 있답니다.

그다음은 곡우라 백곡에 도움이 되는 봄비가 내리는 날 못자리를 마련하고 본격적인 농사철이 시작되는구나. 곡우물에 써래 싣고 나온다는 속담이 고것일세
그 다음은 5월 5일경 이 날은 무슨 날 어린이날 맞아요 절기로는 입하 여름의 시작이라 일컫는 날.

그 다음은 소만이라 햇볕이 풍부하고 만물이 점차 성장하여 가득찼다는 해여서 붙여진 이름이라 이 때 보리 이삭은 익어서 누런색을 띠니 여름의 문턱이 시작된다는 계절일세.

그 다음은 망종인디 6월 6일경 보리를 베고 모내기를 하는 시기라 본격적인 농사일로 바쁜 계절이로세.

그 다음은 하지로세 일년 중 낮이 가장 긴 시기

자 이제부턴 더워진다. 장단바꿔 불러보세

엇모리 : 7월하고도 7일경이되면 소서를 지나는디 작은더위라 하여 소서라 불리는구나 더위가 시작된다. 장마철로 접어든다.

그 다음은 대서라 7월하고도 23일경 대개는 중복 때로 더위가 가장 심한때 피서가 제격일세 대서에는 더위 때문에 염소뿔도 녹는다는 속담이 있답니다.

한더위가 물러가니 입추로구나 양력으로 8월 7일경 가을의 문턱에 다가왔다고 입추라 하는구나.

그 다음은 처서라 소서 대서 등 더위가 그친다고 처서라고 이름짓네 더위가식고 일교차가 커지는 계절 처서에는 모기 입이 삐뚤어진다는 속담도 있답니다.

그 다음은 백로라 9월 8일경 되면 가을이 본격적으로 시작한다. 백로란 흰 이슬이 내리기 시작해서 붙여진 이름이니 농사에도 각별히 신경쓰소.

그 다음은 추분이라 이 역시 태양이 황경 180도의 추분점에 이르러 춘분 때와 같이 낮과 밤의 길이가 같아진다. 논밭의 곡식들을 거두어 들이는 계절일세.

제법이제 쌀쌀하구나 이름하여 한로라 찬이슬이 내리기 시작한다 해서 한로라 농촌에는 오곡백과를 수확하기 위해 타작이 한창인 때.

그다음은 상강이라 서리가 내리기 시작하고 단풍이 절정에 이르며 국화도 활짝 피는 늦 가을이다. 농사로는 추수가 마무리되는 때이다.

그 다음은 입동이라 시기로는 11월 7일경 겨울의 문턱에 들어섰다고 입동 동면하는 동물들이 땅속에 굴을 파고 숨고 이 무렵 밭에서 무와 배추를 뽑아 김장을 하자꾸나.

그다음은 소설이라 첫눈이 내린다고 하여 소설.
그다음은 대설 시기상으론 12월 7일경 일년 중 눈이 가장 많이 내린다는 절기이다.

마지막으로 동지 일년 중에서 밤이 가장 길고 낮이 가장 짧은 때이다. 동지날 해는 노루꼬리만 하다는 속담이 있을 정도로 하루해가 가장 짧다. 이 날을 동지팥죽을 해 먹는다.

　이러한 자연의 흐름은 인간으로서는 거스를 수 없는 지고한 현상이니 4계절만 갖고는 우리 인간들의 생활양식을 자세하게 다룰 수 없는 바, 선조들의 칠정산 24절기를 잘 새겨들어 살아가는 지혜와 생기복덕을 누려보세.

광대가

원작　　　신 재 효

각색 작창　정 대 호

중모리 : 광대라 하는 것은 제일은 인물치레 둘째는 사설치레 그 다음은
득음이요, 마지막은 너름새라

중중모리 : 너름새라 하는 것은 멋스럽고 맵시 있고 한순간에 천태만상 신
선도 되어보고 귀신도 되어보아 웬갖모습 표현할제 좌중의 풍류
호걸 구경하는 남녀노소 울게하고 웃게하는 그 모양 그 맵시가
어찌 아니 어려우랴~

득음이라 하는 것은 오음을 분별하고 육율을 변화하야 오장에서
나는 소리 신기하게 자아낼제 이 또한 어렵구나~

사설이라 하는 것은 금옥같이 좋은말로 분명하게 전달하되 기왕
이면 다홍치마 어여쁜 미부인이 병풍밖에 나서는 듯 대보름날
둥근달 이 구름밖을 나서는 듯, 새눈뜨고 웃게하기 대단히 어렵구나.
인물은 천생이라 어찌할 수 없거니와 요즘은 옛날과 달라 성형수
술로 가능하나 인품을 얘기하니 이러한 광대 놀음의 깊고 깊은
그 속판이 소리하는 옛법이로다~

자진모리 : 다시한번 살펴보세　광대라 하는것은 제일은 인물치레 둘째는
사설치레 그다음이 득음이요 마지막이 너름새라

득음 득음 득음득음득음득음 득음이 무엇이냐 득음 한번 살펴
보세 득음이 궁금한 분 득음에 목멘분들 득음 때문에 열받는 분

득음이 무엇이냐 득음 한번 살펴보세.

소리판 초장 다스린 목은 은은한 계곡물이 얼음 밑을 흐르난 듯

끌려 내는 목은 순풍에 배돋는 듯

차차로 돌리는목 목재치가 기이하다

돋우어 올리는 목 산봉우리 솟굳는 듯

톡톡굴려 내리는목 폭포수가 치솟는 듯

장단고저 변화무궁 이리농락 저리농락 아니리 짜는말은 아리따운

제비말과 재치있는 앵무소리 사설따라 장단부쳐 붙임새로 붙여

갈제 중모리 중중모리 자진모리 진양조 엇모리로 붙여간다.

엇모리 : 달아두고 놓아두고   걸리다가 들치다가

청정하게 드는목은 백두산에 봉황소리

애절하게 들리는목   황영의 비파소리

불시에 튀는목은 벼락이 부딪는듯

화가난 호령소리 태산이 솟굳는듯

외로운 비목 찬바람에 소슬하게 부른소리

무수히 변화하야

진양조 : 때로는 이별가로 때로는 원혼가로 애끓는 듯 불러대니

좌중이 숙연하고 구경하는 관객들도 눈물짓네

중모리 : 이러한 광대놀음이 어찌아니 어려우랴 거드렁 거리고 놀아보자.

유튜브 또랑 정대호 색다른 판쇼리(fun show 異) 23편 참조

예맥가 刈麥歌

작창 정 대 호

진양조 : 시골밭집 젊은아낙네 / 저녁거리 떨어져서

비맞으며 보리베어 / 숲속으로 돌아오네

생나무에 습기짙어 / 불길마저 꺼지는데

문에들자 어린아이들 / 치맛자락 붙잡으며 울부짖네.

유튜브 또랑 정대호 색다른 꽌쇼리(fun show 異) 23편 참조

원 주

시 한 상 철

작창 정 대 호

진양조 : 치악은 높고 높아 하늘을 찌르고

섬강은 만년을 흐른다.

매년 풍년들어 후덕이 넘치니

축복의 땅이 바로 원주라네

유튜브 또랑 정대호 색다른 꽌쇼리 92편

태종대에서

시 한 상 철
작창 정 대 호

중모리 : 나라 임금이 지혜를 구하려 찾아를 왔건마는

절개를 지키는 선비는 산중으로 숨었다네

권력은 무상히도 변하는디

청송만 만대에 드높구나

유튜브 또랑 정대호 색다른 판쇼리 91편

치악은 푸르러라

시 한 상 철
작창 정 대 호

중중모리 : 장엄한 병풍같은 치악산은 원주 동쪽을 둘렀으니

사계절 푸르고 희고 붉게 단장하네

치악은 푸르러 하늘 끝 우뚝솟고

섬강은 힘차게 국도로 흘러드네

유유히 오색구름 치악산 마루를 넘어가는디

고요한 학곡청호 기러기들 맞이하네

영원산성은 원주 땅을 잘 지키라 하고

보은의 상원사 종소리 웅장하네

유튜브 또랑 정대호 색다른 판쇼리 93편

훈민정음가

중중모리 : 세종대왕 탄생하사 이 나라를 다스릴적

백성들의 난감한 일 글자의 어려움이라

그 고충을 헤아리사 옛부터 내려내려 온 가림토 글자

연구하고 다듬어서 훈민정음 만들었네

한글을 만들었네~

세상에 있는 모든 소리가 거침없이 적혀지니

신비한 글자로세

머리좋은 사람은 반나절에 머리가 나빠도 열흘안에 모두가

깨우치니 신통한 글자로세

세상에 자랑할 우리문자 세계만방에 알려보세

문자없어 고생하는 문맹국에도 나눠주세

그것이 진정한 한류요 국제교류 그 아닌가

세상 사람 모두 모두 한글로 소통하고 한글로 형제되소

얼씨구 절씨구 지화자 좋네 얼씨구나 절씨구

얼씨구나 아하~ 얼씨구 절씨구 지화자 좋네 우리 한글 만만세

유튜브 또랑 정대호 색다른 판쇼리 46편 참조

흥원선중 증이달 興原船中 贈李達

시   노 수 신
작창 정 대 호

중모리 : 먼산에는 아름다운 기운이 감겨있고 긴 물굽이엔 햇빛이 비추는구나

친한 벗이 눈속에 오직하나 보이는디 향기로운 풀은 가득하네

글모임에 그의시를 당할자 없고 맑은이야기 속에는 술이 항상 놓

였도다.

어찌 벼슬을 근심이나 하겠는가 하루 종일 흥원창 풍파와

함께 벗하며 놀아보리.

유튜브 또랑 정대호 색다른 판쇼리 83편 참조

잡가 - 그네

아니리 : 그때여 남원사또자제 이도령이 글공부를 하다가 머리를 식힐양으로 남원 광한루에 놀러 나왔것다. 광한루에 올라서서 사면경치를 바라볼제 어느 한 곳을 얼핏 바라보니

중중모리 : 울긋불긋 꽃숲 속에 어떠한 미인이 나온다. 해도 같고 달도 같은 어여쁜 미인이 나온다 저와 같은 계집아이와 함께 그네를 뛸양으로 푸른 숲 속에 당도하여 휘늘어진 그네줄을 예쁜 두손으로 번뜩들어 양그네줄을 갈라 쥐고 선뜻 올라 발구를제 한 번을 툭 구르니 앞이 번뜩 높았고 두 번을 툭 구르니 (분위기 바꿔서 가곡풍으로)

창공을 차고나가 구름속에 나부낀다. 제비도 (지지배배) 놀라고 지나가는 뻐꾸기도

(뻐꾹 뻐꾹) 놀라고 광한루에 놀러나온 강아지도 (왈왈) 그 뒤에 따라 나온 에미개도 (컹컹) 놀라고 광한루에 사는 야생닭들도 (꼬꼬댁~ 꼬끼오) 놀란다.

유튜브 또랑 정대호 색다른 판쇼리 85편 참조

색다른 이야기

퀴즈판소리

장영실의 선택

안녕하십니까? 또랑광대 정대호입니다. 오늘 여러분들게 들려드릴 색다른 판쇼리 여섯 번째는요. 퀴즈를 하나 드릴까 합니다. 아 근데 퀴즈인데 넌센스 퀴즈입니다. 아 이 넌센스 퀴즈도 소리로 문제를 한번 내보겠습니다. 잘 듣고 정답을 한 번 맞춰보세요?

아니리 : 이 때는 어느 땐고 1442년 세종 24년 사월 어느 날 세종대왕 이 여느 때와 같이 신하들과 함께 가마를타고 온천여행을 갔다오는 중이었던 것이다. 그런데

엇모리 : 그 때여 갑자기 임금님의 가마가 우지끈 하더니만 뚝하고 뿌러지 니 신하들이 어쩔줄 모르고 안절부절 하는구나.

아니리 : 이 사건은 조정을 발칵 뒤집히게 만든 사건이 되어 버렸것다. 가 마를 만든이는 장영실 그러지 않아도 이 대신들은 천민노비 출신인 장영실 이 세종대왕의 총애를 받아 벼슬이 승승장구하는 것을 아주 못마땅하게 생 각하고 있던 차에 이번 기회에 장영실을 제거해야겠다고 입을 모으는구나 이러한 상황을 파악한 세종대왕.

중모리 : 세종대왕 고민한다 비록 실수는 하였으나 참형에 처하는 건 너무 무거웁고 그렇다고 가볍게 넘길 수 없는 심각한 상황이라 세종대와 난감하네

자진모리 : 신하들이 소리높여 저마다 주장한다~ 어떤 신하는 물에 빠쳐 수장을 시킨다느니, 또 어떤 신하는 태형을 시킨다느니, 또 어떤 신하는 불

에 태워죽이라 화형을 시킨다느니, 능지처참시킨다느니, 참형방법 분분할제 장영실의 목숨이 경각에 달렸구나.

아니리 : 고민하던 세종대왕께서 묘책을 하나 내어 놓는디 장영실을 문책을 하는디 "영실아! 내너를 아끼고 살려주고 싶다마는 여기있는 대신들의 의견을 무시할 수가 없구나. 네가 이나라와 조정을 위해서 공로가 크다마는 이번 사건만은 그냥 넘어갈 수가 없구나. 경들은 들으시오! 경들의 의견대로 장영실을 참형에 처하도록 하겠소! 하지만 참형 방법만은 장영실이 직접 선택하는 것으로 할까하오. 경들도 짐의 이 의견만은 받아들이도록 하시오."

중모리 : 신하들이 찬성한다. 방법이야 어찌됐든 장영실이 제거되는데 자신들이 바라던 바이니 신하들 모두가 수긍한다.

아니리 : 그러자 세종대왕이 장영실에게 묻기를 "영실아! 정말 미안하구나 내가 너에게 죽을 수 있는 방법을 선택할 수밖에 없는 기회를 주는 것이 너무나 미안하구나 자! 너에게 마지막으로 묻겠다. 너는 어떤 죽음을 선택하려느냐?" 그러자 장영실이 대답하기를 "폐하! 폐하의 성은에 이 자리까지 왔건마는 폐하를 곤경에 빠뜨린 죄 죽어 마땅하옵나이다. 폐하께서 옥체를 보존하실 수만 있다면 이몸 백번 죽어 마땅 하옵나이다. 어떤 벌을 내려도 달게 받겠나이다. 전하! 마지막까지도 제게 죽음을 선택하게 하신 이 성은에 저승에 가서도 잊지 않겠습니다. 전하! 부디 옥체를 보존하시옵소서!" 하며, 세종대왕께 세 번을 절하더니.

진양조 : 전하! 소인은 ○○죽고 싶사옵니다. 통촉하여 주옵소서.

아니리 : 그러자 세종대왕이 여러 대신들을 둘러보며 "경들도 똑똑히 들으

셨죠? 자! 그럼 지금부터 장영실이가 원하는 대로 ○○죽도록 참형을 거행하시오!" 이리하여 장영실은 목숨을 건지고 천수를 누리면서 잘 살았다고 합니다. 자 그럼 여기서 "장영실이 ○○죽고 싶사옵니다"라고 했을 때 두 자는 무엇일까요? 자 아시는 분은 제 유튜브에 구독와 좋아요 누르고 그 댓글에 답을 써주시기 바랍니다.

유튜트 또랑정대호 색다른 판쇼리 제 6편 참조

73주년 8.15광복절 단상

잘못쓰다가 깨달은 광복절

오늘은 광복절입니다. 하고 쓰려다가 공복절 입니다. 이렇게 입력할뻔 했습니다. 그런데 다시 고쳐쓰려다가 문득 공복절이 맞는 표현인 것 같다는 생각을 해봅니다.

2002년 월드컵 때 기억하시죠? 우리나라가(대한민국이겠죠?) 16강 진출은 물론 8강까지 오름에도 불구하고 거스 히딩크 감독은 나는 '아직도 배가 고프다'란 명언을 남겨 결국 4강신화를 일구어낸 적이 있었지요. 그때 '히딩크 감독이 16강전에 만족하고 대표팀들을 독려 하지 않았다면 그때 4강신화는 이루어지기 힘들지 않았을까' 라는 생각도 해 봅니다.

저는 오늘 8.15에 대한 생각이 바로 여전히 배가 고픈 우리 현실을 되돌아 보게 하는 날이 라고 생각합니다. 일제 강점기때 나라 안팎에서 독립운동이 이어지고 군국주의에 눈이 먼 일본은 결국 미·소양국을 포함한 연합군의 응징을 불러오고 패망직전까지 악질적인 만행을 서슴지 않던 일본은 결국 무작위 국민들을 담보로한 희생을 (미국의 원폭투하) 자초하고서야 항복선언을 하였습니다.

그리하여 그토록 열망하던 해방을 맞이 하는듯 했습니다. 하지만 우리 스스로의 힘으로 맞이한 광복이 아니었기 때문에 기쁨은 잠시였을 뿐입니다.

이후 3년간의 미군정 통치, 48년 남북간의 따로국밥식의 정부수립, 50년 한국전쟁 등으로 우리는 같은 민족끼리 등지고 살아야 하는 운명을 맞이했습니다.

왜 이랬을까 하고, 생각하면 할수록 분통이 터져 나오기도 합니다.

저는 단도직입적으로 말해서 국가란 조폭이다라고 생각합니다.

일제라는 조폭에서 미국이라는 조폭으로 이나라를 지배하는 실세가 바뀌었을 뿐이라는 것을...

미국이 정말 우방이었고 진정한 해방을 제공했더라면 참된 독립을 위해 피흘린 나라들에게 자주권을 넘겨 주어야 하는데 그렇질 않았습니다.

그리고는 또 어떻게 하였습니까? 국가운영에 필요한 요직들을 친일파들로 재등용해서 지배했습니다.

이러한 상황은 조폭 세계에서나 볼 수 있는 현상이지요. 권역다툼을 위해 조폭들이 난투극을 벌인후 패한 조직이 무릎꿇고 상대조직의 수하로 들어가듯이 일제와 미제가 꼭 그러했던 것이지요.

그렇기 때문에 우리는 친일청산문제가 늘 우리를 둘러싸고 잡음이 가시질 않고 있는 것입니다.

결국 독재정권, 친일정권이 들어서 판을 치게 되는 이상한 나라가 되기도 했지요.

여기에는 미국의 묵인이나 승인이 있었기 때문이라는 것은 이제 삼척동자도 아는 사실이 되어 버렸습니다.

현재 우리나라 건국절을 두고 설왕설래 하고 있습니다. 48년 대한민국 정부수립으로 해야 한다. 아니다 1919년 3.1절이 건국절이 되어야 한다. 아니다. 개천절을 건국일로 해야 한다 하고 있습니다.

광복절이 바로 독립절이 되어야 하는데 왜 그러질 못하고 분단절의 시발이 되어야 했습니까?

진정한 조국이 없었기 때문입니다. 남북이 함께 통일이 되지 않은 이상 이러한 건국절은 의미가 없기 때문입니다.

조폭들에게 지배받지 않고 우리 스스로의 줏대로 세운 국가만이 진정한 광복절이요, 독립절이라고 봅니다. 그런 의미에서 오늘 우리 8.15를 맞이

하는 각오는 한 때 압제라는 감옥에서 나오게 해 준 전 세계인들에게 고마운 날이긴 하지만 또다른 울타리에서 다시 감시당하고 지배받게 된 미완의 광복절이기에 여전히 우리는 자주, 독립에 배가 고픈 것입니다.

광복절을 공복절로 기억할 수 밖에 없는 이유입니다.

2018년 8.15날에

또랑광대 생각

고구려 성 답사 여행을 다녀와서 ....

　지난 2019년 5월1일부터 6일까지 요동반도 쪽에 분포되어 있는 고구려 성을 다녀왔습니다.

　한마디로 고구려 성 답사를 다녀 와서 저는 우울증에 빠졌습니다.
보통 제가 풍류술래를 할때면 여지없이 그 기행문을 사진과 함께 올려드렸습니다만 이번에 망설이게 된 것은 그 우울증에서 한참을 헤메야 했기 때문입니다.

　그동안 호연지기를 기르는데 있어 고구려 풍류마을을 주창하고 다녔습니다만 그것이 과연 옳은 일인가 한참을 고민하였기 때문입니다.

　그래서 다른 분들이 신나게 사진을 찍어서 밴드에 올리고 소회를 밝힐 때도 저는 무덤덤 하기만 하였습니다. 답사기간이 근 일주일이나 되기 때문에 정리하기가 어려운 면도 있었지만, 또 답사 내내 대부분 산기슭을 오르내리는 산행을 하느라 무릎이 아파 제 정신을 차리지 못한 면도 있었지만 실제 고민은 그에 있지 않았습니다.

고구려성 답사 참가단들과 함께

답사 내내 이런 제 맘을 딱히 밝힐수도 없는데다 요녕성 박물관에서 요하문명전을 보았을때는 그야말로 혼란 그 자체였습니다. 마지막 날 비사성에서 당태종 이세민을 모시는 당왕전을 보고 그것이 거짓말이라는(당태종은 비사성에 오지않았다는) 김용만 선생님의 설명을 듣고는 더욱 그랬습니다.

그 이유는 이런 것입니다. 대국이라고 자랑하는 중국이 어째서 저런 왜곡된 짓을 서슴지 않고 벌일까? 우리가 중국 국경내에 있는 고구려 성을 답사해서 얻는 것은 과연 무엇일까? 과거에 존재했던 역사의 상흔? 화려하진 않지만 나름 당찼던 조상들의 기상을 되짚기 위해? 동북공정이 끝나 고구려사를 중국사로 편입시켜 버린 마당에, 이에 대해 역사학계에서는 제대로 대응하지 못한 상황에서 우리 같은 범인이 할 수 있는 것이 과연 무엇이 있겠는가 하는 자괴감 만이 더욱 크게 와 닿았기 때문입니다.

요하문명전에서 동북아에 요하라는 강 일대에서 특히 홍산문화라는 신석기시대 때부터 국가를 운영할만한 체계를 갖추었고 그것은 단순한 고대 유적지를 넘어서 인류최초의 국가를 이룰만한 문명이 발견되어 뜨거운 감자가 되었던 것인데 처음에는 별 대수롭지 않게 대응하던 중국이 그것을 자기네 조상들이 만들었다고 꿀꺽 삼켜 버린 박물관 전시장을 볼 때 암담했습니다.

요녕성 박물관에서

무엇보다도 국가와 민족이란 무엇인가? 우리에게 제대로 된 국가가 있었는가? 이런 의문점 마저 들었기 때문입니다.

국가란 보통 영토와 국민와 주권이 있어야 한다고 합니다. 하지만 그건 형태적인 요소라고 봅니다. 국가는 합법적인 폭력기구라고 보는 것이 더 본질적이라고 봅니다. 같은 민족인데도 이데올로기로 나누고 그 영토안에서 군대와 경찰, 입법기구와 사법기구를 통해 국민을 통제하는 시스템!

그래서 국가는 큰 조폭단체라고 생각합니다. 문명이 문화로 전환되는 시기가 되기까지는 말입니다.

지금은 우리가 남북으로 갈려져 있습니다. 같은 민족인데 국가가 두 개인 나라죠. 여러 민족이 모여 국가를 이루는 경우가 대부분인데 반해 같은 민족이 두 개로 나뉘어 있는 경우는 드물죠. 이것이 바로 이데올로기와 합법적 폭력기구로 국민을 나누었기 때문에 가능한 일이었다고 봅니다.

생각해 봅시다! 일본이 패망할 때 미국이 왜 일본 땅을 독일처럼 나누지 않고 우리나라를 둘로 나누었을까요? 저는 그것이 한때 의문이 들었을때가 있었습니다. 일본 땅을 둘로 나누고 전범들을 재판해서 정리할것들을 정리하게 하는 것이 도리일진대 그러지 않았습니다.
오히려 우리나라를 둘로 나누고 친일파들을 다시 등용시켰습니다.
조폭이기 때문에 가능했던 것입니다. 미국은 군국주의자인 일본의 무릎은 꿇렸지만 이제는 소련과 중국이라는 조폭단체하고 겨뤄야 하는 입장이라 일본을 재 활용한 것입니다. 조폭수장들이 쎈놈 수하로 들어가는 것은 기본 상식이니까요.

저는 조선이라는 나라가 매우 불안한 나라일 수밖에 없었다고 봅니다. 건국부터 명나라라는 조폭에게 눈치보며 태동했으니까요. 이씨왕조 500년은 그렇게 흘러갔고 구한말 민중들의 항쟁을 다시 외세를 끌여들여 묵사발 만들었습니다. 당시 청일전쟁 러·일 전쟁에서 이긴 일본이 제일 쎈 조폭이

되어 한반도를 합병하게 된 것이죠.

고구려 사를 잠시 보면 지금의 우리 상황과 비슷한면이 있다고 봅니다. 외세에 의한 분단이라는 것입니다. 고구려가 신라와 당나라 연합군에 의해 패배하고 남북조시대(신라와 발해) - 이것을 우리는 통일신라와 대진 즉 발해로 불리고 있죠-가 된 때와 지금이 비슷합니다.

나홀로 성위에서

다만 지금이 더 영토가 줄어들었다는 점이 다르죠.

고구려사를 공부하면서 제일 아쉬웠던 부분은 첫부분과 마지막 부분에 있습니다. 그것은 고주몽이 부여에서 탈출하여 과부인 소서노와 결혼하여 고구려를 건국할제 아들 유리가 찾아 왔을 때 태자로 책봉한것입니다. 주몽입장에서야 부러진 칼자루를 찾아 천신만고 끝에 자기를 찾아 온 것만 보더라도 태자로서의 과제를 충분히 수행했다고 볼지 몰라도 소서노와 그의 아들들(비류,온조) 특히 그들을 대표하는 연나부? 족들의 입장에서는 심각한 위협을 느꼈을지도 모르니 태자를 책봉하기전 약간의 시험절차를 거쳐 좀더 수긍할수 있는 절차를 마련했으면 좋지 않았을까 하는 점이고 - 그러면 백제라는 나라로 분국하지 않고 전쟁을 하는 사이가 되지도 않았을텐데- 또 하나는 연개소문이 영류왕을 죽이고 보장왕을 세우며 대 막리지가 된데 대한 아쉬움입니다. 결국 연개소문이 죽자 내분으로 고구려는 망하게 되죠.

이렇게 볼 때 국가란 어떤 지식인계급들이 어떤 지역을 포섭하여 그 지역 토착민들과 융합하던 아니면 전쟁을 하던 힘의 우위에 의해 세우는 일종의 합법적인 폭력기구라 봅니다.

고대이후로 국가는 늘 그렇게 존재해왔고 흥망성쇠를 거듭해 왔다고 봅니다. 특히 한 나라가 망하고 흥하고가 지배계급 체계가 공고하냐 균열이 가느냐에 결정적으로 달려있다고 해도 과언이 아니라고 봅니다.

저는 고구려성 답사여행을 다녀와서 도서관에서 고구려 관련 서적을 몇 권빌려다가 읽었습니다. 그중 한권이 제 눈에 들어왔습니다. 1300년전 다아스포라 고구려유민에 대한 책입니다. 김인희 선생님의 책인데 바로 나당연합군에 의해 고구려가 패망하고 그 전쟁포로들이 당나라로 끌려가면서 저 남쪽으로 황하와 장강 이남까자 하염없이 강제 이주된 고구려 유민의 후예들이 사는 묘족에 대한 내용이었습니다.

그들은 그 오랜세월을 고구려시대때 살던 고향을 잊지 않으려고 옷에다, 고향을 상징하는 수를 놓으며 전통적인 복식을 갖추며 살아가고 있는 민족이라고 합니다.

이 책을 보는 순간 일제강점기때 연해주에 살던 우리 동포들이 소련 스탈린의 강제 이주 정책으로 중앙아시아로 끌려가던 모습이 떠올랐습니다. 숫자도 비슷했습니다. 20만 정도가 이주 됐다고 하는데 그때 당시 고구려유민의 숫자가 20만정도 되었다고 합니다.

고구려 유민들중 가장 위험한 그룹들만 추려서 한곳에 정착하면 반란이 일어날까 장강 이남에 까지 끌고가 뿔뿔이 흩어져 살게 했던 것입니다.

그리고 보면 우리의 정체성도 디아스포라(유랑)적 삶인지도 모르겠습니다. 우리가 대한민국이라고는 하지만 반도 남쪽에 갇혀있으니 섬나라에 불과한 것이고 통일도 되지 못하고 조선족이나 고려인들을 끌어안고 살지 못하니 말입니다.

각설하고 국가와 민족이란 낱말은 계속 고민될 저의 화두입니다.

답사를 갖다가 온 후 우실하 선생님의 강의를 유트브로도 듣고 고구려 쪽의 전문가인 친구 도 만나서 고민도 얘기하며 시간을 보냈지만 우울함은 가시질 않았습니다.

저는 이제 국가가 합법적인 폭력기구에서 장벽으로 바뀌고 그 장벽을 넘어설 힘을 길러야 한다고 봅니다. 유럽에는 국가간

아름다운 백암성 앞에서

장벽도 없습니다. 다만 책임질 영역만 있을 뿐입니다. 유럽은 선진국가라고 합니다. 하지만 유럽사회는 아프리카나 인도등을 식민지로 삼아 건설된 국가라는 점을 인식하고 이를 되돌려 줄줄 알아야 합니다.

아세아 지역에서 국가는 일종의 장벽이다!. 장벽을 넘으려면 능력을 갖추어야 한다. 장벽넘어에 우린 무엇이 존재하고 있을지 모른다. 장벽넘어에 우리가 무엇이 존재하고 있는지 알고 꼭 가보고 싶은 곳이어야 한다면 그 장벽을 넘어설 것이다. 우리가 고구려 성을 답사하던 것 처럼!

아직도 우리는 러시아와 중국에 가려면 비자를 받아야 한다. 북한은? 그만큼 장벽이 높다는 것이지요.

예전엔 저 장벽 넘어엔 맹수들이 살고 있으니 절대로 넘어선 안된다고 배워왔고 야만인이 살고 있으니 가까이 가면 안된다고 배워왔고 안전한 생을 위해 울타리를 치고 성을 만들고 했었던 것이지요.

문제는 장벽 넘어에 다른 국가가 있고 다른 언어를 쓰는 민족들이 있고

다른 문화를 향유하는 사람들이 있을진대 우리는 왜 교류를 하는가?

인류역사상 교류의 문화는 고대부터 있어왔다. 그것은 막을수 없는 인류 진화의 보편적 가치이다. 이 교류의 물꼬를 잘 트이게 한 나라는 융성했고 물꼬를 막은 나라는 망했다.

문명이 발달한 지금도 마찬가지다. 재화 뿐만이 아니라 이제는 지식과 정보도 교류하고 있다.

- 저의 고민은 그래서 국가에 있지 않습니다. 왜냐하면 국가는 매우 정교하게 지배계급들을 위한 시스템인데 능력자들 위주로 움직이게 되어 있기 때문입니다.

세종대왕처럼 눈이 멀어가면서까지 한글을 만들고 위민정책을 쓰는 사람들이 얼마나 나올까요?

그래서 저는 이제 다시 마을이다란 명제로 살고 싶습니다.

- 마을 공화국 만들기

일가를 형성하고 - 마을을 만들고 - 국가에 참여하고 - 세계경영에 관여한다.

스스로 살리고- 서로 살리고 - 마을을 살리고 - 세상을 살리세!

마하트마 간디의 '마을이 세상을 구한다' 는 명언을 생각하자!

간디가 아마도 이렇게 얘기했답니다.

"미래세계의 희망은 자발적이고 주체적이며 협력적이고 창의적인 작고 아름다운 마을에 있다.!"

1. 그러려면 내안의 마을부터 형성해야 한다. 마음의 울타리를 잘 갖춰야

한다. 세상과 온갖 정보와 관계 속에서 냉철한 시각과 판단을 갖추고 걸러낼 줄 아는 능력이 있어야 하며 조용히 침잠하여 내면의 울림에 귀를 기울일 줄 아는 능력을 갖추어야... 내안의 마을.

2. 뱃심과 뚝심이 맞는 분들과의 조우를 잘 찾고, 깊이 신뢰하며 벗으로 사귀는 것을 즐거움으로 알고 이런 관계망이 형성되는 것에 노력하는 자. 배짱의 마을.

3. 마을과 마을의 협력지점을 연결하고 서로 호혜와 나누는 미덕을 형성하되 자본주의 세상에서 낙담하지 않도록 최소한의 안전망을 형성할 수 있도록 만들어 나가고자 하는마을, 거점의 마을.

4. 국가를 넘어선, 세계 인류공동체를 지향하는 작은 마을들과도 연대하며 배우고 교류하는 마을, 소도의 마을.

지구 공동체가 마을 공화국이 되는 것, 그래서 쓸데없는 국가간 장벽을 스스로 무너뜨리게 하는 것이 마을 공화국이 아닐까 합니다.

국가와 관계

- 깨어있는 시민의식으로써 허물어야 할 또 다른 울타리!
- 현실 도피주의자들이 취하는 탈 속세적 도가와는 다른 구조개혁을 요구하는 주민민회 운동의 조직과 참여로서 깨뜨려야 할 울타리!
- 이나라를 부동산투기 공화국으로 만든 친일, 친미를 기반으로 하는 매국적 대기업과 정부의 유착고리를 끊어내어 물가상승의 주범을 잡아내고 능력에 따른 소득은 인정하되 투기로 인한 소득의 불평등을 없애

자살율 1위라는 오명을 벗어내야 할 울타리!

- 같은 민족이 둘로 갈라져있는 엄중한 현실의 역사적 맥락을 읽어내고 또 다른 이데올로기의 피해자가 나타나지 않도록 호연지기로서 평화통일을 이루어 내는 과정에 유연하게 대처해야 될 울타리! 로 보고 흐르는 물처럼 때로는 장벽을 타고 넘고 장벽을 돌아 굽이 굽이 흘러 망망 대해에서 서로 만나는 희망을 갖는 태도로 일한다. 그것이 풍류다! 필요할 땐 바람을 일으키고 그 바람이 비바람되어 또랑물을 일으키고 그 또랑물이 강물되어 장벽을 넘어가고 돌아가듯 국가도 그렇게 구렁이 담넘어 가듯 넘어가 볼 수는 없을까? 자문해 봅니다.

2019년 5월 27일

또랑광대 생각

인류 권력의 변천사와 풍류마을 협동조합

몇 년전 "개미"라는 소설책으로 세계적인 작가로 유명해진 프랑스 소설가, 베르나르 베르베르 가 쓴 '웃음'란 소설책을 보다가 어느 대목에서 재미있는 구절이 있어 흥미있게 본적이 있었습니다. 이 소설은 프랑스 유명한 코미디언 스타가 공연을 마치고 분장실에서 어느 편지를 받고 그 편지를 읽다가 크게 소리내어 웃다가 코미디언이 죽는다는 내용인데요. 추리소설 같은 이 소설 진행과정에서 재밌는 대목이 나오는데 그것은 바로 인류 역사에 있어서 권력의 변천사를 다룬 대목이었습니다.

권력이란! 자고로 인간의 욕망을 지배하는 자가 권력자가 된다는. 얘긴데 인류가 초기에는 몽둥이를 잘 쓰는 근육질의 남자가 권력을 잡게 되었다고 합니다. 왜냐하면 자연과 맹수로부터 공격당할 수 있는 공포를 막아줄 수 있는자로 몽둥이를 잘 쓰는 사람이 필요했기 때문이죠.

- 그 다음으로는 토지를 소유한사람에게 권력이 넘어간다고 합니다. 그 이유는 생산력이 발달하고 토지에서 경작할 생산물이 생겨남으로 인해 이때부터 굶주림이란 공포를 지배하는 자가 권력을 차지하게 되었다고 하네요

- 그 다음 먹고 사는 문제가 해결된 이후에는 죽음을 관장하는 교회의 성직자들이 권력을 차지하는데 이는 죽음 이후 사후세계의 두려움을 관장하는 자에게 권력이 부여되었다고 합니다. 헌데 초기의 권력들이 아주 소멸되는 것은 아니고 절대권력에서 조금씩 밀려날 뿐 퇴적층처럼 여전히 쌓여가면서 좀 더 비중있는 권력층이 나타나고 있습니다.

몽둥이를 잘 쓰는 자들도 현재 활보하는 곳이 있죠. 유흥업소의 조폭들

같은데서 말입니다.

 토지를 가지고 있는 지주도 여전히 입김이 세고, 교회의 성직자들은 아직도 막강한 권세를 누리고 있습니다.

- 그 다음은 국가가 출현하고 국가기구를 지배하는자에게 권력이 이동합니다. 이들에게 권력은 잘못하면 감옥에 보내거나 체벌을 할 수 있는 강한 힘을 가지고 있기 때문입니다. 이데올로기를 조장하고 울타리를 쳐놓고 폭력기구를 동원하여 권력을 유지합니다. 이들은 무소불위의 힘을 발휘하고 아직까지도 그 위력을 떨치고 있죠.

- 그런 이후 산업혁명이후 자본가에게 권력이 넘어가기 시작하는데 이들은 각종 호기심으로 쓸데없이 갖고 싶은 욕망을 충족시켜줄 수 있다고 생각하기 때문이라고 합니다.

- 그 다음은 금융자본가에게 넘어간답니다. 이때는 사람들이 일을하지 않고도 부자가 될수 있다는 환상을 욕망과 함께 부추기기 때문에. 주식을 한다든지. 하면서 돈에 대한 집착에 매달리는데, 돈이 중심이 되는 자본주의의 최고점에 금융자본가가 도사리고 있음을 알아야 한다고 합니다.

- 그 다음은 메스미디어를 장악한 사람에게 넘어간다고 합니다. 정보를 독점하고 있는 자들에게 그 정보를 통해 궁금증을 해결하려는 욕망을 지배하기 때문이라고요.

- 마지막으로 코미디언들에게 권력이 넘어간다고 합니다. 왜냐하면 이들 코미디언들은 우리에게 소외되거나 허전함을 메워줄 메시아로 등장하기때문이라고 합니다. 외로움을 달래줄 욕망을 채워주는 것이 코미디 프로의 성격이기도 한 것이지요. 생각해 보세요. 많은 사람들이 수 많은 정치인들

의 등장과 소멸에 기억하는 이가 몇이나 있을까요? 하지만 강호동, 유재석 이를 모르는 사람들은 대한민국에서 아무도 없을 것입니다. 이들은 실로 대통령보다도 더 막강한 이미지로 구축되어왔지요. 적어도 10여년 이상은... 그 만큼 TV도 예능이 대세가 되는 시대가 되었습니다. 베르나르 베르베르의 소설에는 여기가 마지막 권력인 듯 끝이 나고 있습니다.

헌데 저는 여기서 의구심이 들었습니다. 권력의 변천사도 인정하고 코미디언이 권력의 큰 힘을 발휘하고 있다는 흐름에는 인정하지만 무언가 석연치 않은 문제가 남아있기 때문입니다.
그것은 이런 의문 때문입니다.

- 정작 그것을 공급하는 연예인들이 심리적 고통을 느끼고 우울증에 시달리고 심지어는 자살을 시도한다는 것입니다. 다른 사람들에겐 웃음을 주고 재미를 주는 일에 있는 사람들이 왜 그러는 것일까요?

꽤나 복잡하겠지만 자신들이 쌓아올린 그 명성이 인기가 계속 유지되기 위해 보이지 않는 전쟁을 치러야 하기 때문이 아닐까 생각합니다. 언제든지 프로에서 재미없으면 짤리게 되고 편성에서 삭제되는 일이 없게 하기 위해 노심초사 해야 하기 때문일 것입니다. 이에 언론과 미디어 권력의 눈치를 봐야 하는 것 또한 당연한 일일테고 이들과의 시소게임 정도라면 할 만하지만 갑질에 속수무책인 경우 자신의 예능직에 깊은 회의를 느낄수 있는 여지는 얼마든지 있을 수 있가 때문입니다.

행복을 전도해야 하는 직무를 맡은 이들이 결코 행복하지 않을 수 있는 이 모순에서 우리는 이들이 권력의 마지막 세력이란 것에 의문을 품을 수밖에 없게 됩니다.

코메디언이. 아닌 정작 권력의 정점에 있는 사람들은 누구일까요?

권력보다 더한 것은 없을까 하고 고민하던 차에 저희 풍류마을 협동조합의 좌계 김영래 선생님께서 이런 말씀을 하신 적이 있습니다.

'권력도 어찌할 수 없는 것이 있다. 그것은 바로 매력이다' 여기서 무릎을. 쳤습니다!

대둔산 풍류도 예술원을 운영하는 선풍 신현욱 선생님은 오랫동안 풍류도를 공부하면서 이런 결론을 내렸다고 합니다. 풍류에 대해서 이렇쿵 저렇쿵 말도 많지만 풍류란 '멋과여유'라고 정의 하셨습니다.

멋과 여유! 그것 때문에 매력이 있는 사람! 또 그런 것을 만들어 나가는 단체! 그래서. 아무 꺼리낌없이 스스로 잘노는 사람! 그사람이 최고의 권력자다! ^^ 그런 분들이. 많이. 모여서 매력있는 단체 그것이 풍류마을 협동조합이었으면 좋겠습니다.

또랑광대 생각   2018년 6월 4일

대한민국 10만 마을 활동가 양성하자

- 정치도 즐탁동시櫛啄同時해야

대한민국은 불평등지수가 80% 이상인데도 혁명이 일어나지 않는 이유를 나는 극도의 명망주의 숭배 사상 때문이라고 본다. 이 명망주의는 하나의 싹으로만 나타나는 것이 아니라, 복잡한 형태로 나타나는데 심지어는 운동권에서조차 나타나고 있다. 이 명망주의를 타파하지 않으면 혁명은 개뿔이다.

우선 명망주의는 학벌주의로 나타난다. 입시제도를 통한 특혜를 바라는 줄서기가 학벌주의다. 둘째는 능력주의로 드러난다. 어떤 환경과 조건 속에서 자신의 능력이 최대한 발휘되는가에 대한 고려 없이 '어떤 사람이 잘 된 것은 능력이 있어서'라고 보는 착각이 오랫동안 지배해 있다.

셋째는 완장주의다. 일종의 감투주의인데 이로 인한 무슨 명함 무슨 대표. 위원장, 회장 심지어는 자격증까지 감투에 연연하는 풍토가 그것이다. 넷째는 물질주의다. 지독히도 우리를 괴롭힌다. 어느덧 우리는 임금의 노예가 되고 금융의 노예가 된다. 알고 보면 토지 불평등부터 기인하는데 이를 막을 혁명적 대안이 없다.

집값 떨어지는 것부터 불안해하고 슬퍼한다. 다섯째는 조직 패권주의다. 운동권 내에서도 '선후배의 말이면 그런가 보다'하고 무조건 믿고 따르는 태도들이다. 이런 제반의 경향들은 자발적 노예주의를 낳고 무슨 문제가 있으면 누군가 또 나서겠지. 나서는 놈이 있으면 그때 가서 따르지 뭐 하는 습을 낳는다.

국가와 국토, 국민이라는 생명체를 유지하는 기저는 무엇인가? 그렇다면 자신이 속한 가장 밑바닥의 세포 조직이 무엇인가? 그것부터 변화시켜야 한다. 대한민국이라는 국가를 사람의 몸체로 비유한다면 대한민국은 대사증후군 환자와 같다. 대사증후군이란 고혈압, 고지혈증, 당뇨병과 같은 만성 질환이 중첩된 상태를 말하는데 대한민국 시스템이 이와 같다는 것이다. 중앙 정부 부처는 고혈을 짜서 예산을 퍼붓기는 하는데 말단 주민들의 삶에까지 그 혈세가 골고루 퍼지지 못하고 있다.

수도권이야 그렇다 치더라도 지방 도시만 해도 변두리는 원도심 또는 구도심 개발사업이라는 명목으로 지원이 되는데 읍면 단위에는 농촌 중심지 사업이라는 명목으로 한정되어 있다. 리(里) 단위 사업까지 예산이 지원되고 도달하는 것은 없다. 이것은 리 단위가 알아서 도전해서 경쟁해야 소수의 마을만이 가져갈 수 있는 형태다. 주민들에게 실익이 되지는 못하고 건설업자들만 배부르게 하는 사업이 태반이다.

마을도 명망주의가 존재한다. 그것은 오랜 집성촌 생활로 이어져 온 혈연적 관계가 유교적 연대로 지배해온 관행으로 인해 마을살림을 이장을 비롯한 몇몇 사람들의 의도대로 꾸려져 나가는 경우가 허다하다. 마을에 운영 규칙을 정한 정관이 있는 마을이 얼마나 될까. 그리고 그 정관은 과연 민주주의고 정관대로 잘 운영이 될까?

시골에 좀 살아보니 정말 마을부터 변해야 한다고 생각한다. 그것은 시골이 생태계의 중심이고 거점인데도 금기시되어왔기 때문에 그 중요성을 인식해야 하는 절박한 일이기 때문이다. 오늘날 시골 마을이 이렇게까지 푸대접받은 일이 있었던가? 갈 데까지 가고 나서야 시골을 찾는, 마치 요

양원으로나 생각하는 풍토는 안타까움을 넘어서 궁휼하다는 생각마저 든다. 주변의 이웃들과 눈을 마주치며 살아가는 데 어색한 삶을 살고 있는 현실을 타개해 나가려면 마을 정치를 실현해야 한다.

위로부터의 정치가 아니라 밑으로부터의 정치가 필요하다. 세포 조직이 건강해야 뼈대도 튼튼할 것이고 장기도 튼튼해진다. 세포 조직부터 건강하게 만드는 운동, 수많은 사람들이 마을 활동가로 살기를 바라는 이유이다. 마을을 말로만 외칠 것이 아니라, 그리고 위로부터의 정치에만 매달릴 것이 아니라 당장 마을로 들어가 생활 정치를 하자.

마을 민주주의를 리 단위부터 실현하자. 오랜 관습으로 뒤틀린 부분들을 하나하나 바꿔나가자. 그 와중에 신뢰도 쌓고 지자체 중간조직을 통해 지원을 받을 수 있는 여러가지 방안도 모색해 보자. 마을 정관도 민주적으로 개정하자. 3천500개 읍면동에 1개 면에 약 20개의 리 법정리가 존재하고 1개 동에는 수십 개의 통과 수백 개의 반이 있는데 1개 행정리마다 마을 활동가를 배치하고 1개 통에는 관심공동체를 조직하는 활동가를 배치하여 10만 활동가를 양성하자.

도시의 관심공동체를 조직하는 일은 복잡할 수 있으니 시골 법정리 활동가부터 지원하자. 이리하면 귀촌에 대한 의욕도 커지고 지역소멸을 막는 데도 일조를 할 수 있다. 하다 보면 위로부터의 법제화나 지원이 필요할 때가 있다. 주민자치위원회든 주민자치회든 마을 구석구석 파고드는 행정복지시스템이 아니면 오십보 백보다. 민주주의는 누가 가져다주지 않는다. 나부터 꿈틀대고 내가 자력으로 귀족적 삶을 살고자 할 때 민주주의는 싹튼다.

동시에 우리의 사고는 지구연방적 사고를 해야 한다. 그럴 때 외부에서의 충격이 나와 우리 마을의 장애물을 벗겨내는 마중물이 되리라 본다. 내가 소속한 곳에서는 새 생명이 탄생하는 병아리가 되듯 꿈틀거려보고 다른 마을을 볼 때는 훈수해 줄 수 있는 어미 닭이 되어 서로 부족한 점을 채워주자. 그것이 즐탁동시로 이루어질 때 조금은 나은 농촌 마을이 되지 않을까 생각해 본다.

정대호 또랑광대 wonjutoday@hanmail.net

기사승인 2023.03.13

동冬장군의 두 얼굴

코로나와 한파로 인해 전세계가 몸살을 앓는다.

특히 이번 한파가 24년 만의 한파라고 한다.

여기저기서 수도관이 터지고. 얼어붙고 난리다.

제주도까지 폭설에 옴짝 달싹을 못하니 동장군의 위력을 알만하다.

이럴 때 물은 고맙지만 얼음은 쳐다보기도 싫은 존재가 된다.

올해 들어 하루가 다르게 내 생활영역 곳곳에 동장군과 씨름을 하다보니 더욱 얼음이 싫어졌다.

어제의일기 '어떤 년의 기둥서방과의 싸움' 제목의 동장군과의 열흘에 걸친 씨름기를 보면서 더욱 그런 생각이 든다.

이 추위에 일거리는 없고 난방비는 곱배기로 들고...

춘하추동 자연의 섭리라고는 하지만 겨울이 싫어지기 시작한다.

헌데 어제 반곡동 식구들과 모처럼만에 얼음 썰매장에서 스케이트를 타며 즐거워 했던 추억이 떠오르자 고개가 갸웃해진다.

빙판길은 싫지만 빙판 썰매장은 좋은 것이다.

생각해 보면 빙장군의 두 얼굴이다.

어떤 물리학자가 조물주의 존재를 인정한다는 얘기를 한 적이 있단다. 과학자인데도 신의존재를 인정한다니 좀 이상하기는 하지만 그의 논리는 이렇다.

지구상의 생명은 물의 존재로 부터 함께 해 온 것이랄 수 있는데 이 물의 비등점과 빙등점이 생명을 유지케 하는 비결이다.

모두가 잘아시다시피 물은 100도씨에서 기체로 변하고 ○도씨에서 고체로 변한다.

기체로 변할 때의 부피는 말할 것도 없고 액체상태인 물도 온도에 따라 부피가 달라진다. 온도가 내려갈수록 부피가 작아지다가 물이 어는 순간 다시 부피가 커진다. 그래서 물이 얼때 부피가 커져 물위로 뜨게 된다.

이것이 생명을 유지시키는 오묘한 법칙이다. 만약에 온도가 내려갈수록 얼음이 되는 고체가 부피가 계속 작아진다면 밀도는 높아저(그러니까 무게가 무거워져서) 위에 얼었던 얼음은 밑으로 가라앉게 될 것이고, 그렇게 된다면 온개울과 강물과 바다도 순식간에 얼음바다가 될 것이다. 몇 센티. 몇 미터 두께가 아니라 수심 수십키로 미터인 바닥까지 깡그리 얼어버릴테니까. 그리되면 생명체는 모두얼어버려 살아남지 못할 것이다.

그야말로 생태계의 파괴요. 종말인 것이다.

물의 빙등점 즉 언다는 것은 꺼꾸로 지구 생태계를 보호하는 보호막인 것이다.

동장군은 특히 빙장군은 한편으론 인간들에게 불편과 불이익을 주는 존재이고 때로는 생명을 앗아가는 동장군이지만 한편으로는 지구 생태계를 지키는 파수꾼인 것이다. 조물주는 어찌하여 물의 빙등점에서 다시 부피를 키우게 하였을까? 자연의 섭리가 경외스럽다.

2021년 1월 11일

또랑광대 생각

또랑광대 정대호의 행복론

인간이 태어나 살아가는 가장 큰 목적은 행복하게 살다가기 위해서다. 그러려면 어떻게 해야 하는가?

사람이 태어나서 죽으면 칠성판에 누워서 하늘나라로 간다고 한다. 그 칠성판이 북두칠성이다. 우리 조상은 북두칠성 중 어느 별에서 이 땅으로 왔다가 다시 북두칠성으로 돌아간다고 믿고 있다. 북두칠성이 가지는 의미 하나, 방향을 가르킨다. 우리가 밤에 북쪽을 향해 걸어간다고 할 때 그 나침반이 되는 것은 북극성이다. 허나 북극성을 찾으려면 반드시 북두칠성을 찾아야 가능하다. 북극성을 단번에 찾는다는 것은 어렵기 때문이다. 북두칠성을 찾은 후 국자모양의 6번째와 7번째를 잇는 거리의 5배 끝에 북극성이 있다고 측정해서 찾아야 하기 때문이다.

그렇다면 사실 북극성은 황제와 같은 존재고 북두칠성은 그 황제를 떠받드는 왕같은 존재이다. 북극성이 왕이라면 북두칠성은 왕을 떠받드는 신하나 장군과 같은 존재이다. 어쨌거나 북두칠성이 없이 북극성이 존재할 수 없다는 뜻이다.

밤하늘에 북두칠성은 북극성을 향해 돈다.

낮에 해가 동쪽에서 떳다가 서쪽으로 지듯이 밤에 달이 동쪽에서 떠서 서쪽으로 지듯이 그런데 달이뜨지 않는 그믐이면 별을 보고 헤아릴 수밖에 없다.

그래서 우리 선조들은 예부터 "노다가세 노다가세 저 달이 떳다 지도록 노다가세" 하고 노래를 불렀다. 하지만 달이 뜨지 않는 날은 못 놀았을까?

그때는 "노다가세 노다가세 북두칠성이 앵돌아 지도록 노다가세" 하며 불렀다.

북두칠성에서 점지받아 이 땅에 태어나서 갈때도 칠성판에 누워 하늘로 승천하리란 믿음에서 우리는 망자의 관을 칠성판이라 했다.

서울 낙성대란 곳은 강감찬장군이 태어난 곳을 이르는 지명인데 이곳이 바로 별이 떨어진곳이라 하여 낙성대落星臺라 하였고, 그가 강감찬 장군이고 거란족을 천문지리 병법으로 물리친 신출귀몰 장군, 강감찬 장군이다.

인간이 죽을 때 칠성판에 누워 북두칠성으로 안내하듯이 인간이 살아있을 때도 칠성자리가 편해야 죽을때도 편하게 간다고 생각한다. 이른바 웰다잉 (well dying)이다.

그러면 살아있을 때 칠성자리는 무엇이고, 어떻게 편해야 하는지 알아보자.

첫째는 지구별자리가 편해야 한다. 이는 생태계가 파괴되지않고 환경이 잘 보존되어야 한다는 말씀이다. 작금의 코로나 펜데믹 사태는 지구 온난화때문이고 환경을 파괴한 결과로 닥친 재앙중의 하나라고 세계 석학들은 경고한다. 코로나를 종식시키기 위해 의료백신도 중요하지만 근본적인 처방은 바로 지구생태계를 지켜내고 지구온난화를 막아내야 가능하다는 걸 얘기한다. 결국 사람이 북두칠성에서 지구별로 와서 태어날 때 이 지구라는 큰 별자리를 지켜낼 때, 돌아갈 때도 편하게 돌아갈 수 있는 승천표를 얻게 된다는 뜻, 이를 위해서는 자본주의든 사회주의든 손을잡고 공멸의 길을 막고 공생의 길을 모색해 나가야 가능하다. 이제는 생태주의가 답이다.

둘째는 일자리가 편해야 한다. 사람으로 태어난 이상 일을 할 수밖에 없는데 이 일자리가 자신의 적성과 능력에 맞게 주어지고 찾아져서 자아실현을 할수 있는 밑바탕이 되어야 하지 않겠는가? 돈 때문에 어거지로 자신의 의지와 상관없는 곳에서 일을 하는 것이야 말로 노예적 삶이 아니고 무엇이겠는가?

셋째는 잠자리가 편해야 한다. 집 걱정하지 않고 편안하게 쉴 수 있는 쉼터로서의 잠자리 그러려면 집이 투기의 대상이 되지않고 소유의 대상이 되지 않고 정말 필요할때만 거주하다가 다른 곳으로 가면 그곳에서 필요한 쉼터가 제공되는 세상이어야 하지 않겠는가?

넷째는 몸자리가 편해야 한다. 그러려면 공공의료 시스템안에서 의료비 부담없이 예방과 치료를 받을 수 있어야 한다. 또 한편 몸자리가 편하려면 건강한 먹거리 먹을 자리가 편해야 한다. 친환경 로컬푸드로 공급하고 유통기한이 가장 짧은 생산물로 조리 가공하여 섭취하는 것이 진정한 패스트푸드지요.

다섯째는 배울자리가 편해야 한다. 교육문제인데 누구나 교육의 의무와 함께 교육 받을 권리를 누릴수 있도록 자신의 적성을 파악하고 창의적인 인재를 키우는데 열정을 쏟게 하되 교육이 자본시장에 종속되어 높은 교육비 부담과 서열로 인한 스트레스와 차별이 없어져야 한다.
이는 대학의 서열화가 폐지되고 지역 대학의 특성화를 통한 인재양성 교육과 함께 대학까지도 무상교육이 되어야 배울자리가 편해진다.

여섯째는 맘자리가 편해야 한다. 이는 남녀간의 만남도 편하고 상사와 부하간의 만남도 편해야 한다. 남·녀차별 없고, 지위와 신분 때문에 불편한 자리가 되어서는 안된다. 또한 남·녀 간에는 편한자리보다 좋은 것이 있는데 그것은 설레는 자리다.

보기만해도 설레고 생각만 해도 설레는 자리, 엔돌핀 올라가고 도파민 올라가는 그런 설레는 자리가 행복하게 한다. 하지만 둘다 설레는 자리가 되어야지 한쪽만 설레는 자리가 되면 곤란하다. 그렇게 되면 설레발치는 자리가 된다.

마지막 일곱째는 놀자리가 편해야 한다. 문화 백신을 일컫는데 이는 나라마다의 문화의 차이를 인정하고, 성소수자의 인권도 존중하는 문화도 필요하고 문화 예술인들을 존중하고 사회적으로 보장하여서 시서화공 가무악극으로 이웃들을 위로하고 격려하는 문화풍토를 마련하는 것이 필요하다.

이것이 김구선생이 얘기한 문화강국이고 백기완선생이 얘기한 노나메기 세상이라고 봅니다.

백기완선생님의 노나메기 세상은 한마디로 너도 일하고 나도 일하고 너도 잘살고 나도 잘살되 올바로 잘사는 세상이라고 했는데 이를 구체적으로 풀어 얘기한게 바로 칠성자리이다.

이렇듯 일곱가지 자리가 편할 때 우리는 비로소 칠성판에 누워 돌아갈 때 행복한 삶을 살다가 갔다고 말할수 있겠고 모두가 편한 칠성자리를 위해 헌신하고 개선하고 자아실현을 하는데 매진하는 삶이 바로 행복하게 사는 것이리라.

멋지게 칠성판에 누워 북두칠성으로 돌아갈 때까지 말이다.

그러기 위해 심신사환운동(心身社環) 몸과 마음을 곧게 하고 사회정의를 바로세우고 환경을 지켜나가는 풍류운동이 바로 행복에 이르는 길이기도 하다.

나는 어느 별에서 왔고 언제쯤 돌아갈 수 있을까?

또랑광대는 슈퍼스타?

또랑광대란 판소리계에서 주로 사용되던 말이다. 이는 명창이 되지 못하여 지방에서 토막소리나 하며 먹고사는 소리꾼을 낮춰서 부르던 용어이다. 하지만 지금은 이 호칭이 전혀 다른 의미로 씌이고 있다.

30년전 영화 서편제의. 주인공이신 김명곤 선배께서. TV에 출연하여. 자신의 직업을 광대라고 표현하신 적이 있다.

광대(廣大) 넓을 광, 큰 대
지금으로 말하자면 인기연예인 그야말로 스타를 말한다.

그렇다면 또랑광대는 무엇인가? 한마디로 말하자면. 슈퍼스타란 뜻이다.

광대는 스타(별) 인데. 또랑이 어째서 슈퍼일까?

또랑이란 말은 마을을 흘러가는 실개천을 일컫는다. 또랑광대는 마을광대란 뜻이다.

요즘은. 마을에 있는 구판장을 슈퍼마켓이라 부른다. 마을 구판장 = 슈퍼 마켓 마을보다 큰 구역으로 가면 상점 이름들이 달라진다. ○○○마트, ○플러스, ○○○ 아울렛, ○○프라자 이렇게 쓰지 슈퍼마켓이라고 쓰는 곳은 없다. 슈퍼마켓은 마을 단위에서만 쓰는 용어가 됐다.
이제 마을이 곧 슈퍼다. 그러니 마을 광대는 곧 슈퍼 스타가 아니고 무엇이겠는가?
우리 모두 슈퍼스타가 되자.!　　　명절 마지막 날에 ～～ 2022년 9월 12일

원주투데이 피플엔 피플

기사승인 2022. 07. 04   조아해 시민기자

광대패 모두골 또랑광대 정 대 호

- 귀촌 25년, 끊임없이 예술혼 불태워... 부론면 손곡리에 '이달의 꿈' '풍
  류마을 사랑방' 등 문화공간 조성

　원주시 부론면에는 풍류 문화 단지가 조성되어 있다. 원주의 지역 예술
극단인 '광대패 모두골'이 지난 2004년 귀촌해 조금씩 마련한 꿈단지 '이달
의 꿈'과 술단지 '풍류마을 사랑방', 그리고 '똥딴지 놀이터' 세 공간이 그것
이다. 지난 목요일, 풍류마을 사랑방에서 또랑광대 정대호 씨를 만났다.

　광대패 모두골은 우리나라 주거 요소인 마당을 중심으로 마당 극, 마당
굿, 그리고 마당놀이까지. 풍자와 해학을 근간으로 한 한국 민중예술의 미
학을 통해 관객과 소통하는 것을 최우선으로 여기는 모두골의 예술 철학은
결국 함께 살아감을 향해 있다.

　정 씨는 공연을 준비할 때 관객과의 교감, 소통이 가장 중요하다고 말한다.

　많은 예술인들이 자기를 홍보하는 일에 집중하다 보면 정작 관객의 입장
을 잘 생각하지 못할 때가 있다며 관객의 입장에서 바라볼 수 있는 "역지
사지의 태도를 잃지 말아야 한다"고 말한다. 한 쪽은 일방적으로 전달만 하
고 한 쪽은 일방적으로 감상만 하는 방식을 지양하자는 것.

　모두골의 관객을 대하는 역지사지의 태도는 지난 지학순 주교 탄생 100
주년 행사에서도 잘 드러났다. 1986년 통일 해방 윷놀이 마당극을 부활시
킨 작품으로 놀이를 작품의 한 요소로 활용해 관객 참여를 유도하고 작품

의 주제를 증폭시키는 시도를 했다. 이 작업은 큰 호평을 받아 이후 강원 감영에서 진행한 '원주 야행'의 메인 행사로도 진행하게 되었다.

모두골은 귀촌을 한 문화예술단체이기 때문에 역시 손곡리 마을과의 관계도 매우 중요했다. 귀촌 초기에는 마을과 궁합이 정말 잘 맞아 '이달의 꿈'이라는 극장이 생기고 녹색농촌 체험관도 그 당시에 만들어지기도 했다.

처음엔 서로가 좋은 시너지를 내기도 했지만 중간에 이장님이 바뀌며 관계가 소원해져 농촌예술단체로서 마을과 함께 하는 영역이 줄어들었다. 이에 전문예술인 단체에 머물지 않고 예술인과 비예술인이 함께 할 수 있는 방법을 찾고자 지난 2013년, 광대패 모두골의 창립 20주년을 기점으로 '풍류마을 협동조합'으로 전환을 하게 된다. 협동조합 정신을 잘 알기에 기존 예술 단체의 메커니즘을 탈피할 수 있는 방법으로 선택한 것.

그는 벌써 25년 차 베테랑 귀촌인이자 지역의 예술인으로 다양한 활동을 해 왔지만 "내가 살아가는 터전임에도 불구하고 문화 서비스로만 접근했을 때는 주민들에게 다가가기가 어려웠었다"며 "제공자가 아닌 조력자가 되어야 하는 마을 활동가의 역할을 맡게 되면서 마을에 조금씩 젖어들어가고 있다"고 말한다.

또한 "마을에 들어온 지 20년이 넘다 보니 돌아가시는 분들도 많이 계신다. 점점 고령화되는 농촌에서 주민들을 한 번이라도 더 찾아뵙고, 얼굴도 장이라도 찍는 것에도 큰 의미가 있다"고 말하며 새롭게 맡은 역할의 소중함을 드러냈다.

그는 자신의 터전인 부론에서 원주민과 귀촌인, 그리고 문화 예술인들의 연결을 더욱 단단하게 하기 위해 마을의 '문화 복지사'로서 역할을 자처하고 있다. '사람들이 모일 징검다리를 놓는 작업'이 자신의 역할이라고 설명하는 그는 '음악 사랑 동아리'와 '영화 사랑 동아리'를 만들어 다양한 공동체 구성원들이 서로를 알아갈 수 있는 계기를 만들고 있다.

이를 통해 마을의 인적 네트워크를 연결하기 위해 애쓰고 있다. 주민들의 취미활동을 지원, 장려하고 문화생활의 수준을 높여 진정한 풍류 마을로 거듭나고자 하는 것이다.

대학시절 탈춤으로 시작해 풍물과 판소리까지 자신의 예술 인생을 개척해 온 정 씨는 "민중의 예술을 지향함에 있어 손곡 이달이야말로 민중의 삶을 노래한 민중예술의 시초이자 진정한 풍류의 선배"라 말한다. 정 씨는 손곡 이달을 포함한 마을의 신들이 어려운 시절을 버틸 수 있도록 도와줬다며 "시골이 주는 쾌적함과 역사적 문화자산을 누리고 사는 입장에서, 이 자원들을 충분히 활용해야 한다는 의무감이 있다"고 말한다.

내년이면 마을 가꾸기 사업의 일환으로 '손곡 문화예술관'이 건립이 되는데 어느 정도 제작 여건이 갖춰지면 손곡 이달을 조명하는 작업도 구상 중이다.

그는 '풍류란' '심신사환' 운동'이라고 말한다. 마음과 몸을 건강하게 하고, 사회정의를 추구하고 환경을 지키는 일이라는 것. 때문에 '모두 공정하게 잘 사는 세상'을 만드는 것이 예술 활동을 하면서도 외면할 수 없는 하나의 과제라고 말한다. "스스로 예술가를 자처하기 전에 사회평등가가 되고자 한다"는 자성의 목소리를 내기도 했다.

"현재 농촌을 대상으로 한 다양한 지원과 활성화 사업들이 농촌 지역 구석구석까지 공급되지 않고 면 단위에서 멈추는 경우가 많다"는 그는 농촌

이 가진 공익적 가치를 '모두의 것'으로 지켜내고 있는 만큼 농촌의 주민들도 도심 지역에 다름없는 공정한 혜택을 받을 수 있어야 한다고 말한다.

지자체와 정부가 농촌의 경제 소외 문제를 적극적으로 해소해 주길 바란다는 그는 앞으로의 꿈을 묻자 "향년 70세를 맞기 전에 만주와 연해주 지역의 동포들과 교류하며 지금까지의 빚진 마음을 전하고 유라시아 대륙에 전통 한류를 전파하고 싶다"는 포부를 밝혔다.

기사승인 2022. 07. 04.   조아해 시민기자

광대패 모두골 또랑광대 정대호

술래길을 아시나요?

풍류마을의 여러가지 사업중 가장 중요한 사업중의 하나가 바로 풍류술래길 입니다.

저희는 술래길이라 이름하는데요.

제주도의 올레길, 지리산의 두레길, 원주 법천사지 주변의 산소길, 바닷가 해변 경관의 새파랑길 등을 뛰어넘는 유목적길을 술래길이라 합니다. 술래란 어원은, '으뜸의 땅'이라고 합니다.

그 술래길에는 재미와 감동과, 사귐이 있는 여행길을 의미하고 4가지 뜻있는 길을 통섭하고 있습니다.

첫째는 강강술래 할때의 술래입니다. 모두가 대동하는 함께 어울리는 모임길을 추구합니다. 강강술래가 여럿이 같이 집단으로 모여 춤을 추며 노래하고 여러가지. 변화무쌍한 진을 엮어가며 하나가 되어 가듯 집단신명을 일으킬 수 있는 모임길을 추구합니다.

둘째는 술래잡기 할 때의 술래입니다. 1박 2일 프로그램처럼. 개인별 미션도 수행하면서 서로 사귀는 모임길 입니다. 주어진 프로그램에 만족하지 않고 각자의 재능과 역량에 맞게 도전도 하고 손발도 맞춰가면서 사귀는 모임을 추구합니다.

셋째는 성지순례 할 때의 술래입니다. 발음도 비슷하여 술래길 모임이 되는데, 법천사지나 거돈사지 처럼 지금은 폐사지가 되었지만. 역사적인 유적지나 성지를 찾아가 회상하고, 명상하는 길을 걷게 되는 추억이 깃드는 모임길 같은 성지술래길 또한 한 축으로 추구하고요.

마지막으로 술래길은 술 한잔 할래? 할 때의 술래길^^ 입니다.

술과 더불어 유유자적하면서. 멋과 여유를 찾는 모임길 또한 필요한 일인 게죠. 이 네가지 중 두 가지 이상이 결합하여 서로 사귀며 인생을 즐겁게 살아가고자 하는 모임길을 개척하는 것이 풍류마을의 술래길 사업입니다.

술래길을 통해 우리의 삶이 보다 더 행복해졌으면 합니다.

또랑광대 생각

숫자로 본 풍류

1자에서 9자까지

풍류란?

1자로. 굿이다.

    굿은 good이다.

2자로. 풍류

    그물에 걸리지 않는 바람처럼

    한 곳에 고이지 않는 흐르는 물처럼 흘러가는 것.

3자로. 아리랑이다.

    '아' 의 음가는. 하늘이다.

    '리'의. 음가는. 땅이다.

    '랑'의. 음가는. 사람이다. 따라서

    아리랑은 하늘과 땅과 사람이 어울려 사는 것이다. 천지인의 조화다.

4자로. 멋과 여유다.

    오랜동안 풍류도를 연구하신 대둔산

    풍류도. 수련원을 만드신 선풍. 신현욱 선생님의 말씀

5자로. 흥과 어울림이다.

    모르시는 분들 없으실 것임.

6자로. 신명과 어울림이다.

상동

7자로. 너와 나의 어울림이다.

경상도 말로 니캉내캉 어울림

제주도 말로 너영나영 어울림

8자로. 시서화 공무도하가이다.

풍류의 예술적 쟝르를 일컫는데

시와 글과 그림과 공(공예·건축)과

춤과 도(경배할 가치나눔)와

하(자연)와 노래가 있는 종합예술이다.

9자로. 이런데도 안놀고 뭐해? 이다.

ㅋㅋㅋ

또랑광대 생각. ^^

아리랑 소리(음악)공원 프로젝트를 꿈꾸며

지난 한글날 단상을 밴드(판소리를 중심으로한 소회)에 올린 후 대동풍류 단장님의 댓글을 본후 내내 흥분을 감추지 못하고 계속 꿈을 꾸게 되는 일이 생겼으니 그게 바로 '아리랑 소리 공원' 프로젝트입니다.

곡천 단장님의 호방한 구상을 약간 덧붙인 것에 불과하지만 꿈을 꿀수록 더욱 신명난 일이기에 꿈꾸는 프로젝트를 소개해 드리며 조언과 아낌없는 의견을 바랍니다.

곡천 단장님의 견해를 다시 한번 올려드립니다.

문제는 홍익인간 이념부터 쭉~
우리의 얼과 정신을 널리 펼칠 수 있는~
의식과 가치를 전달하고 깨우칠 수 있는~

역사적인 교훈과 기념, 기억할 만한 것들을 두루 판소리로 엮어내는 창작 판소리가 많이 나올 수 있었으면 참 좋겠난디~

당대의 국창이네~ 명창입네 하지만 민족과 국가적인 상서로운 걸 창출해야 국창이고 대명창이지, 무신~ 기나 고동이나 다 국창~ 대명창~ 나이 들어 오랜 세월 우리 소리 혔다고 국창 대명창은 아니지 싶쏘~

전공한 전문가들이 구성진 목으로 창작판소리 맹글어 널리 펼 수 있는 그런 날도 꿈꿔 보며~~~~

이런 생각도~ 꿈도 꾸어 본답니다.
우리 소리 판소리 센터를 만들 수 있다면 참 좋겠다는 생각~

어떤 역할과 어떤 조직이 갖춰져야 하난지?~

어떤 구조라야 효과적일지?~

우선 큰 테두리를 생각할 때....

역시 문헌과 동영상, 음원들을 쉽게 찾을 수 있도록 데이터베이스를 구축하고 가치 있는 유품이나 발달사의 모형들, 직접 들어가서 만지고 쳐 볼 수 있는 박물관~

입구는 하난데 들어가서 보면 다섯 바탕소리로 갈라지고,
그 중 춘향가 길로 들어간다면 동편/보성/동초/중고/경주 등등으로~

한 코스를 돌아야 빠져나올 수 있게, 바탕소리들을 듣고 들을 수 있고
비교해 볼 수 있는 미로 관~

관람객들이 원하는 대목의 소리와 고법을 배울 수 있는 체험관,

공부하고 싶은 소리꾼들이 들어가 연습할 수 있는 작고 많은 학습 관~

관객이 글을 쓰면 그렇게 공부하던 소리꾼이 장단과 음을 붙여서
만들어 보는 창작 관~

연결되는 드라마 형식이라면 창극을 만들 수도 있겠고, 그렇게 만든 작품으로 작은 공연을 할 수 있는 여러 개의 미니 극장들.....

곡천 촌부 생각은 많으나 능력은 일천하고~
뛰어난 이~ 큰 능력이 더해져 길이 남을 유산을 맹글 수 있다면~
참 좋겠다는 생각이 오늘 아침 또랑광대와 여러 벗님들의 글을 대하면서
얼척없는 그림을~~~~~~^&^

곡천 정 만 섭

정말 멋진 꿈 아니겠습니까? 무릎을 탁! 하고 쳤습니다. 그 꿈을 내내 음미하면서 이번주를 보내게 되었답니다.

그러다 보니 그 꿈이 점점 커져 판소리만이 아닌 우리 소리 전반으로까지 확장되는 꿈을 꾸게 되더군요. 특히나 우리의 얼과 정신, 홍익인간 이념을 표현하고 민족의 역사나 의식과 가치를 전달하자는 취지에 이르러서는 근본을 아우르는 소리공원이 필요하다는 생각에 이르렀습니다.

그래서 이것을 제나름대로는 '아리랑 소리 공원' 프로젝트로 불리게 되었습니다.

아리랑은 우리 음악의 진수요 대표 입니다.
아리랑은 천지인의 삼재사상을 포함하는 노래이자, 문양입니다.
아 의 음가는 하늘을 얘기하고,
리 의 음가는 땅을 이야기 하며,
랑 은 사람을 상징합니다.
  천 · 지 · 인은 따로 독립적으로 불리워질 수 있지만 아리랑은 따로 독립적으로 불리워질 수 없습니다. 이는 삼재가 항상 합쳐져야 완성된다는 원리를 얘기합니다.

  또한 아리랑은 우리 민족의 홍익인간, 제세이화, 광명사상을 얘기하며 천부경을 다시 압축한 사상이요. 상징입니다.

  아리랑을 내세우면, 우리 민족의 사상과 철학, 문화를 얘기하는 것이기도 하며 음악을 지칭하는 것이기도 합니다.

대충 이렇게 설풀고,

각 지역 아리랑 민요관

정선아리랑, 밀양아리랑, 진도아리랑, 경기아리랑 등 제주에서 연해주까지 흩어져있던 민요들 한자리에서 감상할 수 있는 공간도 만들고 우리 소리의 다양한 양식도 소개하며,

판소리, 민요, 정악, 아악, 뮤지컬, 창극, 범패 우리굿, 고구려소리 등

특히 굿 소리, 굿 음악을 통해 의례 속에서 면면히 이어져 내려오고 모든 예술 양식의 뿌리가 형성되었음을 알리고 형성하여,

진도씻김굿, 남해안 별신굿, 동해안 별신굿, 황해도 별신굿 등을 소개하고 지속적으로 관람할 수 있는 무속소리관.

우리 한민족 정신을 구현하며 법고창신하며, 면면히 내려온 소리들을 집대성한 다양한 음악 양식들과 작품들을 감상할 수 있는 법고창신관.

주변에는 아름다운 경관과 함께 힐링할 수 있는 산책로나 옛날 소리꾼들이 수련했음직한 폭포수도 찾아가고, 몇 날 며칠이고, 숙박을 하고 식사를 하며 함께하는 이들과 교류도 하고, 소리에 대한 이해와 깊이도 높이고 하며,

외국 관광객들을 위해 공연장과 체험장을 상설적으로 운영하고 수익을 창출하여 국위선양도 하고 관광객도 유치하는 그런 공원을 꿈꾸어 봅니다

2018년 10월 14일

또랑광대 생각

앞으로 30년 동안 성공할 사람이 갖춰야 할 8가지 짱!

얼짱!　얼굴이 잘생겨야 한다는 것 보다는 항상 온화한 미소와 밝은 표정을 유지하는 사람!

몸짱!　근육질의 몸매나 S라인을 가지라는 것 보다는 항상 가슴을 펴고 당당하게 사는 사람!

말짱!　많은 지식과 미사여구를 구사하는 것 보다 상대방을 칭찬하고 격려하는데 아끼지 않는 사람!

　　　근디 말짱은 되는데 다른게 안되는 사람을?
　　　말짱　도루묵! ^^

맘짱!　상대를 배려하고 헤아릴 줄 아는 사람!

배짱!　모든 일에 도전과 용기를 가지고 임하는 사람!

이런 사람들이 공부하는 대학을?
들이대 ^^

일짱!　모든 일에 솔선수범하며 성실히 임하는 사람!

꿈짱!　자신과 이웃의 행복을 꿈꾸며 비젼을 제시하는 사람!

　이러한 7가지 요소를 갖추고 있어도 마지막 덕목이없으면 있으나 마나!
그　마지막 덕목은? 바로

놀짱!　입니다요　^^　　　　　　　　　　　　　　또랑광대 생각

우리 민요의 중흥을 위해

우리나라 각 지역의 대표적 민요를 들어볼까요?

전라도는 진도아리랑, 경상도는 밀양아리랑, 강원도는 정선아리랑, 수도권은 경기아리랑이 대표적인 아리랑이죠.

여기서 한 가지 의문이 듭니다.

전라도의 꽤나 큰 광주나 목포에서가 아니고, 경상도는 부산이나 마산 같은 데서도 아니고, 강원도는 강릉이나 춘천이 아닌 곳이 왜 대표적인 민요가 되었을까요?

혹 그 옛날엔 그곳이 광역을 대표하는 곳이었던 걸까요? 옛 문헌을 뒤져봐도 그런 기록은 없었습니다.

남도에서 한 참 떨어진 섬인 진도에서 강원도 중에서도 오지인 정선에서, 교통과 정보가 원할치 않았음에도 불구하고 많은 이들에게 익숙해진 각지역의 대표적 민요들에게는 무슨 연유로 그 맥이 우리에게 전해졌을까요?

그 연유를 민요학자에게서는 들을 수 없었고 엉뚱하게도 어느 화백에게서 들을 수 있었습니다.

그 이유는 한마디로 유랑하는 인텔리겐챠와(지식인계층)의 운명적 만남이 있었기 때문이랍니다.

이러한 것을 시대적으로 따지자면 이렇습니다.

진도는 고려시대 삼별초가 여몽연합군에 맞서서 강화도에서 진도로 항거지를 옮기게 됩니다.

이 때의 삼별초는 무인단체이긴 하지만 문무를 겸한 당시 최고의 인텔리겐챠 였습니다.

이들이 낯선 땅에서 자리를 잡으려면 그 지역 토착민과의 협조가 대단히 중요하지요.

진도 땅에 터전을 잡은 삼별초는 그곳에서 진도지방의 노래를 들었을 것이고, 그 노래를 통해 자신들의 처지를 읊었을 것이고, 삼별초가 제주도로 결국 지금의 일본 오키나와로까지 밀려가면서 그 명맥을 유지하며 육지와 섬을 잇는 가교역할을 했다고 봅니다.

우리의 태권도가 일본의 가라데에서 유래됐다고 하는데 그 가라데가 바로 고려 삼별초의 수박희가 일본 열도로 퍼진 것이라 합니다.

태권도가 세계적인 무술로 그리고 올림픽종목에까지 오를 수 있었던 이유는 나중에 다시 거론하고요.

다음은 강원도 정선아리랑을 보겠습니다.

고려말 조선건국 과정에서 희생당한 사육신 말고 생육신과 고려의 흥망을 같이 한 이들은 정선땅 두문동으로 스스로 숨어들었습니다. 가면 나오지 않는다 하여 두문불출이라는 용어가 여기서 유래되었다 합니다.

고려 망국의 한을 달래며 스스로 유배를 자처한 이들의 귀에 그 지역 정선아리랑 만큼 심금을 달래줄 소리가 어디 있겠습니까!

이들은 이 민요 가락에 자신들의 심정을 담아 작시를 더하니 더욱 그 소리말이 풍성해지게 되었던 게죠. 현재 정선아리랑에 전해지는 가사가 1500절이나 된다 하니 각양각색의 인물과 상황이 집대성된 결과라 아니할 수 없습니다.

혹자는 정선아리랑 민요의 유래 자체를 고려말 충신들의 칩거로부터라고 하는 분들도 있지마는 제가 보기에는 어불성설입니다. 그 지역의 옛부터 내려오는 민요가 없고서야 어찌 그 노래를 유지 전승할 수 있겠습니까?

당시 지식인들도 노래를 첨삭하면서 민초들과 어울렸기 때문에 가능한 일이죠.

밀양아리랑과 경기 아리랑은 보다 최근으로 거슬러갑니다.

일제강점기 때의 독립투사들이 많이 불렀던 노래가 밀양아리랑이라 합니다. 춥고 배고프지만은 조국의 독립을 위해 만주와 연해주 벌판에서 고향을 잃은 설움을 사설로 담아 독립운동가로 재탄생시킨 것입니다.

경기아리랑은 춘사 나운규가 만든 영화 '아리랑'으로 전국을 휩쓴 민요입니다.

지금도 영화는 전국적인 강력한 매체로 영향력을 과시하죠. 그때도 그랬습니다.

비록 일제강점기이긴 하지만 춘사 나운규는 감독을 일본인 명의로 하고 일체의 제작과 연출, 출연을 직접하여 전국순회 상영을 하였는데 마지막 장면에서 이 아리랑 노래가 흘러나오며 대단원의 막을 내리는데 이 때 이 영화를 본 관객들을 모두가 이 노래를 합창하며 눈물을 흘렸다는 일화가 전해 옵니다. 아마도 이 아리랑 노래를 모르시는 분은 없을 것입니다.

이렇듯 그 지역의 대표적인 민요는 그냥 전수되어지는 것이 아니라 민초들이 켜켜이 쌓아놓은 짚더미에 지식인들이 불을 지필 때 가능해졌던 것입니다.

때로는 외세에 맞서 싸우는 독립군이라는 지식인들에 의해, 때로는 망국의 한을 달래는 군신들에 의해, 때로는 예술의 혼을 불태우는 예술가라는 지식인에 의해 소중하게 보존되고 전승되어 왔습니다.

이제 매체의 발달과 정보의 발달로 모두가 지식인이 되어 가는 세상에서 우리는 어떤 현장의 노래에 귀를 기울이며 세상 이야기를 담아내야 할까 자문해 봅니다.

2018년 9월 2일

또랑광대 생각

첩첩산중의 어원을 아시나요?

조선시대 까지만 해도 양반들의 특권은 이루 말할 수 없이 많았습니다. 그중 처를 데리고 사는 것은 물론, 첩까지 얻어 사는 양반들이 비일비재했지요. 그래서 우리네 탈춤에는 양반의 처와 첩간의 갈등을 그리는 마당이 자주 나옵니다. 양반과장의 소무, 미얄할미 과장의 본처와 첩의 싸움 등, 당시의 계급사회에서의 모순을 탈춤으로, 해학과 풍자로 표현해 전통예술의 밑전이 되기도 했으니까요. 헌데 문제는 처첩간의 갈등보다, 첩첩 간의 갈등이 더 심각했습니다. 본처야 남편이 첩질을 해도, 하인들 부리며 안방마님 대접을 받으니 아니꼬와도 참고 묵인하며 지낼 수 있었으나, 첩들 간에는 상황이 달라졌지요. 양반들이 욕심을 내면 낼수록 갈등의 골은 깊어 갑니다. 첩을 하나가 아니라 둘 이상 둔 양반들은 특별한 관리가 필요했던 것입니다. 이들 첩들은 대장인 양반만 바라보고 사는지라 본처 말고는 자신이 항상 2인자라고 생각하기 때문에 본처 이외의 여자는 자기 밑이라 여기며, 본처의 자리 따위 아랑곳하지 않고 대장인 양반에게만 잘 보이려고 하는데 또 다른 여인네가 나타나 알랑거리니 자신의 신변에 위협을 느껴 질투 아닌 질투를 하게 됩니다. 그래서 어느 골목길에서 마주치기라도 하면 질투가 지나쳐 시비를 걸게 되고 서로 욕지거리를 하는가 하면 심지어는 머리끄댕이를 잡아당기며, 몸싸움을 하는 지경에 까지 이르게 됩니다.

양반의 입장에선 이런 일이 반복되면 체면이 말이 아니지요. 그렇다고 일일이 순번을 매겨 줄 수도 없고 매겨 준다고 받아들일 첩들이 아니기 때문입니다. 그래서 고민하던 양반들은 이들의 생활 동선이 꼬이지 않도록 설계를 하게 되었습니다.

그것은 뭐냐 하면 양반네 집에서 얼마 떨어지지 않는 인근 산속에 집을 지어 주고 하인 하나씩 딸려 살게 하고 자신이 시간 날 때 찾아가는 방식으로 살게 한 것입니다. 그래서 첩들이 서로 마주치지 않게 산속에다 집을 마련해 주게 된 것이지요. 그래서 첩들이 주로 산중에 있다 해서, '첩첩산중'이란 말이 탄생했지요! ^^ 믿거나 말거나 ~~

또랑광대생각! ^^

유형별 또랑광대

무릇 또랑광대란 작은판에서도 판을 벌리고, 판에 참여한 사람과 소통하고, 신명의 세계로 인도하는 사람이렸다!

허나 같은 또랑광대인 것 같은데도 그 역할과 자세와 품격에 따라 급수가 있고, 유형이 있으니 참으로 가지각색이었던 것이었다!

랩- 세상 일을 생각하면 답답해! 이것저것 생각하면 갑갑해! 왜 그런지 스케줄은 빡빡해!

요즘 랩가요의 가사를 볼작시면 단어나 어구의 맨 끝을 동일하게 끝내는 끝말 똑같이 하기 놀이가 유행인데 이 놀이로 한번 또랑광대의 요모조모를 살펴보자!

우선 마을에 정착하지 못하고 이곳저곳을 집시처럼 떠돌아 다니는 유랑광대!

유랑광대 중에서도 정처없이 떠도는 광대를 방랑광대! 라 한다

방랑광대 중에서도 행실이 영 좋지 않은 광대를 방탕광대! 라 한다. ㅎㅎ

방탕광대와 유사한 부랑광대가 있으니 이 차이는 본인은 방탕하지 않다고 우기면서 아무한테나 뼹뜯고 아무데서나 잠자며 아무 곳에서나 방뇨를 하는 사람을 일컫는다. ^^

유랑광대, 방랑광대, 방탕광대, 부랑광대는 종이 한 장 차이가 아니라 글자 한 자 차이이나 그 속에는 엄격한 품격이 있으니, 요런 광대들을 잘 구분하여 사귀는 것이 인생에 도움이 될터!

나아가 더 조심해야 할 광대가 있으니 줏대없이 남이 하자는 대로 따라만하는 딸랑광대가 있으니! 재주라고는 딸랑! 하나만 가지고 남 웃기겠다고 덤벼들면서 유사시엔 남한테 잘 보일려고 딸랑대는 광대! 조심할지어다! ㅋㅋ

여기에 딸랑광대와 유사한 광대가 있으니 여기저기 꼬리치면서 알랑방구 뀌는 살랑광대가 있으니 잘 분별하여 놀지어다!

또한 비슷한 광대가 있으니 조신하지 못하고 되바라져서 닳고 닳아 까져버린 발랑광대도 있어요.
일을 가볍게 처리하여 항상 뒷감당이 안되는 촐랑광대! ^^

그리고 또랑광대가 되기엔 애초부터 싹쑤가 노란 노랑광대!들이 있겄다. 이에는 먹물이 많이든 사람과 재물이 많은 사람과 권세가 있는 사람 중에 간간히 나타나니 각별히 주의할터! ㅎㅎ

풍물쟁이중에 상쇠랍시고 자랑하면서 씨끄럽게시리 꽹가리만 들입다 치는 그랑광대 (휘모리 – 그랑 그랑 그랑 그랑)

또 어떤 광대는 술 마시고, 춤추고 노래할 때 지가 무슨 마임이스트 랍시고 옷을 벗어 제끼는 홀랑광대도 있으니 미투에 걸리지 않게 조심할 지어다!
또 어떤 이는 남 앞에서 항상 지자랑하기 바쁜 자랑광대!

늦게 장가가도 듣기 좋은 신랑광대 (참고로 제 친구는 55세에 장가 간 친구도 있답니다.)

칠팔십세를 자셨어도 진가를 발휘하는 꼬부랑광대!
지는 몰라도 실내에 들어오기만 하면 다른 사람 코를 감싸게 만드는 꼬랑

광대 (어휴! 꼬랑내)

　일을 시키면 꿈떠서 복창 터지는 꿈시랑 광대!　^^

　항상 앞일이 위태위태하여 삶이 벼랑끝 같은 벼랑광대!

　결국 사고쳐서 감방 가버린 쇠고랑 광대!

하는 일 없이 빈대떡 신사처럼 갤러리나 왔다갔다 하는 화랑광대!

　유어예! 이런광대 저런광대 또랑또랑한 광대! 안 또랑또랑한 광대! 또라이 같은 광대! 다 뒤져 보았으니 새해에는 멋진 광대들과 살판나는 세상을 열어제끼면서 놀아들 봅시다요!

2019년 1월 6일

또랑광대 생각

음악의 획일화 현상을 경계한다!

요즘 유행하는 트로트 열풍에 대한 저의 견해는 간단합니다.

우리 전통예술 중에서 사물놀이를 보는 것 같다라는 느낌입니다.

사물놀이가 풍물굿에서 파생된 장르란 것쯤은 다들 아시다시피 풍물굿의 여러 요소 중 치배(악기를 치는 사람) 위주로 취합을 하고 가락의 음악성을 발전시켜 나가 히트쳤던 것과 비슷하다고나 할까요?

그 사물놀이는 가장 소규모의 인원으로 경제성과 기동성을 바탕으로 무대진입에 성공하였고 근 40년 이상을 전통예술의 한 장르로 인정받고 있었다는 점입니다.

하지만 사물놀이가 음악적 요소를 발전시킨 데 비해 풍물의 다원적 기능을 축소시키는 데 일조하였다는데 많은 평론가들이 지적하고 있습니다.

풍물은 단순한 가락만이 아니라 여러 요소의 집합체로서(깃발을 통한 정체성과 상징, 무동과 잡색이라는 역할을 통한 관객과의 어울림 등).

규모로서의 미학도 있으며 여기에는 비나리라는 소리굿, 마을의 안녕과 풍년을 기원하는 당산굿과 지신밟기라는 공동체 유지에 필요한 예술적 기능들이 많이 함유되어 있는 바, 이러한 좋은 유산들이 상실되는 안타까운 일들이 벌어지고 있었기 때문입니다.

가락만 하더라도 각 지역 마다의 독특한 가락이 있는데 이를 획일적으로 통합해 이제는 지역 고유의 가락을 치는 풍물패가 점점 사라져가고 있는 실정입니다. 이렇듯 사물놀이가 순기능을 한점도 있지만 역기능을 한점도 빼놓아서는 안된다고 봅니다.

음악에 있어서 특히 노래라는 장르에 있어서도 마찬가지라고 봅니다.

본래 우리의 전통가요는 민요와 판소리로 계승되었는데, 일제강점기시대에 들어온 트로트가 1970년대 까지도 대세를 보이다가 이후, 포크시대를 열면서 새로운 노래장르와 길을 같이 가게 되고 이후 90년대 서태지와 아이들의 출현으로 원래의 서양 포크의 기능(저항정신)을 서태지 세대들이 맡게 되며 우리사회의 노래가 갖는 역할이 점점 확대되는 듯 했습니다.

최근에는 K-팝이 세계시장을 누비면서 방탄소년단이 최고의 구가를 노래하고 있습니다.

한 축으로는 한류의 세계화에 기여하고 또 한 축으로는 스타시스템을 양산하는데 기여하고 있습니다.

어찌됐든 음악 양식의 다양화는 보는 사람들에게 취향의 선택을 할 수 있는 기회가 주어지게 됩니다. 하지만 작금의 트로트 열풍은 이러한 다양한 음악장르에 대한 접목을 원천적으로 가로막고 있다 해도 과언이 아닙 니다.

인간은 다양한 문화양식을 통해 그 세계를 살아가는 삶의 사유방식이 자리답게 됩니다. 통과의례가 그렇고 노래가 그렇습니다.

그런데 어느 때보다도 힘든 시기를 지내려는 시기에 젊은이건 어른세대건 할 것 없이 트로트 음악만이 채널을 독점하고 있을까요?

한 20여 년전 컴퓨터를 배울때가 있었는데 컴퓨터는 깡통이다란 책을 읽은 적이 있었습니다. 그 책에서는 컴퓨터에 대해 아주 명쾌한 정의를 내리고 있어 컴퓨터의 기능에 대해 흥미를 느낄 수 있었는데, 그 요지는 컴퓨터는 필요한 프로그램을 다운 받아야만 활용할 수 있다는 것인데, 요즘에는 핸드폰에 필요한 앱을 깔지 않으면 활용할 수 없고 평생 알 수 없듯이...
음악도 다양한 음악 장르를 맛보고 선뵐 수 있는 프로그램 채널이 필요하다고 보는 것입니다. 그래야 자신이 진정으로 좋아하고 빠져들 수 있는 장르를 선택해서 음악을 사회적으로 더욱 풍부하게 만들어 사회를 더 풍요롭게 하는 데 기여할 것이기 때문입니다.

사물놀이가 가락의 획일성을 경계하듯이 음악도 트롯트 일색으로 가는 것을 경계해야 합니다.

더더욱 트로트 프로그램 방송을 구성하는 일들을 보면 하나같이 경쟁구도로 가는 경향이 짙어 매우 안타까운 실정입니다. 무슨 노래를 꼭 대결구도로만 해야 직성이 풀리는지 점수 매기기에 혈안이 되어 있어 눈쌀이 찌푸려질 때가 많습니다.

예술이 경쟁이 되고 점수 매기기 대상인가?

외국인들이 우리나라 음악 프로그램을 보고는 매우 의아해 할 것이라 봅니다. 예술도 경쟁하는 나라! 라고요.

이것이 우리나라의 실정이라면 심각하게 고려해 봐야 할 것입니다. 모든 것이 경쟁이다 보니 음악도 예술도 모다 경쟁이 되어야만 직성이 풀리는 나라로 보진 않을까 심히 우려스럽습니다.

또 하나 트로트의 부흥?은 바로 이 나라에 미래에 대한 희망이 뚜렷하지 못한 것을 반증하는 것이 아닌가 싶습니다.

'90년대 기성세대와 질서에 반항하며 등장했던 힘팝 노래에 열광한 것에 비해 이제는 더 이상 아이들에게 미래가 없으니 그 옛날 트로트시대 처럼 체념하고, 순응하는 삶 밖에는 없으니 트로트의 정서가 우리에게도 시나브로 스며들어 내 삶을 점유한게 아닌가도 생각해 봐야 할 일입니다.

2020년 11월 10일

또랑광대 생각

장영실 사건을 통해본 세종대왕의 애민정신!

고육지책으로 신변을 보호한 세종대왕의 지혜

장영실은 실제 세종대왕의 가마가 부서지자 태형을 선고받고 고통스런 곤장을 맞는다. 그리고는 봉고파직 당해 쫓겨난다.

그리고는 세종실록을 비롯하여 조선왕조실록 어디에도 장영실에 대한 기록은 안나온다. 이처럼 단호하게 처벌을 한 것은 어찌보면 세종대왕답지 않은 면이 있어 보인다.

실제 장영실과 같이 가마를 만든 일에 함께했던 조순생이는 가마에 문제가 없다고 했지만, 장영실은 하자를 발견하고는 보수하자고 제안했던이다. 그런데 가마가 부서지는 사건이 터지자 오히려 장영실에게만 태형이 내려진다. 부당하고 편파적인 판정이 아닐 수 없다.

장영실 입장에서는 억울하기 짝이 없을 것이다.

누구든 이 대목을 생각해 보면 갸우뚱할 수도 있다. 그러나 한 번 더 생각해 보면 세종대왕이 장영실을 얼마나 아끼는지 알 수가 있다.

그것은 바로 명나라와의 관계 때문이었을 것이라 짐작한다. 조선이라는 나라가 명과의 관계에서 자유로울 수 없는 나라이기 때문이다.

사실 천민신분인 장영실이 천문기구를 만든 것도 명나라로 가는 사신단에 끼여들어 명의 문물을 샅샅이 살피고 와서 그것을 바탕으로 조선의 천문기구를 만들었다고 해도 과언이 아니기 때문이다.

사신단은 명나라에서도 조선을 찾아온다. 이 사신단의 권력은 막강해서 명의 황제를 대신하는 무소불위의 권력을 행사할 힘을 지니고 있다. 세종대왕은 이것을 늘 꺼림찍하게 생각하고 걱정했을 것이다. 한글을 창제하는 것도 거의 비밀리에 진행해야 하는 상황이었으니까! 아무튼 세종대왕은 장영실이 천문기구까지 만들어 놓자, 어떤 조치를 취하게 한다.

왜냐하면 언제든 명나라 사신이 조선으로 내려오게 되면 조선의 과학문물을 시찰할 것이고, 자신들의 속국 정도로 생각했던 조선의 문물을 보고 깜짝 놀랄 것이고, 이것을 만든 사람에 대해 추궁을 할 것이고, 그리하면 무슨 핑계를 대서라도 장영실을 명나라로 데려갈 것이고, 그렇게 되면 장영실은 명나라에서 쥐도 새도 모르게 죽게 되거나 아예 명나라 신하가 되어 명나라 사람이 될 것이 불을 보듯 뻔할 것이기 때문이다.

그래서 세종대왕은 고육지책을 선택한다. 왕의 가마를 일부러 부서지게 만들게 하여 그것을 빌미로 중형을 때리고 벼슬직까지 박탈하게 한 것이다. 그래야 아예 명나라 사신이 왔을 때, 눈에 띄지도 않게 하며 발명기구의 주인공을 물을 때 적당히 핑계를 대며 둘러댈 수가 있기 때문이다.

KBS 교양프로그램 역사저널 프로그램에서는 장영실이가 할 바를 다했기에 용도 폐기한 것 아니냐 하는 의견도 있지만 그것은 이면을 잘 모르고 하는 소리다. 세종대왕은 장영실을 귀양 보내듯 쫓아냈지만, 분명 내사를 시켜 장영실안위를 보존했을 것이고 장영실도 세종대왕의 맘을 눈치챘을 것이다. 아마도 세종대왕은 장영실에게 몰래 찾아가 술 한잔하며 어쩔 수 없는 상황에 대해 눈빛으로 얘기하며 위로를 했을지도 모른다. 실록으로 남기지 않는 방법을 택해서...

오늘날 위정자들이 자신을 위해 헌신적으로 일한 사람을 헌신짝 처럼 버리는 사태를 보면서 우리가 믿고 따를 수 있는 이 시대의 지도자가 다시 한 번 그리워진다.

2016년 5월 28일 　　　　　　　　 또랑 광대 생각 ^^

천문지리天文地理보다 무서운 천문 병리天文病理!

삼국지에는 병법에 통달한 제갈공명이 동남풍을 불게 하여 조조의 수군들을 화염에 휩싸이게 하여 몰살시키는 장면이 나온다.

병법에 천문지리를 이용하는 장면이다.

천문지리를 이용하면 인간의 무기와 숫자를 뛰어넘는 강력한 무기가 되기도 한다.

환언하여 정월대보름 잔치는 우리 민족이 천문지리를 활용하여 즐겼던 집단 풍류라고 해도 과언이 아니다. 하여 둥근달을 보며, 달집을 태우고 풍물을 치고 밤새 놀았던 것이다. 밤새 놀 수 있던 것은 따뜻한 불(달집)과 환한 불(보름달)이 있었기 때문이다.

재밌는 것은 옛날 우리 조상들은 음력 2월 초하루를 머슴의 날이라 해서 양반들이 한해 농사를 시작하기 전 머슴들에게 이날 잔치를 베푼다. 술과 고기도 먹이고 실컷 놀게 한다.

그러나 밤새 놀지는 못한다. 왜냐하면 이날은 초하루 날이라 달이 뜨지 않는다. 그야말로 무월삼경이 된다.

밤이 캄캄하니 일찍 들어가 잘 수 밖에...

그러니 밤새 놀다가 사고 칠 일도 적다. 양반들로서는 적당히 멕이고 선심쓰기 딱 좋은 날이다. 이렇게 옛 양반들도 천문지리를 이용해서 머슴들을 부려 먹었다.

대보름에 얽힌 에피소드 두 가지!

그러니까 천문지리를 모르고 밀어 부쳤다가 낭패본 케이스다.

지금은 꽤나 유명해진 원주 매지리 회촌 달맞이 축제 때다. 20여 년 전에 매지리 달맞이 축제를 준비하는 데... 전 날 달뜨는 시간을 체크하여, 풍물굿치는 프로그램 배치를 하였다.

전날 6시쯤에 달이 뜨는 것을 확인하고. 당일 날도 풍물패들에게 곧 달이뜰것이니 일제히 달맞이 굿을 울리시오! 하고 풍장을 치며 달이 솟아오르기를 기다렸다. 헌 데! 이게 웬일인가?

30분을 넘게 풍물을 쳤는데도 달이 뜨질 않는 것이었다!

저놈의 달이 미쳤나? 거의 50분, 가까이나 되어서야 달이 뜬 것이었다. 풍물패는 기진맥진^^

나중에 알고 보니 달은 그렇게 하루에 50분 정도씩 늦게 뜬다는 것을 알았다. 반달은 낮에 나온다는 것도...

또 한 가지는 4년 전 부론 섬강 오토캠핑장에서

개장식겸 정월 대보름잔치를 할 때였다. 아는 선배께서 캠핑장 지사장으로 오고 부론면민분들하고 같이 준비할 때다. 고수부지터에 위치한 캠핑장은 더할나위 없이 좋은 곳임에 틀림 없었다.

하지만 이곳에서는 달이 뜨기 전에 일찍 달집을 태울수 밖에 없었다. 왜냐하면 달이 뜨는 동쪽에 바로 앞산이 가로막고 있었기 때문이다. 다른 곳에서는 6시 반이면 달을 볼 수가 있는데 여기는 8시가 넘어야 달을 볼 수가 있었고, 강바람이 불어 추워서 사람들이 시나브로 돌아가고 있었기 때문이다.

이렇듯 천문지리를 모르고 날뛰었던 기억이 새롭다.

헌데! 이제는 천문지리(天文地理) 보다 더 막강한 놈이 나타났으니 이름하여 천문병리(天文病理)라!

이놈의 구제역땜시 일이 이렇게 될 줄이야!

나무관세음 보살!

2019년 2월 14일

풍류문화와 3기론

십이년 전 쯤으로 기억된다. 그때 또랑광대전국협의회를 만들고 제가 얼굴마담을 할 때였는데, 어느 날, 모 방송국에서 연락이 왔다. 한번 만나자는 것이었다. 방송국에서는 제작부국장 이라는 분과(이름은 기억이 안남) 개그작가 전인호라는 분이 나왔고 (이 양반은 본인이 코메디언 이주일을 발탁한 사람이라고. 스스로 밝힌 바 있다) 우리 측에서는 저와 몇몇 선후배가 회동하였는데 인사동 어느 주막집에서 막걸리 한잔하며 서로 인사를 주고받았는 데, 그 때 제작국장이라는 사람이 또랑광대가 뭔지, 무슨 일을 하는지, 꼬치꼬치 캐묻기 시작했다. 처음에는 방송국 속성상 그럴 수도 있겠거니 했는데, 후배님들에게 한번 해 보슈! 라고 까지 주문이 들어왔고 마지못해 후배님들이 창작소리 몇 대목을 부르기도 하였다.

나는 그 자리가 점점. 무슨 방송국 오디션 보는 자리 같아 별로 내키지 않았는데 결국 불똥은 나한테까지 이어졌다.

그 국장이라는 분이 나는 어떤 작품을 가지고, 노는가 물어 보다. 내가 이런저런 얘기를 하니 저한테도 한번 해 보세요. 하는 것이 아닌가! 그때 나도. 모르게. '저는 3기가 맞아야 합니다.' 하고. 대답하였다. 그가 다시 3기가 뭡니까? 하길래. '예 첫째는 분위기고요. 둘째는 취기이고요. 셋째는 객기 입니다.' 라고 대답하니 그 양반 얼굴색이 싹 변하더니, 술을 먹는 둥 마는 둥 하더니 나중에 연락주겠다며 자리를 파했던 일이 있었다. 예상이야 했던 일이지만, 그분들은 우리를 방송프로그램으로 집어넣을 가치가 있는지, 일종의 헌팅을 한셈인데, 내가 초를 쳤으니 출연이야 언감생심이었다.

나중에 들려오는 소문으로는, 또랑광대, 참 건방지다는 얘기가 나왔다고 한다.

그 후 나는 예우없이 소리 한 자락 해달라는 주문에는. 여지없이 3기론을 들고 나온다.

광대는, 대부분 기분 좋게 부를 수 있는 경우가 많다. 하지만 신분과 지위를 남용하여 오버할 경우에는 기분이 더러워지는 것은 인지상정이지 않겠는가!

비오는 날에는 2기만 있어도 소리하고 싶어진다.
왜냐하면. 우기가 하나 더 있으니까! ^^

또 여러 사람이 부탁하면 2기만 있어도 된다. 왜냐하면 여러사람이 반기니까! ^^

자연스러운 풍류문화에는 3기가 있다.

2018년 3월 20일

풍류와 호연지기

　　두 단어를 들으면 웬지 유쾌해 집니다! 무엇인가

멋스럽고 호탕한 기운으로 살아가는 느낌을 받기 때문이지요.

　　인생을 멋스럽게 살아간다는 것은 누구나 꿈꾸는 일입니다. 우리네 선조

들은 그래서 멋을 추구하며 살아왔고, 그 개념을 '풍류'란 글자와 '호연지기'

란 글자로 전해 주셨습니다.

　　그런데 풍류와 호연지기를 그저 풍월이나 읊조리고 자연을 좋아하며 놀

기 좋아하는 한량쯤으로 알고 있는 분들이 많은데, 풍류와 호연지기를 자

세히 들여다보니 그게 아니었습니다. 우선 화랑세기에 나오는 풍류의 개념

부터 살펴보니!

・　相磨以道義　相悅以歌樂　遊娛山水

　　無遠不至 (『花郎世紀』, 金大問)

　　상마이도의 상열이가악 유오산수

　　무원부지 (『화랑세기』, 김대문)

　　서로 도의로써 연마하고, 노래와 음악으로 즐기고, 산수에 노닐어 먼 곳

까지 이르지 않음이 없다! 고 나와 있습니다.

　　우리가 알고 있는 풍류는 둘째 이하부터였습니다. 첫째가, 상마도의 였습

니다. 서로 도의로써 연마한다는 것! 이것이 무엇보다 중요하다는 것입니다.

이것이 전제되는 것 위에 상열가락과 유오산수가 있는 것이라는 뜻입니다.

　　때에 따라서 경중완급이 다를 수도 있지만 적어도 내가 발 딛고 사는

세상에 대해 올바른 길을 걷고 있는가에 대한 근본적인 질문에 대한 답을 먼저 찾아야 한다고 봅니다.

그래서 풍류는 걸림이 없고 막힘이 없는 것이라고 봅니다. 어떤 고정된 특히 사회적으로 주어진 조건하에서만 노는 것이 아니라 막힌 것을 넘어가고 돌아가며 장벽을 타고 넘나들 수 있는 도의를 추구해야 한다는 것! 이것이 풍류의 가장 중요한 덕목? 이란 것을 강조합니다.

호연지기는 또 어떻게 해석했을까요? 한자 뜻만 보면 자연을 좋아하고 그 속에서 기운을 느낀다! 뭐 그런 정도로 해석되는데. 사전을 검색해 보니. 이렇게 나왔드라구요.

1) 도의에 근거를 두고 굽히지 않고 흔들리지 않는 바르고 큰마음
2) 하늘과 땅 사이에 가득찬 넓고 큰 정기
3) 공명정대하여 조금도 부끄럼 없는 용기

이렇드래요. 여기서도 자연과 더불어. 유유자적한다는 말은 없고, 도의를 맨 먼저 내세웁니다.

그만큼 도의가 중요함을 강조합니다.

사실 도와 의도 그 철학적 판단기준이 애매할 때도 있습니다. 정의란 무엇인가? 를 한마디로 정의 내리기 어려운 것과 같지요. 하지만 적어도 상식이 통하고 공명정대한 것 쯤은 누구나 판단할 수 있으리라 봅니다.

다만 그것을 눈감고 지나치느냐 아니면 맞서느냐의 차이 정도라고 봅니다.

새해에는 우리나라가 도의에 근거해 풍류와 호연지기를 앞세우는 풍류도반님들이 많아졌으면 하는 바람입니다.

새해 복 많이 내려받으세요.　　　　　　　　　　　　2019년 1월 13일

한글날에 대한 단상

소리꾼으로서 항상 의문점이 드는 것이 한가지 있습니다. 그것은 판소리를 들을 때, 관객들이 얼마나 알아들을 수 있을까 하는 것입니다. 이는 다시말해서 소리꾼들이 소리를 할 때 얼마나 알아들을 수 있게 부를까란 얘기와 똑같습니다.

판소리는 계층과 계급을 포괄하여 예전 시대에 백성들이나 양반들이나 다같이 즐겨 부르던 예술장르인 것 만은 사실입니다.

아니 정확히 말해서 백성들이 즐겨 듣던 이야기 거리와 노래가 인기가 커지자 양반들이 관심을 가지고 손을 대면서 널리 퍼지게 된거지요.

헌데 문제는 이러한 판소리의 사설이 듣는 소리에서 뜻글자 소리로 변해가면서 점점 무슨 소리인지 모를 소리가 되어 갔다는 것입니다.

이제는 마치 서양의 클래식 음악을 듣는 것처럼 옛날 음악 중 하나이면서 그저 성음이 독특했던 옛소리 발성 음악이구나 하면서 느낄 뿐입니다.

옛날 백성들이 지금과 같은 판소리 사설에 열광하였을까요? 우리 보다도 더 문자가 더 해박하여 좋아했을까요 ?

분명 문맹율이 많았던 시절이라 그러지 않았을 것입니다.

한자는 물론이요. 한글도(언문이라 비하하며 부르던) 모르던 시절에 판소리가 명맥을 유지할 수 있었던데는 무언가 소통이 되었기 때문일 것이라 봅니다.

소통을 하려면 우선 알아들을 수 있어야 하는게 아니겠습니까?

판소리의 미학 중 하나가 이면을 잘 그려야 한다고 합니다.

이면이란

제가 해석하기로는

첫째 그림이 잘 그려져야 한다는 것으로 봅니다.

소리로 그림을 그리는 것! 이것이 판소리의 역할인 것 입니다. 소리를 들으면 어떤 형상이 떠올라야 한다는 것입니다.

둘째는 감성이 풍부해야 한다는 것입니다. 이성이 아니라 감성으로 다가갈 수 있게끔 하여 정서가 느껴져 교감 되어야 한다는 것입니다.

판소리는 무엇보다도 명쾌해야 합니다.

우물거리거나 발음이 부정확해도 안됩니다.

더군다나 한자까지 써가면서 소리꾼조차도 무슨 뜻인지도 모르는 소리를 하는 누를 범하지 말아야 합니다.

그것이 세종대왕께서 원했던 일이고 들으면 들을수록 재미있고 귀에 들어오는 소리라야 합니다.

이제는 전통판소리의 한글 버전화가 필요할 때가 온 것 같습니다.

뿐만아니라 다양한 창작판소리를 불러야 할 때입니다. 창작판소리가 꽤 오래전부터 시도되어 왔지만 성음이나 목재치 등 음악성의 완결성만을 기준으로 하는 풍토에서 제 기능을 못하고 터부시 되는 일은 없어야 합니다.

통일 운동가 백기완 선생님의 강연을 들을 때면 가끔 그 분이 한바탕 판소리를 하시고 계신다는 느낌을 받습니다. 성음은 수리성을 갖춘 영락없는 소리꾼 목소리요. 이야기는 청중에게 파고드는 절절한 이야기를 풀어 놓으신지라 한편의 문학작품을 듣는 것이기도 하니까요. 이분에게는 장단과 목재치만 없을 뿐이지 한판의 판소리를 듣는 것과 같다고 봅니다.

판소리는 이야기의 다양성, 완결성을 갖춘 사설과 함께 음악성을 겸비하는 것! 이제는 둘 중 어느 것 하나 소홀히 할수 없는 시대적 요청이라 봅니다.

판소리는 풍류에 필요한 8가지 예술 양식을 포괄하고 있으며 (시, 서, 화, 공, 가, 무, 악, 극)

가장 경제적이고 기동성 있는 예술이기에 더욱 그렇습니다.

자전거가 두 바퀴로 굴러가듯이 하나는 이야기가 있는 문학성과 또 하나는 독특한 우리만의 발성과 창법을 통한 음악성! 판소리도 이 두 바퀴로 굴러가야 한다고 봅니다.

오늘날 판소리는 동리 신재효 선생님의 광대가를 실현하는 일이 더욱 시급 하다고 봅니다.

한글날을 맞이하여 판소리의 미래를 생각해 봅니다.

2018년 10월 9일

또랑광대 생각

함박눈 아가씨

지금으로부터 30년도 더 된 시점
내가 낮잠자다 아련히 알게 된 노래

　겨울 한낮에 눈이 펑펑 오는 날 이상하게 나른하게도 집에서 낮잠을 자게 되었것다.

　그때 라디오에서 감미로운 음악이 흘러 나오는디 비몽사몽 간에 그 노래를 들였겄다.

　리듬은 탱고 리듬에 청아한 가수의 노래로 그날 노래가 끝나고 '고거참 괜찮은 노랜데' 하며 가사를 복기하려 했으나, 가수도 모르고 노래 제목도 몰라 걍 갸우뚱거리며 혼자 옹알거리며, 나름대로 복기한 가사는 이렇게 겨우 꿰맞췄다.

　'함박눈이 내리네 처마 끝에서
　하늘을 보고 싶은 아가씨 얼굴
　긴 세월 나날들을 흩어진 눈송이에
　함박눈이 내린다 하나님의 비듬'

　마지막 가사는 분명코 '비듬'이 아닐진대 이상하게 낱말 퍼즐 맞추기가 안되어 그냥 내 깜량으로 때려 맞추고 그런대로 불러제끼고, 가끔 겨울에 눈내리면 술좌석에서 유머 노래로 부르곤 하였다.

어느덧 세월은 흘러 아련한 추억의 노래로만 간직하고, 혹 이 노래가 원래 있지 않고 꿈에서 현몽한 노래가 아닐까 하여 착각한 때도 있었다.

헌데 최근
유튜브로 찾아보니

이 노래가 있었습니다. 리듬도 분명 탱고리듬

근디 이 노래를 찾게 된 배경이 있습니다.

우리 시골집 슈퍼 젊은 부부가 우리 주막에 와서 한잔하는 회동파티를 하다.

비듬나물 비빔밥을 바가지에 가져오셨지요.

이게 비듬나물이라고 하면서 너무나 맛있게 먹다가 갑자기 옛날 노래중 꿈속에서 듣던 노래가 문득 생각나서 찾아보게 되었지요. 유튜브 좋아요.

첫소절 가사를 치니 바로 나오네요.

조영남 노래

오늘도 더위와는 상관없이 겨울노래에 심취해 봅니다. 이제 제대로 된 가사를 외워 봐야지.

    함박눈이 내리던 추녀 끝에서
    하늘을 보고섰던 아가씨 얼굴
    눈에 덮인 나무처럼 내 마음 적셔주네
    함박눈이 심어준 애달픈 그 사람아
  이게 원본 가사 였었네요. '애달픈 그 사람아'를 '하나님의 비듬'으로 바꿔 불렀답니다.   ㅎㅎ

이 노래엔 2절도 있네요

    어디 사는 누군지 알진 못해도
    눈길을 걸어가던 귀여운 모습
    날은 가고 흘렀어도 싹이튼 사랑이여
    함박눈이 심어준 애달픈 사람아

 아 ~~   감미롭다 보니 가사가 조미료가 되고 함박눈이 조미료가 되는가 보다. ㅎㅎ

2021년 6월 25일

정도령 출현과 개벽!

조선시대 민심이 흉흉해지고 살림이 피폐해질 때 백성들 사이에서는 이를 구원할 사람으로 정도령이 나타나 나라를 구할 것이라고 소문이 나돈적이 있습니다.

제가 보기에는 지금이야말로 "정도령이 나타나 세상을 구할때다"라고 생각합니다.

응? 웬 귀신 씨나락 까먹는 소리냐고요? 니가 정씨니까 까부는 것 아니냐고요?

그게 아니라 다가올 사회에서는 "우리 조상님들이 관계 맺었던 풍류의 덕목과 사회의 덕목을 잘 융합한 사회로 가기 위해 필요한 요소가 정"이라고 보기 때문입니다.

2017년 10월 안산에서 김봉준 선배님을 만난적이 있습니다. 술자리와 차로 이동하는 자리에서 이런 저런 이야기를 나누다가 돌아가신 김구한 선생님을 떠올리시더니 그분이 살아계실 때 김봉준 선생님에게 화두같은 것을 던지셨나 봅니다. "야! 봉준아 너는 우리 미학의 근본이 무엇이라고 보냐?" 이 말에 김봉준 선배님은 "신명 아닙니까?" 라고 대답하셨고 김구한 선생님은 "내가 보기엔 아무래도 정인 것 같다!"고 말씀하셨다고 합니다. 이말씀이 저에게 큰울림으로 다가왔던 기억이 새롭습니다.

우리 사회는 7~80년대까지는 이웃 간에 정(情)이 있었습니다. 그러나 사회적 정의(正義)는 약했습니다. 그래서 민주화를 위한 지난한 투쟁과정을 거쳐 사회정의를 실현하려고 노력해 왔습니다. 그것이 작년 촛불혁명과 지금의 미투운동으로 까지 이어지고 있는 것이라고 봅니다.

그 정의가 최근들어 국가란 무엇인가를 근본적으로 되돌아보게 하는 질문으로 부상하고 있습니다. 보수와 진보라는 진영논리를 뛰어넘어 진정 정의와 도덕으로 진일보 하고 있는 흐름입니다. 그렇습니다. 이 사회에서의 정의(正義)가 살아나고 있습니다. 이때의 정은 정(正)이지요.

헌데 사회 정의를 세우다보니 어느덧 이웃간의 정이 사라져 버렸습니다. 사회정의는 부르짖는데 이웃간의 정이 사라진 사회! 절음발이 사회이지요. 우리는 이웃간의 정(情)을 회복하고 사회정의(正義)를 동시에 지녀야 합니다. 그것이 개벽(開闢)이라고 생각합니다. 정도령(鄭道令)은 어떤 메시아, 구원자가 아니라 우리 모두가 지녀야 할 국덕(國德 – 국민으로서 지녀야 할 덕목)이 아닐까요?

이웃간에는 정(情)으로 나누며 살고 사회적으로는 권력과 지위를 이용한 부당한 차별이 없는 사회! 정(正)의 로운 사회! 그런 사회가 행복한 사회가 아닐까요? 그런 사회가 개벽이 아닐까요?
그옛날 정도령이 나타나 이 나라를 구원한다는 것은 그런 뜻이 아니었을까!
생각해 봅니다 ^^

2018년 3월 11일

또랑광대 생각

색다른 시각으로 본 전통판소리

전통판소리 다시 보기 1

춘향가 : 미투운동의 효시가 되다

전통판소리 다섯 바탕 중에 대중의 사랑을 가장 많이 받은 작품이 춘향가가 아닐까 한다.

그것은 두 청춘남녀의 사랑이야기를 다룬 것이기 때문이리라. 해서 춘향가의 주제가 절개라고 하기도 한다. 하지만 예부터 지금까지 이 작품이 큰 호응을 얻는 것은 바로 상호존중에 바탕을 둔 사랑이야기가 신분과 지위를 남용하여 수청이라는 성상납을 강요하는 것을 온몸으로 저항했고 그것이 마침내 큰 시련을 딛고 해피앤딩으로 맺기 때문이리라.

춘향가는 오늘날에 이어지는 미투 운동이 바로 상호존중이 없는 유혹은 성추행이나 다름없는 것이라는 것을 환기시켜 주고 있다. 사실 춘향가에서 이도령과 춘향이의 만남과 사랑은 너무나도 일방적이다.

그네를 뛰며 유혹하는 춘향이에게 이도령이 첫눈에 반해 이 도령도 신분과 지위를 이용해 방자를 앞세우고 춘향집으로 쳐들어간다. 갑작스레 들이닥친 이도령을 맞이하는 춘향이 엄마 월매는 이 두 불청객이 아닌 밤중에 홍두깨나 다름없다. 쳐들어와서는 당장 청혼을 하니 이런 천하에 무례한 법이 어디 있겠는가? 춘향가의 제일 아쉬운 부분이 바로 사랑가 대목이다. 연애는 별로 없고 이별은 꽤나 길다. 이별가 대목만도 세어보니 10대목이나 된다. 춘향가 전체의 1/10 정도 차지하는 이별가 대목을 듣고 있노라면 이들이 한 10년 정도 연애를 한 사람들 같은 착각이 든다. 사랑은 언제나 그렇게 불쑥 찾아오는 것일까?

아무튼 그래도 두 사람은 호감과 매력을 느끼어 서로 성혼식을 한다. 장차 부부가 되겠노라고 춘향의 치마에다가 이도령이 서약서를 쓴다. 문제는 변사

또다. 이 자식은 서울에서 공무원 노릇을 하다 지방 발령을 받는데 밀양 서흥으로 발령받았지만 요즘말로 부정청탁을 해서 남원으로 발령을 받아 내려온다. 왜? 순전히 춘향이가 미색이라는 소문을 듣고 춘향이를 취하려고 말이다. 춘향이의 갈등은 오죽했으리까! 신분은 미천하기 짝이없고 성혼한 사람이 있다는 대도 그게 무슨 대수냐고 하며 아마 이도령이도 서울에서 다른 첩을 얻어 살 것이니 포기하라고 하니 말이다.

엄혹한 조선시대 반상이 뚜렷한 시기에도 죽음을 불사하고 온몸으로 성 상납을 거부하였던 춘향이가 새삼 돋보이는 것은 문명과 문화가 어느 정도 성숙되었다고 믿고 왔고 여성의 지위가 많이 향상되었다고 하는 현대사회에서도 신분과 지위를 이용한 성 강요에 무력해져 왔다는 점을 반성하게 하고 있다.

춘향가는 그래서 미투운동의 효시였음을 자각하고 그동안 많이 부르지 못했던 춘향가를 다시 불러 볼 수 있도록 소리훈련에 임해야겠다.

2018년 4월 4일

전통판소리 다시보기2

흥부가 - 흥본주의의 표본

전통판소리가 꾸준히. 이어져 내려오는 데는 그만한 울림이 있기 마련인데, 흥부가 또한 마찬가지다. 흥부가의 주제를 형제애라 하지만 제가 보기엔 뭇생명과 함께하려는 연민의 정이 더 크게 와 닿는다. 그러한 삶의 태도는 가족이라는 울타리를 넘어서 그 시절을 살아가는 모든 이웃과 생명들과도 어울려 살아가는 모습을 그려 낸다.

새끼제비가 처마에서 떨어져 다리가 부러진 모습을 보고. 이를. 외면하지 않고 굴비껍질을 벗겨 붕대를 감싸주는 모습은 찡하기까지 하다.

인본주의나 자본주의로는 해석할 수가 없다. 예전에 풍물굿 학교 때. 농사꾼이시자 한학에. 조예가 깊으신 박문기 선생님으로부터 한자의. 어원에 대한 강의를 들은 적이 있는데 흥부가의 흥(興)자는, 한자로 줄 여(與)자와 함께 동(同) 자가 만나는 문자라 한다. 남녀. 생식기가 만나니 소리가 나되 그 소리가 흥이란다. 그렇게 흥이 많으니 자식이 많을 수 밖에...

옛날에는 근면이 미덕이었고 자본주의시대에는 소비가 미덕이었다면 앞으로는 흥이 미덕인. 시대가 도래함을. 옛 조상들은 알았던 것일까?

요즘과 같은 시기를 4차산업혁명의 시대라 한다. 이 시대는 로봇과 슈퍼컴퓨터, 인공지능이 인간의 노동을 대신하고 인간은 스스로가 자신이 좋아하는 분야를 직접 만들고 slow life적 삶을 살며. 문화예술을. 향유하는 것이 한층 격조 높은 삶이라고 자부하며 살아가게 될 것이다. 여기에 흥은 무한한 에너지가 되어 함께 나누어 써도 고갈되지 않는 무한자원이 된다.

이제 놀부는 놀아서 부자가 되고 흥부는 흥이 나서 부자가 되는 흥본주의 시대로 접어들었다.

흥부가에 해학과 풍자가 많은 것이. 우연이 아닐 것이다. 그래서 대동풍류단이란 전국 또랑광대 모임이 흥본주의 표방을 하고. 판놀음을 펼치는 단체도 있다.

흥부가를 맛깔스럽게 부르는 소리꾼들이. 부럽다

2018년 4월 6일

전통판소리 다시보기3

수궁가 - 천기누설로 국운이 바뀌다

전통판소리 5바탕 중에서 삼국시대 때부터 내려온 작품이 있다면 믿으실까요? 그것도 두 개나 된다면 더욱 놀라운 일이죠! 하나는 춘향가이고 또 하나는 수궁가입니다.

춘향가는 고구려와 백제 사이의 국경을 초월한 사랑 이야기. 안장왕과 한주 아가씨 이야기가 바탕이 되어 조선시대 이몽룡과 춘향이 이야기로. 이어져 내려오고 있었고요 (mbc 써프라이즈 700회 기념특집 2016년 초에 방영) 수궁가는 고구려와 신라간 이야기입니다.

때는 바야흐로 삼국시대말 백제가 신라를 자주 괴롭히며 압박을 하자 신라로서는 큰 고민에 빠지게 되었다. 이때 신라 선덕여왕 시절. 김춘추가. 위기에 빠진 신라를 구하고자 고구려로 가서 고구려 도움을 청하게 하였다. 고구려는 당시 연개소문이 절대권력을 가지고 있던 때, 고구려 왕. 보장왕 앞에서 김춘추가 원정을 부탁하자 이 말을 들은 연개소문이 그렇게 해주면 원래 고구려 땅이었던 한강 이북지역을 돌려줄 수 있느냐고 물었다.

김춘추은 당황하여 그것은 자기 소관이 아니라서 대답할 수 없노라고 말하였다. 그러자 연개소문은 김춘추를 감옥에 집어넣어 버렸다. 감옥에 갇힌 김춘추는 절체절명의 위기에 빠진다. 목숨은 연개소문 손에 달려있고 살아서 돌아갈 수 있는 길은 거의 없었다. 이때 김춘추는 지푸라기라도 잡고 싶었다. 해서 궁죽통. 고구려 땅에 자신이 알고 있는 신하 선도해라는 사람을 불러 달라고 하였다. 선도해가 감옥에 면회를 오자 김춘추가 사정을 했다. '옛정을 생각해서. 나좀. 살려 주슈!' 선도해가 봐도 딱하기 그지없는 처량한 신세였다. 그렇다고 자신이 꺼내줄 수 있는 방법은 없었다. 대신 김춘추에게 설화한 토막을 들려주었다. 그것이 바로 수궁가였던 것이다. 김춘추는 선도해가 건네준 말이, 무슨 뜻인지 알아차리고 곧장 연개소문에게 연락하여. 원정만 해주신다면 한강 이북지역을 돌려 주겠노라고 얘기했다. 이렇게 해서. 풀려난 김춘추는 살아 돌아올 수 있게 되었다. 신라 땅으로 돌아온 김춘추는 김유신과 상의 끝에 결국 당나라 도움을 받기로 하고 당나라와 연합하여 백제를 물리치고 이어 고구려까지 물리치어 삼국을 통일하게 된다.
(외세를. 끌어들여 생존을 하게 되는 외교 전략은 이때가. 효시였을 것이다.)

어쨌거나 신라 입장에서는 수궁가 하나로 삼국을 통일하게 된 셈이고. 고구려 입장에서는 선도해 라는 신하의 온정적 설화 하나가 천기누설이 되어 신라와 당나라에 무릎을 꿇을 수 밖에 없는 처지가 되었으니 한설화가 국운을 좌우할 수도 있다는 엄청난 비밀의 열쇠를. 쥐고 있음을 이야기하고 있습니다.

수궁가의 주제를 충이나 기지로만 보기에는 그 배경에 대한 이야기가 너무나 격동적입니다. 이 이야기는 현재 남북관계와 미국 중국 등의. 격동적인 영향 아래 있는 작금의 시점에서 우리는 어떤 외교적 판단을 해야 할 것이며. 우리는 어떤 설로 이 난국을 타개해 나가야 할 것인가를 묻고 있는 것 같습니다.

김명곤 선배님이 창작하신 판소리 '금수궁가' 도 열심히. 해적질하며 불러야겠습니다. ^^

2018년 4월 7일

또랑광대 생각

전통판소리 다시보기4

심청가 - 깨달음에 이르기까지 윤회하는 삶

2016년 12월 31일은 진도 팽목항에서 해넘이굿을 하였습니다. 다들 아시겠지만 그때까지도 세월호가 인양되지 못하고 바다 밑에 있을 때였습니다.

세월호 희생자 300여 명의 정한수를 마련하고 뜻있는 시민과 예술가들이 모여 해원상생굿을 하였는데. 멀리 진도 앞바다를 바라보다, 문득! 심청이가 빠진 임당수가 거기가 아닌가 하는 생각이 들었습니다.

심청이는 아버지의 눈을 뜨게 하기 위해 바다에 빠졌는데. 우리는 세월호가 침몰되고서야 대한민국의 구조적 모순에 대해 눈을 뜨게 되었으니 사회적 개명치고는 너무나 많은 사람들이 희생되었습니다. 심청가 마지막 부분 맹인잔치 대목에서 심봉사 말고도 맹인들이 너도나도 눈을 뜨는 장면이 나오는데 이 대목이 압권인 것은 집단 개명이 뜻하는 것이 무엇인가를 암시하고 있기 때문입니다. 우리는 가끔 상황 판단을 못하거나 손해보는 짓을 계속하는 사람을 보고 그런 말을 할 때가 있죠. '저 친구는 눈뜬장님이야' 라고요.

우리는 글자를 모르는 사람을 문맹이라고 하고. 컴퓨터를 모르는 사람을 컴맹이라고 합니다. 요즘은 북맹이라는 말도 나옵니다. 한마디로 북한을 모른다는 말입니다.

어쩌면. 우리 대다수가 북맹인지도 모릅니다. 아니 대한민국도 제대로 모르는 한맹일 수도 있습니다.

물리적 맹인만이 불편한 게 아니라 사회적 맹인으로 살아가는 것 또한 불편하다는 것을 심청가는 얘기하는 것 같습니다. 그동안 눈뜬장님으로 산 세월이 참으로 부끄럽습니다.

심청가의 주제가 효인 것은 분명하지만 희생을 통해서도 회복되지 못하는 삶은 스스로가 자각하여야 하고 윤회를 통해서라도 깨닫지 않으면 맹인이 따로 없음을 얘기 하는게 아닌가 합니다. 심청가를 함부로 논하기에는 엄청난 사건이 우리를 힘들게 하였습니다. 심청이는 지금 우리에게 어떤 개명을 외치고 있을까요?

중요한 것은 다시는 이러한 집단 순장이 있어서는 안된다는 것입니다.
세월호 4주기를 맞이하며... 통한의 날 결코 잊지 말아야 할 그날입니다.

2018년 4월 16일

판소리 다시보기 5

적벽가 - 반전 평화의 외침

전통판소리 중 유일하게 다른 나라의 소설을 모태로 해서 만들어진. 소리인 적벽가는 다들 아시다시피 삼국지 중 적벽대전을 중심으로 짜여져 있다. 삼국지가 단순한 영웅호걸들의. 부침을 노래하는 것이 아니라 그 속에 천문지리, 병법, 인생관까지 담아내고 있어 곱씹어 볼수록 명작이 아닐 수 없고 수많은 세월속에서도 문학인들의 이정표가 되어온 것은 사실이다.

하지만 삼국지가 여전히 국가간 치열한 다툼과 승패를 통해 영웅들의 변모를 보여주는 것이 사실이라면, 이 적벽대전을 중심으로 한 적벽가가 판소리로 불리워지면서. 이야기는 달라진다. 적벽가의 군사설움대목 이라든지, 새타령 대목에서는 민초들, 전쟁에 억지로 끌려나온. 백성들의 한과 눈물이 배여 있고, 이를 통해 반전사상을 표현하고 있기 때문이다.

우리는 요즘 국가란 무엇인가? 가 화두다. 국가의 존립 조건이 영토, 국민, 주권이라고 하지만 이건 권력이 시민들에게 있을 때다. 아직까지는 교묘하게 뒤틀린 권력으로 인해 이데올로기, 폭력기구, 장벽을 통해 자신들의 기득권을 위해 시민들을 억압하고 통제하는게 국가의 양면적 모습이다. 강대국들에 의해, 자본의 논리에 의해 강제로 분단된 국가가 그렇고 내전을 겪은 우리 한반도와 중동의 나라들이 그렇다. 누구를 위한 전쟁이란 말인가를 적벽가는 묻고 있다.

한 사람의 평화를 위해 수많은 사람의 희생을 불러왔던 뒤틀린 평화 속에. 우리는 영웅으로 지도자로 순응하며 살아온 세월도 겪어왔다.

적벽가의 새타령의 새소리는 한 사람의 영웅의 호전정신으로 인해 억울하게 죽어간 병사들이 새들로 환생하여, 조조 앞에 나타나 피를 토하듯 절규하는 소리로 외치고 있고, 종국에는 새처럼 국경과 장벽을 넘어 자유로이 날고, 서로가 문화로 상생하며, 평화로 어울리는 세상을 외치고 있는 것이 아닐까!

　　한반도의 봄도, 두 남북정상의 회담에 이어 국경을 넘어 훈풍이 불어 나가길 바라며, 다시는 기득권자들에 의해 민초들이 전쟁으로 집단 순장 당하는 세상을 만들지 말아야 하는 절체절명의 시대를 우리는 헤쳐나가는 운명을 맞이하고 있다.

　　상전벽해가 피로 물드는 적벽가가 아니라 적과 아라는 벽을 허무는 적벽가로 불러야 하겠다.

2018년 5월 3일

또랑광대 생각

저자 | 정 대 호

펴낸곳 | 도서출판 태영

초판 | 2023. 09. 20

등록 | 2018-000071호

주소 | 강원도 원주시 부론면 법후로 423번지

전화 | 010-5720-0830

이메일 | gudjaenge@hanmail.net

인쇄 | 우림기획인쇄

ISBN | 979-11-91548-15-0

정가 20,000원